Thematischer Grund- und Aufbauwortschatz Spanisch

von José María Navarro
und Axel J. Navarro Ramil

Ernst Klett Verlag für Wissen und Bildung
Stuttgart · Dresden

Thematischer Grund- und Aufbauwortschatz Spanisch

von
José María Navarro
Axel J. Navarro Ramil
in Zusammenarbeit mit Gabriele Forst

durchgeführt vom Büro für Lexikographie
Veronika Schnorr
Annalisa Peisert-Covi

sowie

Raimund Drewek, text & tools (Sprachdatenverarbeitung)

Karten
Joachim Krüger, Stuttgart

Bildquellen
Jens Apitz, Ammerbuch: 123, 131 – Gabriele Forst, Tübingen: 36, 97, 254, 297, 355, 363 (1) (2) – Roger M. Gill, Tübingen: 73, 170 – Thomas Hamann, Stuttgart: 181 – Klett-Archiv, Stuttgart: (Schauf) 204, 206, 291 – Johanna Krehl, Tübingen: 279 – Sabine Segoviano, Stuttgart: 312 – Spanisches Fremdenverkehrsamt, Frankfurt: 61, 77, 193, 199, 225 – Ute Uhsadel, Tespe: 270, 274

Gedruckt auf umweltfreundlichem Recyclingpapier,
gefertigt aus 100% Altpapier.

1. Auflage   1 ^{5} ^{4} ^{3} ^{2} ^{1} | 1995 94 93 92 91

Alle Drucke dieser Auflage können im Unterricht nebeneinander benutzt werden,
sie sind untereinander unverändert. Die letzte Zahl bezeichnet das Jahr dieses Druckes.
© Ernst Klett Verlag für Wissen und Bildung GmbH, Stuttgart 1991.
Alle Rechte vorbehalten.
Druck: Ludwig Auer GmbH, Donauwörth. Printed in Germany.
ISBN 3-12-519570-5

Inhaltsverzeichnis

Einleitung 8

Hinweise zur Aussprache im Spanischen 11

1 Angaben zur Person 13

2 Der menschliche Körper 16
Körperteile und Organe 16
Sinne und Wahrnehmungen 19
Aktivitäten 21
Objektbezogene Tätigkeiten 24
Bewußtseinszustände 27
Aussehen 27
Kosmetik und Körperpflege 29
Fortpflanzung und Sexualität 32
Geburt, Lebensentwicklung, Tod 34

3 Gesundheit und Medizin 37
Allgemeines Befinden 37
Medizinische Versorgung 38
Krankheiten 39
Behandlungsmethoden und Medikamente 43

4 Ernährung 46
Lebensmittel 46
Obst und Gemüse 49
Getränke 51
Genußmittel und Drogen 53
Einkaufen 55
Essen und Tischdecken 57
Kochen und Gerichte 59
Im Lokal 63

5 Kleidung 65
Kleidungsstücke 65
Einkauf 68
Schmuck und Zubehör 70
Pflege und Reinigung 71

6 Wohnen 74
Hausbau 74
Haus 78
Wohnung und Wohnungsteile 80
Wohnungseinrichtung 82
Haushalt und Hausarbeiten 85
Kauf, Miete und Bewohner 87

7 Eigenschaften des Menschen 89
Positive Eigenschaften 89
Negative Eigenschaften 91

8 Gefühle, Instinkte, Triebe 93
Positive Gefühle 93
Negative Gefühle 95

9 Denken 98

10 Verhalten 101
Neutrales Verhalten 101
Positives Verhalten 102
Negatives Verhalten 104
Kriminelles Verhalten 106

11 Fähigkeiten 108

12 Redetätigkeiten des Menschen 111
Reden 111
Informieren, Fragen und Antworten 113
Entschuldigen, Bedauern, Trösten 115
Zustimmen, Ablehnen, Verbieten, Erlauben 116
Auffordern und Wünschen 119
Bestätigen und Einschränken 120
Gesprächspartikel 122

13 Bewertungen 124
Stellungnahmen 124
Positive Bewertungen 126
Negative Bewertungen 128

14 Familie und Verwandtschaft 132

15 Soziale Beziehungen 135
Soziale Kontakte 135
Anrede, Begrüßung, Vorstellung und Abschied 138
Sozialverhalten im gesellschaftlichen Kontakt 140
Gesellschaftliche Phänomene 143
Besitzverhältnisse 144

16 Ausbildung und Erziehung 146
Kindergarten, Schule, Hochschule 146
Unterricht 149
Lehre und Forschung 152
Unterrichts- und Studienfächer 153
Berufsausbildung 154

17 Berufsleben 156
Berufe 156
Arbeitswelt 158

18 Volkswirtschaft 162
Betrieb 162
Handel und Dienstleistung 163
Industrie und Handwerk 166
Landwirtschaft, Fischerei und Bergbau 168

19 Finanzwesen 171
Bank 171
Geld 173

20 Arbeitsgeräte und Büroartikel 178
Arbeitsgeräte 178
Büroartikel 179

21 Freizeitgestaltung 182
Freizeitbeschäftigung 182
Theater 184
Kino 185
Hobby und Spiel 186

22 Sport 189
Allgemeines 189
Sportarten 191

23 Tourismus 194
Reisen 194
Unterkunft 197

24 Kommunikationsmittel 200
Post, Telex, Telefax 200
Telefon 202

25 Medien 205
Printmedien 205
Audiovisuelle Medien 208

26 Kunst, Kultur und Tradition 211
Literatur 211
Bildende Kunst 213
Musik und Tanz 215
Geschichte 217
Religion 220
Sitten, Gebräuche und Feste 224

27 Kontinente, Länder, Völker und Sprachen 227
Europa 227
Amerika 230
Afrika, Asien, Australien 233

28 Die staatliche Ordnung 235
Politische Systeme 235
Staatliche Institutionen 237
Polizei und Justiz 239
Politisches Leben 242
Politischer Widerstand 245
Politische Einteilung Spaniens 247
Internationale Beziehungen 249
Krieg und Frieden 251

29 Geographie 255
Landschaftsformen 255
Meer 257

30 Natürliche Umwelt 259
Wetter und Klima 259
Umweltprobleme 263

31 Tierwelt 265
Grundbegriffe 265
Haustiere 266
Wilde Tiere 268

32 Pflanzenwelt 271
Grundbegriffe 271
Blumen, Pflanzen und Bäume 272

33 Vom Menschen geschaffene Umwelt 275
Stadt, Dorf 275
Gebäude 277
Infrastruktur 278

34 Transport und Verkehr 280
Allgemeines 280
Straßenverkehr 282
Schienenverkehr 285
Luft- und Schiffahrt 287
Verkehrswege 290

35 Weltall 292

36 Farben und Formen 294
Farben 294
Formen 295

37 Stoffe und Materialien 298
Allgemeine Begriffe 298
Stoffe pflanzlichen und tierischen Ursprungs 299
Mineralische und chemische Stoffe 300

38 Mengenangaben 303
Zahlen 303
Allgemeine Begriffe 305
Maße und Gewichte 306
Mengenbegriffe 308

39 Raum und Zeit 313
Länge und Umfang 313
Ort 314
Richtung 318
Entfernung 319
Uhrzeit 321
Tag 323
Wochentage und Datumsangaben 324
Monate 325
Jahr 326
Zeiträume 327
Zeitpunkte 329
Häufigkeiten 332
Subjektive zeitliche Wertungen 333

40 Art und Weise 335
Modalausdrücke 335
Grad und Vergleich 337
Ursache, Wirkung, Ziel, Zweck 339
Zustand und Veränderung 342

41 Strukturwörter 345
Artikel 345
Personalpronomen 345
Demonstrativpronomen 348
Fragepronomen 349
Relativpronomen 349
Unbestimmte Pronomen 350
Präpositionen 352
Konjunktionen 353

Amerikanismen 356

Register aller spanischen Stichwörter 364

Einleitung

Für wen und für welchen Zweck wurde dieser Thematische Grund- und Aufbauwortschatz Spanisch geschrieben?

Der Grund- und Aufbauwortschatz Spanisch ist für Jugendliche und Erwachsene mit Vorkenntnissen konzipiert.
Er ist geeignet:
- zum Erwerb eines Grund- und Aufbauwortschatzes;
- zur systematischen Erweiterung, Festigung, Wiederholung und Kontrolle der Sprachkenntnisse;
- zur Prüfungsvorbereitung;
- zur intensiven Vorbereitung auf einen Auslandsaufenthalt in spanischsprachigen Ländern.

Der Wortschatz kann an *Schulen, Hochschulen,* in der *Erwachsenen- und Weiterbildung* und für das *Selbststudium* verwendet werden. Er verträgt sich mit den einschlägigen Spanischlehrwerken, jeder Kursform und jeder Lehrmethode.

Was beinhaltet dieses Buch?

Der Thematische Grund- und Aufbauwortschatz ist ein nach Themen gegliederter Wortschatz. Er besteht aus 41 Themenbereichen und einem abschließenden Kapitel, das den geläufigsten spanisch-amerikanischen Varianten gewidmet ist.

Die meisten Themenbereiche sind in Unterkapitel untergliedert, in denen die einzelnen Aspekte des Bereichs behandelt werden. Die Stichwörter eines Kapitels sind in Grundwortschatz und Aufbauwortschatz aufgeteilt und jeweils in einer thematisch und assoziativ sinnvollen Reihenfolge angeordnet.

Der gesamte Wortschatz umfaßt 5245 Stichwörter, davon gehören 2547 zum Grundwortschatz, 2562 zum Aufbauwortschatz, 136 sind spanisch-amerikanische Varianten.

Eine thematische Gliederung des Wortschatzes erlaubt themenorientiertes Lernen in kleinen, übersichtlichen Lerneinheiten, die es dem Lerner ermöglichen, sich schon in einem thematischen Zusammenhang auszudrücken, bevor er den gesamten Wortschatz erarbeitet hat. Außerdem bietet ein thematisch gegliederter Wortschatz die Möglichkeit zur Auswahl: Man beginnt mit individuell wichtigen, lehrplanbedingten, stoffabhängigen oder sich sinnvoll ergänzenden Themen und läßt andere Themen weg oder verlegt sie auf später.

Was macht dieses Buch lernerfreundlich und lernwirksam?

- Der rein thematische Aufbau und die Konzeption kleiner inhaltlich sinnvoller Lerneinheiten
- Die zeitgemäße, am aktuellen Sprachgebrauch orientierte Themenauswahl
- Die Erfassung von Wortbedeutungen durch Beispielsätze, Kollokationen und idiomatische deutsche Entsprechungen
- Die themenbezogene Auflistung einer Anzahl der gebräuchlichsten Lateinamerikanismen
- Ein alphabetisches Register aller Stichwörter aus dem Grund- und Aufbauwortschatz. Alle Stichwörter des Grundwortschatzes erscheinen im Register **halbfett**, die des Aufbauwortschatzes in normaler Schrift und alle Lateinamerikanismen in *kursiver* Schrift.

Auf welchen Grundlagen wurde dieses Buch erarbeitet?

Alphabetische Gesamtlisten der Stichwörter entstanden durch Erfassung und Vergleich zahlreicher Quellen; einige der wichtigsten davon waren:
- Wortschätze
- Frequenzwörterbücher
- Wortlisten des Europarates („Un Nivel Umbral")
- Wortlisten aus dem ICC-Zertifikat des Deutschen Volkshochschul-Verbandes
- Wortlisten der meistbenutzten Spanischlehrwerke in den deutschsprachigen Ländern

Wie wurde der Wortschatz erstellt?

Die genannten alphabetischen Listen wurden nach der Häufigkeit der Wörter in den Quellen, nach ihrer Verwendung in der modernen Standardsprache und nach ihrer Nützlichkeit ausgewertet und überarbeitet. Neologismen wurden themenbezogen ergänzt.

Wie wird der Grund- und Aufbauwortschatz dargeboten?

- Der Grund- und Aufbauwortschatz ist in 41 Themenbereiche gegliedert, die meisten davon sind in mehrere Unterkapitel unterteilt.
- Die spanischen Stichwörter werden **fett** gedruckt in der linken Spalte aufgeführt, die deutschen Entsprechungen mager gedruckt in der rechten Spalte.
- Auf Abkürzungen grammatischer und lexikographischer Begriffe

wurde verzichtet. Das Genus der Substantive wird durch den Artikel gekennzeichnet. Weibliche Substantive, die aus lautlichen Gründen mit dem Artikel *el* verwendet werden, sind mit einem kursiven *f* gekennzeichnet; bei diesen ist der Artikel *la* zu benutzen, wenn ein weiteres Wort zwischen Artikel und Substantiv steht. Die Femininformen der Adjektive werden aufgeführt.

- In den 3658 Beispielsätzen werden typische Kollokationen, idiomatische Wendungen, grammatische Besonderheiten und landeskundliche Informationen abgehandelt. In den Beispielsätzen werden nur Wörter benutzt, die ihrerseits Bestandteil der 5245 Stichwörter sind.
- Jedes Unterkapitel besteht aus einem Grund- und einem Aufbauwortschatz. Der Grundwortschatz wird zuerst aufgeführt, daran anschließend folgt der Aufbauwortschatz, der sich durch grau unterlegte Felder deutlich abgrenzt.

Wie kann man mit dem Thematischen Grund- und Aufbauwortschatz sinnvoll lernen?

Der Wortschatz soll in Themen erarbeitet werden, wobei die Reihenfolge der Themen beliebig ist. Es empfiehlt sich hingegen, die einzelnen Kapitel in der vorgegebenen Reihenfolge zu lernen, da die Wörter in einer sinnvollen Anordnung aufgelistet sind.

Zunächst sollte der Lerner den Grundwortschatz erarbeiten, bevor er sich dem Aufbauwortschatz widmet. In regelmäßigen Abständen sollte man die bereits durchgearbeiteten Abschnitte wiederholen. Tägliche Wortschatzarbeit ist sinnvoll, wobei das Pensum von dem individuellen oder unterrichtsbedingten Lernziel bestimmt wird.

Die Redaktion

Hinweise zur Ausprache im Spanischen

Konsonanten

c	[k]	caja	c vor a, o oder u wird wie das deutsche k ausgesprochen
ce, ci	[θe, θi]	cero	c vor e oder i wird wie das englische th in ‚Thatcher' ausgesprochen
ch	[tʃ]	chiste	ch wird tsch ausgesprochen wie in ‚Cha-Cha-Cha'
d	[d, ð]	danés ciudad	am Anfang eines Wortes oder nach l, n oder d wird d wie im Deutschen ausgesprochen, aber nicht behaucht, sonst wie das englische th in ‚the'
g	[g, ɣ]	gafas paga	g vor a, o oder u wird wie das deutsche g ausgesprochen
ge, gi	[xe, xi]	gente girar	g vor e oder i wird wie ch in ‚ach' ausgesprochen
h		haber	h wird nicht ausgesprochen
j	[x]	jugar	j wird wie ch in ‚ach' ausgesprochen
ll	[ʎ]	calle	ll wird wie in ‚Taille' ausgesprochen
ñ	[ɲ]	niño	ñ wird wie nj in ‚Tanja' ausgesprochen
q	[k]	que	qu wird wie das deutsche k ausgesprochen
r, rr	[r, rr]	quitar garra	r wird rollend ausgesprochen, rr noch betonter
s	[s]	quizás isla	s wird im allgemeinen, vor allem zwischen Vokalen, scharf (stimmlos) wie in ‚Wasser' ausgesprochen mit Neigung zu sch
v	[b, ß]	via dividir	v wird als ein Laut zwischen dem deutschen w und dem deutschen b ausgesprochen; es wird nie wie ein f ausgesprochen. Im absoluten Anlaut, nach m und n und nach Pausen wird v als b wie in „Baum" gesprochen
z	[θ]	tenaz	z wird wie das englische th in ‚Thatcher' ausgesprochen

b, f, k, l, m, n, p, t und x werden wie im Deutschen ausgesprochen

Vokale

[a]	pata	
[e]	me	werden ungefähr wie im Deutschen ausgesprochen
[i]	pino	

[o]   lo   o wird wie das offene o in ‚Schloß' ausgesprochen

[u]   lunes   u wird wie im Deutschen ausgesprochen, nach q und in den Verbindungen gue und gui wird es aber nicht ausgesprochen, außer wenn es mit Umlaut geschrieben wird: z. B. antigüedad

Diphtonge

ai, ay   baile   wird wie ai in ‚Hai' ausgesprochen

au   auto   wird wie im Deutschen ausgesprochen

ei, ey   buey   wird als zwei getrennte Laute ausgesprochen, wie ei in ‚überseeisch'

eu   deuda   wird als zwei getrennte Laute ausgesprochen wie eu in ‚Amadeus'

oi, oy   hoy   wird wie äu in ‚Häuser' ausgesprochen

Betonung

Spanische Wörter werden folgendermaßen betont:
(a) wenn ein Wort mit n oder s endet, wird die vorletzte Silbe betont
(b) wenn ein Wort mit einem anderen Konsonanten endet, wird die letzte Silbe betont
(c) wenn die Betonung eines Wortes nicht den obengenannten Regeln folgt, bekommt die betonte Silbe einen Akut: común, geografía, alemán

Angaben zur Person 1

la **persona** — Person, Mensch
ser — sein
el **nombre** — Vorname
¿Cuál es su nombre? — Wie heißen Sie?
el **apellido** — Nachname
Los españoles tienen dos apellidos. — Spanier haben zwei Nachnamen.
llamarse — heißen
Me llamo Julio Martín Iglesias. — Ich heiße Julio Martín Iglesias.
¿Cuántos años tienes? — Wie alt bist du?
el **hombre** — Mann; Mensch
Tu hijo está hecho un hombre. — Dein Sohn ist schon ein richtiger Mann.

la **mujer** — Frau
Rosa Montero es una mujer extraordinaria. — Rosa Montero ist eine außergewöhnliche Frau.

el **muchacho**, la **muchacha** — Junge, Mädchen

el **señor**, la **señora** — Herr, Frau
Los señores Sánchez tienen dos hijas. — Das Ehepaar Sánchez hat zwei Töchter.

la **señorita** — Fräulein

don, doña — *höfliche Anrede nur in Verbindung mit dem Vornamen und ohne Artikel*

¿Cómo es el nombre completo del señor Martín? – Señor Don Julio Martín Iglesias. — Wie ist der vollständige Name von Herrn Martín? – Herr Julio Martín Iglesias.

estar — sein

soltero, a — ledig
¿Todavía estás soltero? – No, ya me he casado pero mi hermana es soltera. — Bist du noch ledig? – Nein, ich bin schon verheiratet, aber meine Schwester ist ledig.

casado, a — verheiratet

divorciado, a — geschieden
No se han divorciado. — Sie haben sich nicht scheiden lassen.

el **viudo**, la **viuda** — Witwer, Witwe
Su madre se quedó muy joven viuda. — Seine Mutter ist sehr jung Witwe geworden.

¿Dónde has nacido? — Wo bist du geboren?
He nacido en Sevilla. — Ich bin in Sevilla geboren.

1 Angaben zur Person

¿De dónde es usted?
Soy española.

Woher sind Sie?
Ich bin Spanierin.

el extranjero, la extranjera
En España viven muchos extranjeros.

Fremde(r); Ausländer(in)
In Spanien leben viele Ausländer.

la dirección
Te doy mi dirección para que me puedas escribir.

Adresse
Ich gebe dir meine Adresse, damit du mir schreiben kannst.

vivir
¿Dónde vivís? – Vivimos en Sabadell pero somos de Jaén.

wohnen
Wo wohnt ihr? – Wir wohnen in Sabadell, aber wir sind aus Jaén.

la calle
Perdone, ¿dónde está la calle Matías Perelló? – Lo siento, no tengo ni idea.

Straße
Entschuldigen Sie bitte, wo ist die Matías-Perelló-Straße? – Es tut mir leid, ich habe keine Ahnung.

el número de teléfono
Dame tu número de teléfono para llamarte mañana.

Telefonnummer
Gib mir deine Telefonnummer, damit ich dich morgen anrufen kann.

el documento de identidad
¿Lleva usted el documento de identidad?

Personalausweis
Haben Sie einen Personalausweis dabei?

el pasaporte
Para viajar por Latinoamérica es necesario llevar el pasaporte.

Paß
Für Reisen in Lateinamerika ist ein Reisepaß notwendig.

la profesión
¿Cuál es su profesión?

Beruf
Was sind Sie von Beruf?

---

la identidad

Identität

la edad
Ya soy mayor de edad.
Prohibido para menores de edad

Alter
Ich bin schon volljährig.
Für Minderjährige verboten.

la tercera edad
Hay descuento en los viajes para la tercera edad.

Senioren
Für Senioren gibt es bei Reisen Ermäßigung.

el sexo

Geschlecht

separado, a
Se han separado.

getrennt
Sie haben sich getrennt.

el lugar de nacimiento
¿Cuál es tu lugar de nacimiento?

Geburtsort
Was ist dein Geburtsort?

la nacionalidad

Nationalität

Angaben zur Person 1

la **ciudad de origen** 5.5.14 | Geburtsort
Mi ciudad de origen es Córdoba. | Meine Heimatstadt ist Córdoba.

la **residencia** | Wohnsitz

el **domicilio** | Wohnsitz

la **región** | Region
Mayte viene de la región andaluza. | Mayte ist aus der Region Andalusien.

el, la **emigrante** | Auswanderer(in)
Hay emigrantes gallegos en muchos países hispanoamericanos. | In vielen Ländern Lateinamerikas gibt es galicische Auswanderer.

el, la **inmigrante** | Einwanderer(in)

el **permiso de residencia** | Aufenthaltsgenehmigung

válido, a | gültig

IBERIA
LINEAS AEREAS DE ESPAÑA

E S P A Ñ A

Apellidos ....
Surname
Nom
Name

Nombre ....
Name
Prenom
Vorname

Nacionalidad ....
Nationality
Nationalité
Staatsangehörigkeit

Fecha de nacimiento..............................
Date of Birth
Date de Naissance
Geburtsdatum

Pasaporte expedido en ....
Passport issued at
Passeport delivré a
Reisepass ausgestellt in

1-89 Printed in Spain - IB 617

2 | Der menschliche Körper

Körperteile und Organe

la **piel** — Haut
el **hueso** — Knochen
Me he quedado en la piel y los huesos. — Ich bin nur noch Haut und Knochen.

la **cabeza** — Kopf
Juan tiene la cabeza muy grande. — Juan hat einen sehr großen Kopf.

el **pelo** — Haar
Tengo poco pelo. — Ich habe wenig Haare.

la **cara** — Gesicht
Ponte crema en la cara para no quemarte. — Creme dir das Gesicht ein, damit du keinen Sonnenbrand bekommst.

la **frente** — Stirn
Cuando Miguel se acordó otra vez, se dio en la frente. — Als sich Miguel wieder daran erinnerte, griff er sich an die Stirn.

el **ojo** — Auge
Teresa tiene unos ojos muy bonitos. — Teresa hat sehr schöne Augen.

la **oreja** — Ohr
Si te portas mal, te tiraré de las orejas. — Wenn du dich nicht benimmst, zieh ich dir die Ohren lang.

la **nariz** — Nase
¡No te metas el dedo en la nariz! — Du sollst nicht in der Nase bohren!

la **boca** — Mund
Tienes una boca muy bonita. — Du hast einen sehr hübschen Mund.

la **lengua** — Zunge
Al probar la sopa caliente me he quemado la lengua. — Beim Kosten der heißen Suppe habe ich mir die Zunge verbrannt.

el **diente** — Zahn
El azúcar es malo para los dientes. — Zucker ist schlecht für die Zähne.

la **muela** — Backenzahn
Gema tiene dolor de muelas. — Gema hat Zahnschmerzen.

el **brazo** — Arm
Paco tiene un brazo enyesado. — Paco hat den Arm in Gips.

la **mano** — Hand
Los españoles no se dan la mano cada vez que saludan. — Spanier begrüßen sich nicht jedesmal mit Handschlag.

Körperteile und Organe — Der menschliche Körper

el **dedo**
Pilar se chupa el dedo.

Finger
Pilar lutscht am Finger.

el **pecho**
Lola tiene un niño de pecho.

Brust
Lola hat einen Säugling.

el **corazón**
Tomás tiene el corazón delicado.

Herz
Tomás hat ein schwaches Herz.

la **sangre**
El herido está muy pálido porque ha perdido mucha sangre.

Blut
Der Verletzte ist sehr blaß, weil er viel Blut verloren hat.

el **estómago**
Me duele el estómago.

Magen
Ich habe Bauchschmerzen.

la **espalda**
Perdone que le dé la espalda.

Rücken
Verzeihen Sie, daß ich Ihnen den Rücken zuwende.

la **pierna**
Cuando subo a un avión me tiemblan las piernas.

Bein
Wenn ich in ein Flugzeug steige, zittern mir die Knie.

el **pie**
Me canso de estar de pie.

Fuß
Ich bin müde vom Stehen.

---

el **cuerpo**
Hacer deporte es bueno para la constitución del cuerpo.

Körper
Sport treiben ist gut für die körperliche Verfassung.

corporal

körperlich

físico, a

körperlich

el **esqueleto**
Debajo de la ruina encontraron un esqueleto humano.

Skelett
Unter der Ruine fanden sie ein menschliches Skelett.

el **cerebro**
El cerebro dirige las actividades y los sentidos del hombre.

Gehirn
Das Gehirn steuert die Bewegungen und die Sinne des Menschen.

el **cuello**
Es muy práctico llevar la cámara fotográfica al cuello.

Hals
Es ist sehr praktisch, den Fotoapparat um den Hals zu tragen.

la **ceja**
De aquella caída tengo la cicatriz sobre las cejas.

Augenbraue
Die Narbe über den Augenbrauen habe ich von jenem Sturz.

el **labio**

Lippe

la **mejilla**
Las españolas saludan con un beso en cada mejilla.

Wange
Spanierinnen begrüßen sich mit einem Kuß auf jede Wange.

2 Der menschliche Körper — Körperteile und Organe

la **barbilla**
Cuando mi padre está pensando se acaricia la barbilla.
Kinn
Wenn mein Vater nachdenkt, streicht er sich übers Kinn.

la **garganta**
Me duele la garganta.
Kehle; Hals
Ich habe Halsschmerzen.

el **hombro**
Si pesa la maleta, la llevo a hombro.
Schulter
Wenn der Koffer so schwer ist, trage ich ihn auf der Schulter.

la **barriga**
Bauch

la **cadera**
Ana tiene caderas anchas y Clara estrechas.
Becken
Ana hat ein breites Becken und Clara ein schmales.

el **codo**
Me he dado un golpe en el codo.
Ellenbogen
Ich habe mir den Ellenbogen angestoßen.

la **muñeca**
Se me ha abierto la muñeca.
1. Handgelenk 2. Puppe
Ich habe mir das Handgelenk verstaucht.

el **puño**
Faust

la **uña**
Benito se come las uñas.
Fingernagel
Benito kaut an den Fingernägeln.

el **pulmón**
El tabaco daña los pulmones.
Lunge
Tabak schädigt die Lungen.

respirar
Quiero respirar aire puro.
atmen
Ich möchte frische Luft atmen.

la **respiración**
Para bucear hay que contener la respiración.
Atmung
Beim Tauchen muß man den Atem anhalten.

el **vientre**
En general, vientre significa el interior de la barriga.
Popularmente hacer de vientre significa hacer las necesidades.
Bauch; Leib
Im allgemeinen bedeutet "vientre" das Innere des Bauches.
Volkstümlich bedeutet "hacer de vientre" sein Bedürfnis verrichten.

el **riñón**
Pablo tiene piedras en el riñón.
Niere
Pablo hat Nierensteine.

el **hígado**
El alcohol es malo para el hígado.
Leber
Alkohol ist für die Leber schädlich.

el **apéndice**
Blinddarm

digerir
Todo lo que comemos, lo digerimos.
verdauen
Alles was wir essen, verdauen wir.

la **digestión**
Hago la digestión muy pesada.
Verdauung
Ich habe Verdauungsbeschwerden.

el **trasero**
Le duele el trasero de estar sentada.

la **rodilla**
Víctor se ha puesto de rodillas en la iglesia.

el **tobillo**
Isabel se ha torcido el tobillo.

el **nervio**
El paciente sufrió un ataque de nervios.

la **vena**
El médico me sacó sangre de la vena.

el **músculo**
El deportista tiene músculos de acero.

el **sudor**
Cámbiate los calcetines que te huelen a sudor.

Gesäß
Vom Sitzen tut ihr der Hintern weh.

Knie
Víctor hat sich in der Kirche hingekniet.

Knöchel
Isabel hat sich den Knöchel verstaucht.

Nerv
Der Patient erlitt einen Nervenzusammenbruch.

Ader; Vene
Der Arzt entnahm mir Blut aus der Vene.

Muskel
Der Sportler hat stählerne Muskeln.

Schweiß
Wechsel die Socken, sie stinken nach Schweiß.

Sinne und Wahrnehmungen

sentir
Siento frío. (≈ tengo frío)

tocar
Por favor, no toquen el género.

duro, a
Esto está duro como una piedra.

blando, a
Mayte tiene la piel muy blanda.

ver
Hoy no quiero ver a nadie.

mirar
Mira Carlos, ahí hay un bar.

oír
Pedro está oyendo las noticias.

fühlen
Mir ist kalt.

berühren
Bitte berühren Sie die Ware nicht.

hart
Das ist hart wie Stein.

weich
Mayte hat eine sehr weiche Haut.

sehen
Heute möchte ich niemanden sehen.

schauen
Schau mal Carlos, da ist eine Kneipe.

hören
Pedro hört gerade Nachrichten.

2 Der menschliche Körper — Sinne und Wahrnehmungen

escuchar
Clara escucha la radio.

zuhören
Clara hört Radio.

el ruido
Con tanto ruido no puedo dormir.

Lärm, Krach
Bei so viel Krach kann ich nicht schlafen.

el silencio
¡Silencio que hay un enfermo!

Stille
Ruhe! Da liegt ein Kranker.

el olor
El olor del café me despierta.

Geruch; Gestank
Der Kaffeeduft macht mich wach.

oler
Tu perfume huele muy bien.

riechen
Dein Parfüm riecht sehr gut.

gustar
Me gusta mucho la paella.

schmecken
Mir schmeckt die Paella sehr gut.

dulce
No me gustan los pasteles muy dulces.

süß
Ich mag keine sehr süßen Kuchen.

salado, a
Me parece que el agua está salada.

salzig
Ich glaube, das Wasser ist salzig.

caliente
Tienes las manos calientes.

warm
Du hast warme Hände.

el frío
Tengo frío.

Kälte
Mir ist kalt.

el calor
¡Que calor tengo! ¿Vamos a bañarnos?

Hitze
Mir ist heiß! Gehen wir baden?

---

el sentido
Estoy con los cinco sentidos en el asunto.

Sinn
Ich bin voll bei der Sache.

notar
Hemos notado la vida más cara.

wahrnehmen
Wir haben bemerkt, daß das Leben teurer geworden ist.

percibir
Ricardo percibió una sensación de paz.

wahrnehmen; empfinden; fühlen
Ricardo empfand ein Gefühl von Frieden.

la vista
Rafael perdió la vista en un accidente.

Sehfähigkeit
Rafael ist bei einem Unfall blind geworden.

el oído
Carmen canta de oído.
Ana me lo ha dicho al oído.

Gehör
Carmen singt nach dem Gehör.
Ana hat es mir ins Ohr geflüstert.

Aktivitäten · **Der menschliche Körper 2**

el **tacto**	Tastsinn
Los ciegos leen por el tacto.	Blinde lesen durch Tasten.
la **mirada**	Blick
¡Eche una mirada al periódico!	Werfen Sie einen Blick in die Zeitung.
bello, a	schön
reconocer	erkennen
He visto a Norma pero no me ha reconocido.	Ich habe Norma gesehen, aber sie hat mich nicht erkannt.
el **gusto**	Geschmack
Hay gustos que merecen palos.	Geschmäcker gibt's!
el **sabor**	Geschmack
amargo, a	bitter
El café solo es amargo.	Der Espresso ist bitter.
agrio, a	sauer
La leche está agria.	Die Milch ist sauer.
agridulce	süßsauer
gozar	genießen
El público goza con el espectáculo.	Das Publikum genießt die Vorstellung.

Aktivitäten

la **actividad**
España ofrece muchas actividades deportivas.

Aktivität, Betätigung
Spanien bietet viele sportliche Betätigungsmöglichkeiten.

la **acción**
A Pablo le gustan las películas de acción.

Handlung; Tat
Pablo mag Actionfilme.

hacer
¿Qué hiciste el sábado? – Nada especial. Me quedé en casa estudiando y leyendo.

machen, tun
Was hast du am Samstag gemacht? – Nichts besonderes. Ich bin daheim geblieben, habe gelernt und gelesen.

sonreír
¡Sonría, por favor!

lächeln
Bitte lächeln!

la **sonrisa**
Tienes una sonrisa muy simpática.

Lächeln
Du hast ein nettes Lächeln.

2 Der menschliche Körper — Aktivitäten

reírse — lachen
Nos reímos mucho del chiste. — Wir lachten herzlich über den Witz.

la risa — Lachen
Es para morirse de risa. — Es ist zum Totlachen.

acariciar — streicheln
El gato no se dejó acariciar. — Der Kater ließ sich nicht streicheln.

moverse — sich bewegen
Lola se mueve mucho. — Lola ist viel unterwegs.

quedarse — bleiben
Mi mujer se ha quedado embarazada. — Meine Frau ist schwanger.

ir — gehen; fahren; reisen
Voy a la playa. — Ich gehe zum Strand.

irse — weggehen; wegfahren; verreisen
Se va a casa. — Sie geht nach Hause.

venir — herkommen; kommen
¿Vienes conmigo? — Kommst du mit?

llegar — ankommen
Llegaré el domingo. — Ich werde am Sonntag ankommen.

regresar — zurückkehren

pasar — hineingehen; eintreten
¡Pase usted primero, señora! – Muchas gracias. – De nada. — Gehen Sie vor! – Vielen Dank. – Bitte schön.
¡Hola! Pasa y siéntate. — Hallo! Komm herein und setz dich.

entrar — hineingehen
¿Podemos entrar por aquí? – No, es mejor que entren por aquella puerta. — Dürfen wir hier hineingehen? – Nein, es ist besser, Sie gehen durch die Tür dort hinein.

salir — hinausgehen
Maruja ha salido. — Maruja ist ausgegangen.

volver — zurückkommen
Volverá a las diez. — Er wird um zehn Uhr zurückkommen.

andar — gehen; laufen
Carmen anda siempre descalza. — Carmen geht immer barfuß.

correr — laufen; rennen
¡Corre, que llegamos tarde! — Mach schon, wir kommen zu spät!

darse prisa — sich beeilen
Tenemos que darnos prisa. — Wir müssen uns beeilen.

tener prisa — es eilig haben
Tengo mucha prisa. — Ich habe es sehr eilig.

Aktivitäten Der menschliche Körper 2

pisar
Perdone que le haya pisado.

treten
Verzeihen Sie bitte, daß ich Sie getreten habe.

caerse
Pedro se ha caído.

stürzen; hinfallen
Pedro ist hingefallen.

levantarse
¿A qué hora se levanta?

aufstehen
Wann stehen Sie auf?

sentarse
¡Siéntese!

sich setzen
Nehmen Sie Platz!

estar sentado, a

sitzen

acostarse
Ana se acuesta tarde.

schlafen gehen; sich hinlegen
Ana geht spät schlafen.

dormir
Los sábados duermo hasta las once.

schlafen
Samstags schlafe ich bis elf Uhr.

el **gesto**
Mi padre tenía un gesto muy severo.
Tu gesto ha sido muy generoso.

Miene, Gesichtsausdruck; Geste
Mein Vater hatte einen sehr strengen Gesichtsausdruck.
Das war eine sehr großzügige Geste von dir.

el **esfuerzo**

Anstrengung

---

bostezar
Julio bosteza porque tiene sueño.

gähnen
Julio gähnt, weil er müde ist.

temblar

zittern

rascarse
Me pica la espalda pero no me puedo rascar.

sich kratzen
Es juckt mich am Rücken, aber ich kann mich nicht kratzen.

chupar
Eres muy mayor para chuparte el dedo.

saugen; lutschen
Du bist zu alt, um noch am Daumen zu lutschen.

tragar
Me duele la garganta al tragar.

schlucken
Beim Schlucken habe ich Halsschmerzen.

volverse
La gente se volvió al oír la sirena.

sich umdrehen
Die Leute drehten sich um, als sie die Sirene hörten.

caminar

gehen; wandern

el **paso**

Schritt

pararse
En Hispanoamérica pararse significa ponerse de pie.

stehenbleiben
In Spanisch-Amerika bedeutet "pararse" stehen.

apoyarse
Por favor, no se apoye en la pared.

sich stützen
Lehnen Sie sich bitte nicht an die Wand.

la **caída**

Sturz

agacharse
Paco se ata los zapatos sin agacharse.

sich bücken
Paco bindet sich die Schuhe, ohne sich zu bücken.

echarse
Ricardo se ha echado un rato.

sich hinlegen
Ricardo hat sich eine Weile hingelegt.

madrugar

früh aufstehen

quieto, a

ruhig

descansar
¡Que descanse!

ausruhen
Schlafen Sie gut!

relajarse
Relájate para tranquilizarte.

sich entspannen
Entspann dich, um dich zu beruhigen.

dormirse

einschlafen

(dormir) la **siesta**
Todos los días duermo la siesta.

Mittagsschlaf (halten, machen)
Ich mache jeden Tag einen Mittagsschlaf.

despertarse

aufwachen

Objektbezogene Tätigkeiten

tomar
Toma este paquete y dáselo a tu tío.

nehmen
Nimm dieses Paket und gib es deinem Onkel.

coger
¿Qué autobús cojo?

greifen; nehmen
Welchen Bus soll ich nehmen?

usar
No uso cinturón.

benützen
Ich trage keine Gürtel.

emplear
¿Cómo se ha de emplear este producto?

verwenden, benutzen
Wie benutzt man dieses Produkt?

dar
Déme un kilo de peras.

geben
Geben Sie mir ein Kilo Birnen.

entregar
überreichen

poner
setzen; stellen; legen
Cecilia pone la mesa.
Cecilia deckt den Tisch.

meter
hineinstecken
He metido las maletas en el coche.
Ich habe die Koffer ins Auto gelegt.

echar
werfen; hinzufügen
¿Has echado las cartas al buzón?
Hast du die Briefe in den Briefkasten eingeworfen?

sacar
herausholen, -ziehen, -nehmen; entnehmen
Raúl quiere sacar la moto del garaje.
Raúl möchte das Motorrad aus der Garage holen.

traer
(her)bringen
Lucía me ha traído flores.
Lucía hat mir Blumen mitgebracht.

llevar
(hin)bringen
Voy a llevar el tractor al mecánico.
Ich werde den Traktor zum Mechaniker bringen.

llevarse
mitnehmen

agitar
schütteln
¡Agítese antes de usarlo!
Vor Gebrauch schütteln!

abrir
öffnen
¡Abra la maleta!
Öffnen Sie den Koffer!

cerrar
schließen
Por favor, cierre la ventana.
Schließen Sie bitte das Fenster.

apretar
drücken
¡Aprieta el interruptor de la luz!
Drück auf den Lichtschalter!

encender
einschalten; anzünden
Han encendido las luces.
Sie haben das Licht angemacht.

apagar
ausschalten; löschen
¡Apague el cigarrillo!
Machen Sie die Zigarette aus!

dejar
(zurück)lassen
He dejado los guantes en el coche.
Ich habe die Handschuhe im Auto liegengelassen.

quitar
wegnehmen, wegstellen, wegtun

romper
zerreißen; zerbrechen; kaputtmachen

el **uso**	Gebrauch; Verwendung
aplicar	anwenden
examinar	prüfen
Tenemos que examinar bien cada una de las piezas de la máquina.	Wir müssen jedes Teil der Maschine gut kontrollieren.
señalar	kennzeichnen; hinweisen; anzeigen
pinchar	stechen
llenar	(auf)füllen
mojar	befeuchten, naß machen
buscar	suchen
Quien busca, halla.	Wer sucht, der findet.
hallar	finden
recoger	aufräumen; abholen
¿A qué hora recogen el buzón?	Wann wird der Briefkasten geleert?
levantar	auf-, hochheben
Sólo levanto veinte kilos.	Ich kann nur zwanzig Kilo hochheben.
colocar	(auf-; hin)stellen; legen
colgar	hängen; aufhängen
¿Dónde cuelgo este cuadro?	Wo soll ich dieses Bild aufhängen?
fijar	befestigen; ankleben; festlegen
Prohibido fijar carteles.	Plakate ankleben verboten!
mover	bewegen
No muevas los muebles, por favor.	Verrücke die Möbel bitte nicht.
atar	(an-; fest-; zu)binden
soltar	lösen; losmachen
cubrir	bedecken; zudecken
esconder	verstecken
envolver	einwickeln, -packen
¿Has envuelto el regalo?	Hast du das Geschenk eingepackt?
tirar	ziehen; wegwerfen
En Hispanoamérica en las puertas no pone "tirar" sino "halar".	In Spanisch-Amerika steht an den Türen nicht "tirar" (ziehen), sondern "halar" (ziehen).
guardar	aufbewahren
empujar	drücken; stoßen
¡No empujen!	Bitte nicht drängeln!

retener	zurückhalten
la **instrucción**	(Gebrauchs)anweisung

■ Bewußtseinszustände ■

cansado, a
Estoy cansada de planchar.

müde
Ich bin müde vom Bügeln.

despierto, a
Juan, ¿estás despierto?

wach
Juan, bist du wach?

soñar
He soñado anoche contigo.

träumen
Ich habe gestern nacht von dir geträumt.

el **sueño**
El niño tiene sueño.

Traum; Schlaf
Das Kind ist müde.

el **cansancio**
Por las mañanas noto mucho cansancio.

Müdigkeit
Morgens fühle ich mich sehr müde.

cansar

ermüden

cansarse
Me canso cuando subo escaleras.

ermüden
Das Treppensteigen macht mich müde.

la **pesadilla**

Alptraum

■ Aussehen ■

alto, a
Carolina está muy alta para su edad.

groß
Carolina ist für ihr Alter sehr groß.

bajo, a
Don Isidro es bajito y gordo.

klein
Herr Isidro ist klein und dick.

gordo, a
Felipe está cada día más gordo.

dick
Felipe wird jeden Tag dicker.

delgado, a
Luisa es muy delgada.

schlank
Luisa ist sehr schlank.

fuerte
Pepe está delgado pero es muy fuerte.

kräftig
Pepe ist zwar dünn, aber sehr kräftig.

la **belleza**

Schönheit

guapo, a
Las valencianas son muy guapas.

hübsch
Die Valencianerinnen sind sehr hübsch.

feo, a
Jorge es feo pero muy simpático.

häßlich
Jorge ist zwar häßlich, aber nett.

rubio, a
Lucía tiene el pelo rubio como su madre pero Angel es pelirrojo como su abuelo.

blond
Lucía hat blondes Haar wie ihre Mutter, aber Angel ist rothaarig wie sein Großvater.

castaño, a
Muchos canarios tienen el pelo castaño.

dunkelhaarig
Viele Kanaren sind dunkelhaarig.

moreno, a
¡Qué moreno te has puesto!

braungebrannt
Du bist aber braun geworden!

negro, a
Nicolás Guillén es un escritor cubano negro.

dunkelhäutig; schwarz
Nicolás Guillén ist ein dunkelhäutiger kubanischer Schriftsteller.

blanco, a
Estás muy blanca.

hellhäutig; weiß
Du bist sehr blaß.

el **tipo**
María tiene buen tipo.

Figur
María hat eine gute Figur.

parecerse
Julián se parece a su padre.

ähneln
Julián ähnelt seinem Vater.

adelgazar
Pepa ha adelgazado doce kilos.

abnehmen
Pepa hat zwölf Kilo abgenommen.

engordar
Los dulces engordan mucho.

zunehmen
Süßigkeiten machen sehr dick.

juvenil
Con ese vestido pareces muy juvenil.

jugendlich
In diesem Kleid siehst du sehr jugendlich aus.

atractivo, a
Tu prima es muy atractiva.

attraktiv; anziehend
Deine Cousine ist sehr attraktiv.

calvo, a

kahlköpfig

masculino, a
María tiene una voz muy masculina.

männlich
María hat eine sehr männliche Stimme.

el **bigote**	Schnurrbart
la **barba**	Bart
Oriol se ha dejado barba.	Oriol hat sich einen Bart wachsen lassen.
femenino, a	weiblich
Tu prima es muy femenina.	Deine Cousine ist sehr weiblich.
pálido, a	blaß
la **arruga**	Falte
colorado, a	rot, rötlich
El niño se ha puesto colorado cuando lo miraron.	Der Junge ist rot geworden, als sie ihn anschauten.
pelirrojo, a	rothaarig
rizado, a	wellig, lockig
Marisa tiene el pelo muy rizado.	Marisa hat sehr lockiges Haar.

▬▬▬▬▬ Kosmetik und Körperpflege ▬▬▬▬▬

lavarse	sich waschen
Antes de comer me lavo las manos.	Vor dem Essen wasche ich mir die Hände.
bañarse	baden
Vamos a bañarnos.	Wir gehen gleich baden.
ducharse	duschen
Clara se ducha a diario.	Clara duscht täglich.
el **jabón**	Seife
Me gusta el jabón español.	Ich mag spanische Seife.
limpio, a	sauber
¿Tienes las manos limpias?	Sind deine Hände sauber?
sucio, a	schmutzig
No, las tengo sucias.	Nein, sie sind schmutzig.
mancharse	sich beschmutzen
Me he manchado de tinta el pantalón.	Ich habe mir die Hose mit Tinte schmutzig gemacht.
secarse	sich abtrocknen
Isabel se seca las manos.	Isabel trocknet sich die Hände ab.
la **toalla**	Handtuch
Necesito toallas porque me voy a duchar.	Ich brauche Handtücher, weil ich gleich duschen werde.

Der menschliche Körper — Kosmetik und Körperpflege

limpiarse los dientes
Me limpio los dientes tres veces al día.

sich die Zähne putzen
Ich putze mir dreimal täglich die Zähne.

lavarse la cabeza
Aquí hay que lavarse la cabeza todos los días.

sich die Haare waschen
Hier muß man sich täglich die Haare waschen.

el **champú**
Quisiera un champú para niños.

Haarwaschmittel
Ich hätte gern ein Kindershampoo.

el **peine**
Quiero un peine de bolsillo.

Kamm
Ich möchte einen Taschenkamm.

peinarse
Prefiero cepillarme el pelo a peinármelo.

sich kämmen
Ich bürste lieber mein Haar, als es zu kämmen.

afeitarse
Como se me ha roto la máquina de afeitar, me afeito con cuchilla.

sich rasieren
Da mein Rasierapparat kaputtgegangen ist, muß ich mich naß rasieren.

la **máquina de afeitar**

Rasierapparat

la **cuchilla de afeitar**

Rasierklinge

la **brocha**
Las mejores brochas son de pelo natural.

Rasierpinsel
Die besten Rasierpinsel sind aus Naturhaar.

la **crema**
Déme crema para el sol.

Creme
Geben Sie mir bitte Sonnencreme.

---

el **aseo personal**

Körperpflege

dejarse
Desde que vive solo se ha dejado mucho.

sich vernachlässigen
Seit er alleine lebt, hat er sich sehr vernachlässigt.

el **cepillo de dientes**
Quiero un cepillo de dientes y un tubo de pasta dentífrica.

Zahnbürste
Ich möchte eine Zahnbürste und eine Tube Zahncreme.

la **pasta dentífrica**

Zahncreme

el **cepillo**
¿Tiene cepillos para el pelo?

Bürste
Führen Sie Haarbürsten?

cepillarse

sich bürsten

mojado, a
Dame una toalla que estoy mojado y tengo frío.

naß
Gib mir ein Handtuch. Ich bin naß und mir ist kalt.

el **secador**
Este secador es muy lento.

Haartrockner
Dieser Haartrockner ist sehr schwach.

Kosmetik und Körperpflege — Der menschliche Körper 2

el **peinado**
¿Quién te ha hecho ese peinado? –
Yo misma.

Frisur
Wer hat dir diese Frisur gemacht? –
Ich selbst.

la **peluquería**
¿Cuándo tienes hora en la
peluquería? – A las cuatro.

Friseursalon
Wann ist dein Termin beim
Friseur? – Um vier Uhr.

teñirse el pelo

sich die Haare färben

el **corte de pelo**

Haarschnitt

maquillarse
Algunas mujeres se maquillan
mucho.

sich schminken
Manche Frauen schminken sich
stark.

pintarse
Los niños se han pintado las
camisetas.

sich anmalen
Die Kinder haben sich die T-Shirts
angemalt.

la **sombra de ojos**
A mi hermana le he comprado
sombra de ojos y rímel.

Lidschatten
Ich habe meiner Schwester
Lidschatten und Wimperntusche
gekauft.

el **rímel**

Wimperntusche

el **carmín**
Emilia siempre lleva el carmín en el
bolso.

Lippenstift
Emilia hat immer einen Lippenstift
in der Handtasche.

la **laca**
Mi abuela no usa ni laca de uñas ni
laca para el pelo.

Nagellack; Haarlack
Meine Großmutter benutzt weder
Nagellack noch Haarlack.

las **pinzas**
¿Me puedes dejar tus pinzas?

Pinzette
Kannst du mir deine Pinzette
leihen?

la **lima**
Al intentar abrir la puerta con la
lima, se me partió.

Nagelfeile
Als ich versuchte, die Tür mit der
Nagelfeile zu öffnen, brach sie ab.

el **perfume**
Marta usa un perfume suave.

Parfüm
Marta benützt ein leichtes Parfüm.

perfumarse
No te perfumes demasiado.

sich parfümieren
Parfümier dich nicht zu sehr.

higiénico, a
¿Dónde venden aquí papel
higiénico? – En la sección de
droguería. Allí está, al lado de las
compresas higiénicas.

hygienisch
Wo bekomme ich Toilettenpapier?
– In der Drogerieabteilung. Dort
liegt es gleich neben den Damen-
binden.

la **compresa higiénica**

Damenbinde

el **tampón**	Tampon
la **droguería**	Drogerie

Fortpflanzung und Sexualität

la **mujer**
Hay que luchar por los derechos de la mujer.

Frau
Man muß für die Rechte der Frau kämpfen.

el **hombre**
Los hombres también lloran.

Mann
Auch Männer weinen.

el **chico,** la **chica**
La chica de la falda roja es mi hermana.

Junge, Mädchen
Das Mädchen mit dem roten Rock ist meine Schwester.

el **sexo**
Hay ropa para ambos sexos.

Geschlecht
Es gibt Kleidung für beiderlei Geschlecht.

enamorado, a
Yo estoy enamorada de Andrés y Andrés por desgracia de Marisa.

verliebt
Ich bin in Andrés verliebt, und Andrés ist leider in Marisa verliebt.

querer
Los abuelos quieren mucho a los nietos.
¿Me quieres?

lieben; begehren
Die Großeltern lieben ihre Enkelkinder sehr.
Liebst du mich?

amar
Te amo.

lieben
Ich liebe dich.

el **beso**
Dame un beso.

Kuß
Gib mir einen Kuß.

besarse
Los novios se besaban con mucho cariño.

sich küssen
Das Brautpaar küßte sich sehr zärtlich.

íntimo, a
Lola y Juan tienen relaciones íntimas.

intim; eng befreundet
Lola und Juan haben eine intime Beziehung.

embarazada
Estoy embarazada de cinco meses.

schwanger
Ich bin im fünften Monat schwanger.

Fortpflanzung und Sexualität — Der menschliche Körper

el **varón**
Su mujer ha tenido un varón.

Mann
Ihre Frau hat einen Sohn bekommen.

la **hembra**

Frau, Weib

el **homosexual**
¿Por qué discriminan a los homosexuales?

Homosexueller
Warum werden Homosexuelle diskriminiert?

el **marica**
Pablo es marica.

Schwuler
Pablo ist schwul.

enamorarse

sich verlieben

la **virgen**
Marisa es virgen.

Jungfrau
Marisa ist Jungfrau.

hacer el amor
Mis abuelos hacían el amor.

sich lieben, miteinander schlafen
Meine Großeltern liebten sich.

la **píldora**
¡Olvidé tomarme la píldora!

Pille
Ich hab' die Pille vergessen!

el **condón**
Déme un paquete de condones.

Kondom
Geben Sie mir ein Päckchen Kondome.

sexual

Sexual-, sexuell, geschlechtlich

la **pubertad**
Hay chicas que llegan a la pubertad a los doce años.

Pubertät
Es gibt Mädchen, die mit zwölf Jahren in die Pubertät kommen.

el **embarazo**
Ofelia tiene un embarazo sin problemas.

Schwangerschaft
Ofelia hat eine problemlose Schwangerschaft.

el **aborto**
El aborto es un tema muy discutido.

Schwangerschaftsabbruch
Der Schwangerschaftsabbruch ist ein umstrittenes Thema.

la **matriz**
Me duele la matriz.

Gebärmutter
Ich habe Unterleibsschmerzen.

el **periodo**
¿Cuándo tuvo el último periodo?

Periode, Menstruation
Wann hatten Sie zum letzten Mal Ihre Periode?

Geburt, Lebensentwicklung, Tod

nacer
Beatriz ha nacido en junio.

geboren werden
Beatriz ist im Juni geboren.

el **cumpleaños**
Mañana es mi cumpleaños.

Geburtstag
Morgen ist mein Geburtstag.

vivir
De mis abuelos ya no vive ninguno.

leben
Von meinen Großeltern lebt keiner mehr.

la **vida**
Así es la vida.

Leben
So ist das Leben.

vivo, a
El herido estaba vivo cuando llegó la ambulancia.

lebendig, am Leben
Der Verletzte war am Leben, als der Krankenwagen kam.

el **bebé**
El bebé despierta a toda la familia cuando llora.

Baby
Das Baby weckt die ganze Familie, wenn es schreit.

el **niño**, la **niña**
Todavía no sabemos si será niño o niña.

Kind; Junge, Mädchen
Wir wissen noch nicht, ob es ein Junge oder ein Mädchen wird.

el, la **joven**
Muchos jóvenes no tienen trabajo.

Jugendliche(r)
Viele Jugendliche haben keine Arbeit.

joven
Carmela no es muy joven.

jung
Carmela ist nicht sehr jung.

viejo, a
Cuando sea viejo me iré a vivir a España.

alt
Wenn ich alt bin, werde ich nach Spanien ziehen.

la **muerte**
¡Peligro de muerte!

Tod
Lebensgefahr!

morir
Doña Felisa murió de cáncer.

sterben
Frau Felisa starb an Krebs.

el **muerto**, la **muerta**
Nadie pudo identificar el muerto.

Tote(r)
Niemand konnte den Toten identifizieren.

Le acompaño en el sentimiento.

Mein herzliches Beileid.

Geburt, Lebensentwicklung, Tod — Der menschliche Körper 2

el **parto**	Entbindung, Geburt
Ha sido un parto fácil.	Es war eine leichte Geburt.
la **comadrona**	Hebamme
crecer	wachsen
Has crecido mucho.	Du bist sehr gewachsen.
la **infancia**	Kindheit
En mi infancia jugábamos en la calle.	In meiner Kindheit spielten wir auf der Straße.
infantil	kindlich
la **juventud**	Jugend
La juventud pasa deprisa.	Die Jugend vergeht schnell.
el **adulto,** la **adulta**	Erwachsene(r)
Hay cursos de español para adultos.	Es gibt Spanischkurse für Erwachsene.
el **anciano,** la **anciana**	Greis(in)
la **vejez**	Alter; Lebensabend
No hay que temer la vejez.	Man muß das Alter nicht fürchten.
morirse	sterben
mortal	tödlich
La caída pudo haber sido mortal.	Der Sturz hätte tödlich sein können.
el **suicidio**	Selbstmord
Tomar tanto el sol es un suicidio.	So lange in der Sonne zu liegen ist Selbstmord.
suicidarse	sich töten, Selbstmord begehen
Los drogadictos se suicidan poco a poco.	Drogenabhängige begehen langsam Selbstmord.
ahogarse	ertrinken; ersticken
¡Me ahogo de calor!	Ich komme um vor Hitze.
envenenarse	sich vergiften
Se ha envenenado con arsenio.	Er hat sich mit Arsen vergiftet.
el **veneno**	Gift
El tabaco es veneno para la salud.	Tabak ist Gift für die Gesundheit.
el **cadáver**	Leichnam, Leiche
el **entierro**	Begräbnis
El entierro será esta tarde.	Das Begräbnis findet heute nachmittag statt.
enterrar	begraben; beerdigen
Mis padres están enterrados en Madrid.	Meine Eltern sind in Madrid begraben.

2 Der menschliche Körper — Geburt, Lebensentwicklung, Tod

el pésame
Quiero darle el pésame.

Beileid
Ich möchte Ihnen mein Beileid aussprechen.

el luto
Estoy de luto.

Trauer
Ich bin in Trauer.

el duelo
Carmelo está de duelo por la muerte de su abuelo.

Trauer
Carmelo trägt Trauer, weil sein Großvater gestorben ist.

la sepultura
La enterraron en una sepultura individual.

Grab
Man begrub sie in einem Einzelgrab.

la tumba
La tumba de Felipe II. está en El Escorial.

Grab
Das Grab Felipes II. befindet sich in El Escorial.

Gesundheit und Medizin | 3

Allgemeines Befinden

encontrarse
¿Cómo se encuentra hoy? – Mucho mejor que la semana pasada.

sich befinden
Wie geht es Ihnen heute? – Viel besser als letzte Woche.

¿Qué tal? – Muy bien.

Wie geht es dir? – Sehr gut.

regular
¿Cómo estás? – Pues regular.

(mittel)mäßig
Wie geht es dir? – Na ja, es geht so.

¡Que se mejore!

Gute Besserung!

la **salud**
¿Cómo están tus padres de salud? – Muy bien. ¿Y los tuyos?

Gesundheit
Wie geht es deinen Eltern gesundheitlich? – Sehr gut, und deinen?

sano, a
Es muy sano hacer deporte.

gesund
Es ist sehr gesund, Sport zu treiben.

enfermo, a
La televisión me pone enfermo.

krank
Fernsehen macht mich krank.

doler

weh tun, schmerzen

débil
Me encuentro muy débil.

schwach
Ich fühle mich sehr schwach.

---

sentirse
De pronto Luis se sintió mal.

sich fühlen
Plötzlich fühlte sich Luis schlecht.

el **aspecto**
Marisa tiene mal aspecto hoy. ¿Está enferma?

Aussehen
Marisa sieht heute schlecht aus. Ist sie krank?

el **malestar**
Siento malestar.

Unwohlsein
Mir ist schlecht.

enfermar

krank machen; krank werden

consciente
Estuve consciente todo el tiempo.

bei Bewußtsein
Ich war die ganze Zeit bei Bewußtsein.

Medizinische Versorgung

el médico, la médica
Aquí cerca hay un médico.
Arzt, Ärztin
Hier in der Nähe ist ein Arzt.

el, la dentista
¿Para cuándo te ha dado hora el dentista?
Zahnarzt, Zahnärztin
Wann hast du einen Zahnarzttermin?

la consulta
El doctor López no tiene consulta los lunes.
Praxis; Sprechstunde
Doktor López hat montags keine Sprechstunde.

el consultorio
Enfrente de la farmacia está el consultorio de mi amigo.
Arztpraxis
Gegenüber der Apotheke ist die Arztpraxis meines Freundes.

el hospital
Los hospitales son estatales.
Krankenhaus
Die Krankenhäuser sind staatlich.

el enfermero, la enfermera
Hay muy pocos enfermeros.
Krankenpfleger, Krankenschwester
Es gibt sehr wenige Krankenpfleger.

la ambulancia
¡Llame a una ambulancia!
Krankenwagen
Rufen Sie einen Krankenwagen!

la farmacia
¿Abren las farmacias los domingos? – Sólo las farmacias de guardia.
Apotheke
Haben die Apotheken sonntags geöffnet? – Nur die Apotheken, die Notdienst haben.

los primeros auxilios
En la Cruz Roja le dieron los primeros auxilios.
Erste Hilfe
Beim Roten Kreuz wurde Erste Hilfe geleistet.

la clínica
Luis está en una clínica particular.
Klinik; Praxis
Luis ist in einer Privatklinik.

Urgencias
¿Dónde encuentro un médico de urgencias?
Notaufnahme
Wo finde ich einen Notarzt?

la urgencia
¡Llame a un médico! Es un caso de urgencia.
Notfall
Rufen Sie einen Arzt. Das ist ein Notfall.

la sirena
Sirene

la cirugía
La cirugía ha avanzado mucho.
Chirurgie
Die Chirurgie hat große Fortschritte gemacht.

el, la **cirujano** Me dan miedo los cirujanos.	Chirurg(in) Ich habe Angst vor Chirurgen.
el **seguro de enfermedad** Esta operación no la paga el seguro de enfermedad.	Krankenversicherung Diese Operation wird nicht von der Krankenkasse bezahlt.
la **casa de socorro** En la casa de socorro sólo atienden urgencias y primeros auxilios.	Rettungswache; Unfallstation In der Unfallstation werden nur Notfälle behandelt und Erste Hilfe geleistet.
sanitario, a	gesundheitlich, Gesundheits-

Krankheiten

la **enfermedad**
Muchas enfermedades son incurables.

Krankheit
Viele Krankheiten sind unheilbar.

sufrir
Mi tía sufre de reúma.

leiden; erleiden
Meine Tante leidet an Rheuma.

el **enfermo**, la **enferma**
Hay muchos enfermos en el hospital y pocas enfermeras.

Kranke(r)
Es sind viele Kranke im Krankenhaus und wenige Krankenschwestern.

el **dolor**
Tengo dolor de espalda.

Schmerz
Ich habe Rückenschmerzen.

la **herida**
Te has hecho una herida poco profunda.

Verletzung; Wunde
Du hast dir keine tiefe Wunde zugefügt.

el **herido**, la **herida**
Llevaron al herido al hospital.

Verletzte(r)
Sie brachten den Verletzten ins Krankenhaus.

herido, a
Se llevaron al policía herido en una ambulancia.

verletzt
Sie nahmen den verletzten Polizisten in einem Krankenwagen mit.

hacerse daño
¿Te has hecho daño? – No, no ha pasado nada.

sich verletzen
Hast du dich verletzt? – Nein, es ist nichts passiert.

cortarse
Te vas a cortar con la navaja.

sich schneiden
Du wirst dich noch mit dem Taschenmesser schneiden.

3 Gesundheit und Medizin — Krankheiten

la **fiebre**
Debo tener fiebre.

Fieber
Ich muß wohl Fieber haben.

sudar
Lo mejor contra ese resfriado es que te acuestes y sudes.

schwitzen
Das Beste gegen diese Erkältung wird sein, daß du dich hinlegst und sie ausschwitzt.

mareado, a
Cuando estoy mareado tengo que vomitar.

schwindlig; benommen; seekrank
Wenn ich seekrank bin, muß ich mich übergeben.

vomitar

(er)brechen, sich übergeben

el **resfriado**
Carmen tiene un resfriado.

Erkältung; Schnupfen
Carmen hat Schnupfen.

resfriado, a
Yo también estoy resfriado.

erkältet
Ich bin auch erkältet.

resfriarse
Cuando me resfrío toso mucho.

sich erkälten
Wenn ich erkältet bin, huste ich viel.

la **gripe**
Creo que tienes la gripe.

Grippe
Ich glaube, du hast die Grippe.

la **tos**
¿Tiene algo contra la tos?

Husten
Haben Sie etwas gegen Husten?

toser
Estoy tosiendo toda la noche.

husten
Ich huste schon die ganze Nacht lang.

el **cáncer**
Hoy se puede curar muy pocas veces el cáncer.

Krebs
Heutzutage ist Krebs kaum heilbar.

el **ataque**

Anfall

loco, a
¿Estás loco?

wahnsinnig, irre
Bist du verrückt?

ciego, a
A consecuencia del accidente me quedé ciego de un ojo.

blind
Als Folge des Unfalls wurde ich auf einem Auge blind.

el **ciego**, la **ciega**
La organización de los ciegos en España se llama la ONCE.

Blinde(r)
Der Blindenverband in Spanien heißt ONCE.

sordo, a
¿Estás sordo o es que no me quieres escuchar?

taub
Bist du taub, oder willst du mir nicht zuhören?

mudo, a
Se ha quedado muda.

stumm
Sie ist stumm geblieben.

Krankheiten

grave
Juan está grave.

schwer; ernst; gefährlich
Juan ist schwer krank.

leve
En el accidente sólo hubo heridos leves.

leicht
Bei dem Unfall gab es nur Leichtverletzte.

¡Ay!
¡Ay! ¡Qué daño me he hecho!

Aua!
Aua! Ich hab' mir weh getan!

doloroso, a
Las picaduras de mosquito son dolorosas.

schmerzhaft
Mückenstiche sind schmerzhaft.

la **picadura**

Stich

la **cicatriz**

Narbe

el **dolor de cabeza**
Además me duele la cabeza.

Kopfschmerzen
Außerdem habe ich Kopfschmerzen.

enfermar

krank machen

sangrar
El chico sangraba por la nariz cuando lo llevaron al médico.

bluten
Der Junge blutete aus der Nase, als sie ihn zum Arzt brachten.

marearse

Cuando voy en barco me mareo.

schwindlig werden; seekrank werden
Auf Schiffsfahrten wird mir schwindlig.

el **mareo**
Cuando no como me dan mareos.

Übelkeit; Seekrankheit
Wenn ich nichts esse, wird mir übel.

desmayarse

in Ohnmacht fallen

caer desmayado, a
El enfermo cayó desmayado.

in Ohnmacht fallen
Der Kranke verlor das Bewußtsein.

el **contagio**
Evita contagios lavándote las manos.

Ansteckung
Vermeide Ansteckungen, indem du dir die Hände wäschst.

contagiarse
No quiero que te contagies.

sich anstecken
Ich möchte nicht, daß du dich ansteckst.

quemarse
Alejandro se quemó la lengua.

sich verbrennen
Alejandro hat sich die Zunge verbrannt.

el **hongo**

(Fuß-, Schimmel)pilz

3 Gesundheit und Medizin — Krankheiten

la **infección**
Tiene una infección en el dedo.

Entzündung
Sie hat eine Entzündung am Finger.

infectarse
Se ha infectado la herida.

sich entzünden; sich anstecken
Die Wunde hat sich entzündet.

el **pus**
Hay que abrir la herida para que salga el pus.

Eiter
Man muß die Wunde öffnen, damit der Eiter herauskommt.

hinchado, a

geschwollen

la **inflamación**
El hielo te calmará la inflamación.

Schwellung; Entzündung
Das Eis wird deine Schwellung lindern.

inflamarse
Se me ha inflamado el tobillo.

anschwellen; sich entzünden
Mein Knöchel ist geschwollen.

torcerse

verstauchen; verrenken

la **fractura**
La fractura de cadera es complicada.

Bruch
Beckenbrüche sind kompliziert.

complicado, a

kompliziert

el **apendicitis**

Blinddarmentzündung

la **diarrea**

Durchfall

el **reúma**

Rheuma

el **Sida**
Mi amiga tiene el Sida.

Aids, Immunschwächekrankheit
Meine Freundin hat Aids.

el **sarampión**
El sarampión es peligroso para adultos.

Masern
Für Erwachsene sind Masern gefährlich.

la **pulmonía**
Si no te vistes, vas a coger una pulmonía.

Lungenentzündung
Wenn du dich nicht anziehst, wirst du dir eine Lungenentzündung holen.

el **infarto de corazón**
El clima del Mediterráneo es bueno para enfermos de infarto.

Herzinfarkt
Das Mittelmeerklima ist gut für Infarktkranke.

la **cólera**

Cholera

el **tifus**

Typhus

la **malaria**

Malaria

la **locura**
Rosana tuvo un ataque de locura.

Wahnsinn, Irrsinn
Rosana hatte einen Anfall von Wahnsinn.

Behandlungsmethoden und Medikamente — Gesundheit und Medizin **3**

el **minusválido,** la **minusválida**
Este aparcamiento está reservado para minusválidos.

Behinderte(r)
Dieser Parkplatz ist für Behinderte reserviert.

cruzar la vista
Los que cruzan la vista necesitan gafas.

schielen
Leute, die schielen, brauchen eine Brille.

miope
Mi hermana es miope.

kurzsichtig
Meine Schwester ist kurzsichtig.

la **vista cansada**
Con los años se tiene la vista cansada.

Weitsichtigkeit
Mit den Jahren wird man weitsichtig.

el **sordomudo,** la **sordomuda**
Algunos sordomudos aprenden a hablar.

Taubstumme(r)
Einige Taubstumme erlernen das Sprechen.

cojo, a
¿Por qué andas cojo?

hinkend; lahm
Warum hinkst du?

dañar
El tabaco le ha dañado los pulmones.

schaden
Der Tabak hat seinen Lungen geschadet.

▬▬ Behandlungsmethoden und Medikamente ▬▬

prevenir
Más vale prevenir que curar.

vorbeugen
Vorbeugen ist besser als Heilen.

tratar
¿Qué médico le trata?

behandeln
Wer ist Ihr behandelnder Arzt?

curar
La herida ya se ha curado del todo.

heilen
Die Wunde ist schon völlig verheilt.

la **radiografía**
Necesito una radiografía de la rodilla.

Röntgenbild
Ich benötige ein Röntgenbild des Knies.

la **inyección**
La enfermera le pondrá las inyecciones.

Spritze
Die Krankenschwester wird Ihnen die Spritzen geben.

la **operación**
Nunca he visto una operación.

Operation, Eingriff
Ich habe niemals bei einer Operation zugesehen.

el **medicamento**
Prefiero medicamentos naturales.

Arzneimittel, Medikament
Ich ziehe Naturheilmittel vor.

3 Gesundheit und Medizin — Behandlungsmethoden und Medikamente

la **receta**
Para la aspirina no hace falta receta.

Rezept
Schmerzmittel sind nicht rezeptpflichtig.

la **medicina**
Es mejor no tomar medicinas.

Medizin
Es ist besser, keine Arzneimittel einzunehmen.

la **pastilla**
Tome una pastilla después de comer.

Tablette, Pille
Nehmen Sie eine Tablette nach dem Essen.

la **aspirina**
Si te duele la cabeza tómate una aspirina.

Schmerzmittel
Wenn du Kopfschmerzen hast, nimm eine Schmerztablette.

las **gotas**
Estas gotas son inofensivas.

Tropfen
Diese Tropfen sind harmlos.

la **venda**
¿Tiene vendas elásticas?

Verband
Haben Sie elastische Binden?

las **gafas**
Antonio ha olvidado las gafas en casa.

Brille
Antonio hat seine Brille zu Hause vergessen.

arriesgado, a
Ha sido una operación arriesgada.

gefährlich, riskant
Das ist eine gefährliche Operation gewesen.

el **empaste**
Se me ha caído el empaste.

Plombe, Füllung
Mir ist eine Plombe herausgefallen.

la **sala de operaciones**

Operationssaal, OP

---

el **tratamiento médico**
Estoy en tratamiento médico.

ärztliche Behandlung
Ich bin in ärztlicher Behandlung.

el **reconocimiento**
Le voy a hacer un reconocimiento.

Untersuchung
Ich werde Sie untersuchen.

reconocer
Desnúdese para que la reconozca.

untersuchen
Ziehen Sie sich bitte aus, damit ich Sie untersuchen kann.

el **análisis de sangre**
Tengo que hacerle un análisis de sangre.

Blutuntersuchung
Ich muß bei Ihnen eine Blutuntersuchung machen.

inyectar
No sé inyectar en la vena.

spritzen
Ich weiß nicht, wie man in die Venen spritzt.

la **vacunación**

Impfung

vendar
Le voy a vendar el tobillo.

verbinden
Ich werde Ihnen den Knöchel verbinden.

el **esparadrapo** — Heftpflaster

operar — operieren
Me han operado de apendicitis. — Man hat mich am Blinddarm operiert.

la **anestesia** — Narkose, Betäubung
La anestesia hizo efecto enseguida. — Die Wirkung der Betäubung trat sofort ein.

incurable — unheilbar
Me parece que el cáncer aún es incurable. — Ich glaube, Krebs ist immer noch unheilbar.

mejorar — gesund werden, genesen
En casa mejorará más deprisa. — Zu Hause wird er schneller gesund.

recetar — verschreiben
¿Me puede recetar algo contra la diarrea? — Können Sie mir etwas gegen Durchfall verschreiben?

el **remedio** — (Heil)mittel

el **calmante** — schmerzstillendes Mittel
Toma un calmante. — Nimm ein schmerzstillendes Mittel.

el **comprimido** — Tablette

calmar — lindern
La aspirina calma dolores. — Schmerzmittel lindern Schmerzen.

la **pomada** — Salbe
Frótese la pomada en el hombro. — Reiben Sie sich die Schulter mit der Salbe ein.

frotar — einreiben

la **tirita** — Pflaster
Déme un paquete de tiritas. — Geben Sie mir bitte ein Päckchen Pflaster.

el **régimen** — Diät

el **masaje** — Massage
¿Te da masajes en la espalda? — Massiert er dir deinen Rücken?

el, la **masajista** — Masseur(in)
Como tenemos dolor de espalda, vamos a ir al masajista. — Da wir Rückenschmerzen haben, werden wir zum Masseur gehen.

4 Ernährung

Lebensmittel

el **pan**
Brot

el **pan integral**
Prefiero el pan integral.
dunkles Brot
Ich mag lieber dunkles Brot.

la **harina**
Eso es harina de trigo.
Mehl
Das ist Weizenmehl.

el **arroz**
El arroz es la base de la paella.
Reis
Reis ist die Grundlage der Paella.

la **mantequilla**
Sólo uso mantequilla para desayunar.
Butter
Butter esse ich nur zum Frühstück.

el **huevo**
¿Quieres un huevo cocido? – No, lo quiero pasado por agua.
Ei
Möchtest du ein hartgekochtes Ei? – Nein, ich möchte ein weichgekochtes.

el **queso**
Uvas con queso saben a beso.
Käse
Weintrauben mit Käse schmecken köstlich.

el **embutido**
Muchos embutidos tienen patata cocida.
Wurstwaren
Viele Wurstsorten enthalten gekochte Kartoffeln.

el **jamón**
El jamón serrano es más caro que el jamón york.
Schinken
Roher Schinken ist teurer als gekochter Schinken.

la **carne**
¿Cómo se prepara la carne? – No lo sé.
Fleisch
Wie bereitet man Fleisch zu? – Ich weiß es nicht.

el **bistec**
Dos bistecs de ternera, por favor.
Steak
Zwei Kalbssteaks bitte.

el **filete**
Los filetes de magro son buenos.
Filet
Die mageren Filets sind gut.

el **pollo**
Quiero medio pollo para hacer caldo.
Hähnchen
Ich möchte ein halbes Suppenhuhn, um Brühe zu kochen.

el **pescado**
Prefiero el pescado a la carne.
Fisch
Fisch mag ich lieber als Fleisch.

fresco, a
¿Está fresco el pescado? – Sí.
frisch; kühl
Ist der Fisch frisch? – Ja.

Lebensmittel — Ernährung 4

el atún
Déme una lata de atún.

Thunfisch
Geben Sie mir bitte eine Dose Thunfisch.

la sardina
La sardina fresca es muy rica.

Sardine
Frische Sardinen schmecken sehr gut.

el marisco
El marisco es carísimo.

Meeresfrüchte
Meeresfrüchte sind sehr teuer.

la gamba
Me gustan las gambas a la plancha.

große Krabbe
Ich mag gebratene Krabben.

el azúcar
El azúcar moreno es bueno para el té.

Zucker
Kandiszucker ist gut für den Tee.

la sal
¿Tiene sal de mar?

Salz (la sal y la pimienta)
Haben Sie Meersalz?

el aceite
El aceite de oliva crudo es sano.

Öl
Nicht erhitztes Olivenöl ist gesund.

la mermelada
Me gusta el queso con mermelada.

Marmelade, Konfitüre
Mir schmeckt Käse mit Marmelade.

el pastel
Una docena de pasteles de fresa.

Kuchen
Ein Dutzend Erdbeertörtchen.

el caramelo
Le gustan los caramelos de limón.

Bonbon
Sie mag Zitronenbonbons.

el helado
Póngame un helado de chocolate con nata.

Speiseeis, Eiskrem
Geben Sie mir bitte ein Schokoladeneis mit Sahne.

la pasta
El domingo nos trajeron pastas de su pueblo.

Teig; Gebäck
Am Sonntag brachten sie uns Gebäck aus ihrem Dorf mit.

el panecillo
¿Tiene panecillos de leche? – No, pero en la panadería de la plaza hay.

Brötchen
Haben Sie Milchbrötchen? – Nein, aber in der Bäckerei am Platz gibt es sie.

el salchichón
No me gusta el salchichón con mucha grasa.

(Dauer-, Hart)wurst
Ich mag keine Wurst mit viel Fett.

la salchicha
En España se come más jamón que salchichas.

Würstchen, Wurst
In Spanien wird mehr Schinken als Würstchen gegessen.

la rodaja

(Wurst)scheibe

4 Ernährung — Lebensmittel

el **chorizo**
Déme medio kilo de chorizo.

Paprikawurst
Geben Sie mir bitte 500 Gramm Paprikawurst.

la **carne picada**
Déme medio kilo de carne picada.

Hackfleisch
Geben Sie mir bitte ein Pfund Hackfleisch.

la **chuleta**
Ayer comimos unas chuletas riquísimas.

Kotelett
Gestern haben wir sehr leckere Koteletts gegessen.

el **salmón**
¿Tiene salmón?

Lachs
Führen Sie Lachs?

el **lenguado**
En Galicia comimos un lenguado muy bueno.

Seezunge
In Galicien aßen wir eine ausgezeichnete Seezunge.

el **mejillón**
Los mejillones se cocinan sin agua.

Miesmuschel
Miesmuscheln werden ohne Wasser gekocht.

la **merluza**
A mi tío le encanta la merluza.

Seehecht
Mein Onkel ißt mit Vorliebe Seehecht.

el **calamar**
¿Tiene calamares a la romana?

Tintenfisch
Haben Sie panierte Tintenfische?

la **cigala**
Estas cigalas están muy frescas.

Kronenhummer
Diese Kronenhummer sind sehr frisch.

la **langosta**
La langosta aún está viva.

Hummer
Der Hummer lebt noch.

el **langostino**
Ya no hay muchos langostinos en el Mediterráneo.

Languste, Kaiserhummer
Es gibt nicht mehr viele Kaiserhummer im Mittelmeer.

la **pimienta**
¡No eches tanta pimienta!

Pfeffer
Tu nicht so viel Pfeffer dran!

el **pimentón** — el pimiento Paprikaschote
El chorizo tiene mucho pimentón.

Paprika(pulver)
Paprikawurst enthält viel Paprika.

el **vinagre**
¿Le pongo vinagre a la ensalada?

Essig
Soll ich Essig an den Salat tun?

la **mostaza**
Esta mostaza pica.

Senf
Der Senf ist scharf.

el **azafrán**
El arroz de la paella se prepara con azafrán.

Safran
Der Reis für die Paella wird mit Safran zubereitet.

la **miel**
Me gusta la leche con miel.

Honig
Mir schmeckt Milch mit Honig.

Obst und Gemüse   Ernährung **4**

la **galleta**	Keks; Waffel
¿Quieres una galleta?	Möchtest du einen Keks?
el **bombón**	Praline
Te hemos traído unos bombones de Suiza.	Wir haben dir Pralinen aus der Schweiz mitgebracht.
el **flan**	Pudding
De postre voy a tomar un flan.	Zum Nachtisch esse ich einen Pudding.
la **avellana**	Haselnuß
la **nata**	Sahne
A veces tomo el café con nata montada.	Manchmal trinke ich Kaffee mit Schlagsahne.
la **nata montada**	Schlagsahne
la **sacarina**	Süßstoff

■■■ Obst und Gemüse ■■■

la **verdura**
En casa comemos mucha verdura.

Gemüse
Zu Hause essen wir viel Gemüse.

la **fruta**
Como poca fruta.

Obst
Ich esse wenig Obst.

el **limón**
El pescado se come con limón.

Zitrone
Fisch ißt man mit Zitrone.

la **naranja**
La naranja valenciana es famosa.

Apfelsine
Apfelsinen aus Valencia sind berühmt.

la **manzana**
¿Os gusta el pastel de manzana?

Apfel
Mögt ihr Apfelkuchen?

la **pera**
La pera de agua está muy madura.

Birne
Die Saftbirne ist sehr reif.

el **melocotón**
Hay que pelar los melocotones.

Pfirsich
Pfirsiche muß man schälen.

la **uva**
Me gusta más la uva blanca que la negra.

Weintraube
Ich esse lieber weiße Weintrauben als blaue.

el **melón**
El melón con jamón me encanta.

Honigmelone
Ich esse sehr gern Honigmelone mit Schinken.

la sandía — — — Wassermelone

49

Ernährung — Obst und Gemüse

el plátano
El plátano canario es dulce como el guineo americano.

Banane
Die kanarische Banane ist so süß wie die amerikanische Guineobanane.

la patata
Las patatas se llaman en Hispanoamérica papas.

Kartoffel
Kartoffeln werden in Spanisch-Amerika "papas" genannt.

las judías
A Cecilia nunca le han gustado las judías verdes.

Bohnen *(immer im Plural)*
Cecilia hat noch nie grüne Bohnen gemocht.

la zanahoria
El zumo de zanahoria es sano.

Karotte, Möhre
Karottensaft ist gesund.

el pimiento
El pimiento frito es mi plato favorito.

Paprika(schote)
Gebratene Paprikaschoten sind mein Lieblingsessen.

el tomate
¿Te preparo una ensalada de tomate?

Tomate
Soll ich dir Tomatensalat machen?

el pepino
¿Tiene pepinos naturales?

Gurke
Haben Sie Salatgurken?

la lechuga
Hay que lavar la lechuga antes de comerla.

Kopfsalat
Man muß Kopfsalat vor dem Essen waschen.

la cebolla
Lloro cuando pelo cebollas.

Zwiebel
Ich weine beim Zwiebelschälen.

la aceituna, la oliva
¿Tiene aceitunas rellenas?

Olive
Haben Sie gefüllte Oliven?

---

las **legumbres**

Hülsenfrüchte; Gemüse

maduro, a
La fruta ya está madura.

reif
Das Obst ist schon reif.

verde
Estos plátanos están verdes.

unreif; grün
Diese Bananen sind unreif.

la **ciruela**

Pflaume

el **albaricoque**

Aprikose

la **cereza**
La niña se pone cerezas como pendientes.

Kirsche
Das Mädchen trägt Kirschen als Ohrringe.

la **fresa**
En Cataluña hay fresas grandes.

Erdbeere
In Katalonien gibt es große Erdbeeren.

Getränke — Ernährung 4

la sandía
La sandía es refrescante.

Wassermelone
Wassermelonen sind erfrischend.

la piña

Ananas

la alcachofa

Artischocke

la espinaca
Las espinacas no se deben calentar otra vez después de cocinarlas.

Spinat
Spinat sollte man nicht wieder aufwärmen.

la col
¿Necesita la col mucha agua?

Kohl
Braucht Kohl viel Wasser?

la coliflor
Antes de cocinar la coliflor hay que lavarla muy bien.

Blumenkohl
Bevor man den Blumenkohl zubereitet, muß man ihn gut säubern.

el espárrago
De primero hay sopa de espárragos.

Spargel
Als ersten Gang gibt es eine Spargelsuppe.

el haba *f*
Las habas fritas están muy ricas.

Bohne
Gebratene Bohnen schmecken sehr gut.

el guisante

Erbse

el garbanzo
En la paella hay garbanzos.

Kichererbse
In der Paella sind Kichererbsen.

el maíz
La tortilla mejicana se hace con harina de maíz.

Mais
Mexikanische "Tortillas" werden aus Maismehl gemacht.

el ajo
He puesto tres dientes de ajo.

Knoblauch
Ich habe drei Knoblauchzehen hineingetan.

el perejil

Petersilie

Getränke

beber
¿Qué quieres beber?

trinken
Was möchtest du trinken?

la sed
Estoy muerta de sed.

Durst
Ich verdurste.

la bebida
Las bebidas están en la nevera.

Getränk
Die Getränke stehen im Kühlschrank.

4 Ernährung — Getränke

el **café**
Déme un café con leche.

Kaffee; Espresso
Geben Sie mir einen Milchkaffee.

el **cortado**
Póngame un cortado.

Espresso mit Milch
Machen Sie mir einen Espresso mit Milch.

el **té**
En España se toma poco té.

Tee
In Spanien trinkt man wenig Tee.

la **leche**
¡A ver si te tomas la leche de una vez!

Milch
Hoffentlich trinkst du deine Milch endlich aus!

el **chocolate**
Me gusta el chocolate.

heiße Schokolade; Schokolade
Ich mag Schokolade.

el **agua mineral** f
Tráiganos un agua mineral con gas y otra sin gas.

Mineralwasser
Bringen Sie uns bitte ein Mineralwasser mit Kohlensäure und eines ohne.

el **zumo**, el **jugo**
¿Tiene zumo de naranja natural?

Saft
Haben Sie frisch gepreßten Orangensaft?

---

sediento, a
Si como paella estoy sediento todo el día.

durstig
Wenn ich Paella esse, habe ich den ganzen Tag Durst.

tomarse

sich nehmen; trinken; essen

descafeinado, a
Mi abuela sólo debe tomar café descafeinado.

entkoffeiniert
Meine Großmutter darf nur entkoffeinierten Kaffee trinken.

la **infusión**
¿Quieres que te prepare una infusión?

Kräutertee
Soll ich dir einen Kräutertee machen?

el **refresco**
¿Hay refrescos de limón y piña?

Erfrischungsgetränk
Haben Sie Zitronen- und Ananasgetränke?

refrescante

erfrischend

la **naranjada**
¿Cuánto cuesta la naranjada?

Orangenlimonade
Was kostet die Orangenlimonade?

la **limonada**
¿Tiene azúcar la limonada?

Zitronenlimonade
Enthält die Zitronenlimonade Zucker?

la **horchata**

Erdmandelmilch *(typische Erfrischung aus Valencia)*

La horchata se hace principalmente de chufa.

Horchata wird hauptsächlich aus "chufas", Erdmandeln, gemacht.

Genußmittel und Drogen

el **alcohol**
El alcohol al volante es un peligro.

Alkohol
Alkohol am Steuer ist gefährlich.

la **copa**
¿Vamos de copas?

alkoholisches Getränk
Machen wir einen Kneipenbummel?

el **vino**
En la Rioja se cultivan vinos blancos y tintos.

Wein
In Rioja wird Rot- und Weißwein angebaut.

el **jerez**
El jerez suave se llama fino.

Sherry
Der leichte Sherry heißt Fino.

seco, a
El cava seco es mejor que el semiseco.

trocken
Trockener Sekt ist besser als halbtrockener.

semiseco, a
Este tinto semiseco no es muy bueno.

halbtrocken
Dieser halbtrockene Rotwein ist nicht besonders gut.

suave
El tabaco rubio es suave.

mild; lieblich
Der helle Tabak ist mild.

la **cerveza**
La cerveza española es muy ligera.

Bier
Spanisches Bier ist sehr leicht.

el **tabaco**
¿Tienes tabaco?

Tabak; Zigaretten
Hast du Zigaretten?

el **tabaco rubio**
En España el tabaco rubio es más caro que el negro.

heller Tabak; Zigaretten
Heller Tabak ist in Spanien teurer als dunkler.

fumar
Prohibido fumar.

rauchen
Rauchen verboten.

el **fumador**, la **fumadora**
El fumador pierde la salud.

Raucher(in)
Raucher leben ungesund.

el **cigarrillo**
¿Me das un cigarrillo?

Zigarette
Gibst du mir eine Zigarette?

el **cigarro**
Me fumo diez cigarros al día.

Zigarre; Zigarette
Ich rauche täglich zehn Zigaretten.

la **cerilla**
¿Tiene cerillas de madera?

Streichholz
Haben Sie hölzerne Streichhölzer?

el **encendedor**
Quiero un encendedor de gas.

Feuerzeug
Ich möchte ein Gasfeuerzeug.

4 Ernährung — Genußmittel und Drogen

el **cenicero** — Aschenbecher
El cenicero está lleno. — Der Aschenbecher ist voll.

la **droga** — Droge
El consumo de drogas aumenta. — Der Drogenkonsum nimmt zu.

el **alcohólico**, la **alcohólica** — Trinker(in)

el **trago** — Schluck
¡Dame un trago! — Gib mir einen Schluck!

borracho, a — betrunken
Está borracho pero no es un alcohólico. — Er ist zwar betrunken, aber kein Trinker.

bebido, a — angetrunken
Estáis un poco bebidos. — Ihr seid ein wenig angetrunken.

emborracharse — sich betrinken
En la fiesta Paco se emborrachó. — Auf der Feier betrank sich Paco.

el **brandy** — Weinbrand, Kognak
El brandy tiene mucho alcohol. — Weinbrand enthält viel Alkohol.

el **licor** — Likör
¿Prefiere usted un licor a un jerez? – No, gracias. — Möchten Sie lieber einen Likör anstatt eines Sherrys? – Nein, danke.

Preferir algo a otra cosa

el **cava** — Sekt
El cava catalán es riquísimo. — Katalanischer Sekt schmeckt vorzüglich.

la **caña** — Faßbier
Déme una caña. — Ein Bier vom Faß, bitte.

el **carajillo** — Pharisäer *(Espresso mit z.B. Kognak)*
El carajillo es café con brandy. — Der spanische Pharisäer ist ein Espresso mit Kognak.

la **sangría** — Sangria *(Rotweinbowle)*

el **ron** — Rum

el **puro** — Zigarre
Los puros habanos son los mejores. — Havannazigarren sind die besten.

la **pipa** — Pfeife
Mi abuelo fumaba pipa. — Mein Großvater rauchte Pfeife.

el **filtro** — Filter
Es mejor fumar cigarrillos con filtro. — Es ist besser, Zigaretten mit Filter zu rauchen.

la **ceniza** — Asche
¡Cuidado con la ceniza! — Vorsicht mit der Asche!

el **drogadicto,** la **drogadicta**	Drogenabhängige(r)
Hay muchos jóvenes drogadictos.	Es gibt viele junge Drogenabhängige.
el **hachís**	Haschisch
El hachís es droga blanda como la marihuana.	Haschisch ist wie Marihuana eine weiche Droge.
la **marihuana**	Marihuana
la **heroína**	Heroin
La heroína es tan peligrosa como la cocaína.	Heroin ist genauso gefährlich wie Kokain.
la **cocaína**	Kokain
el, la **narcotraficante**	Drogenhändler(in)
El narcotraficante de drogas es un delincuente.	Drogenhändler sind Verbrecher.

Einkaufen

ir de compras
Nos vamos de compras al centro comercial.
comprar
Compro en el supermercado.
vender
¿Venden pescado?
pagar
Voy a pagar en metálico.
la **caja**
Hay que abonar el importe total en la caja.
el **precio**
Si me hace un buen precio me llevo toda la caja de naranjas.

Los precios están por las nubes.
¿Cuánto es?
caro, a
Para muchos españoles la vida se ha vuelto muy cara.
barato, a
¿A cuánto están las gambas? – Hoy están muy baratas.

einkaufen gehen
Wir gehen ins Einkaufszentrum einkaufen.
kaufen
Ich kaufe im Supermarkt ein.
verkaufen
Verkaufen Sie Fisch?
bezahlen
Ich bezahle bar.
Kasse
Der Gesamtbetrag ist an der Kasse zu zahlen.
Preis
Wenn Sie mir einen guten Preis machen, nehme ich die ganze Kiste Apfelsinen.
Die Preise sind immens gestiegen.
Wieviel macht es?
teuer
Für viele Spanier ist das Leben sehr teuer geworden.
preiswert
Wieviel kosten die großen Krabben? – Heute sind sie sehr preiswert.

4 Ernährung — Einkaufen

el **supermercado** — Supermarkt
Este supermercado no cierra al mediodía. — Dieser Supermarkt schließt mittags nicht.

la **tienda** — Laden, Geschäft
En España las tiendas abren de nueve a dos y de cinco a ocho de la tarde. — In Spanien haben die Geschäfte von neun bis 14 Uhr und von 17 bis 20 Uhr geöffnet.

el **estanco** — Tabak- und Briefmarkenladen

el **mercado** — Markt
Voy al mercado a comprar la verdura. — Ich gehe auf den Markt, um Gemüse einzukaufen.

la **panadería** — Bäckerei
La panadería abre los domingos. — Bäckereien haben sonntags geöffnet.

abierto, a — geöffnet

cerrado, a — geschlossen

la **botella** — Flasche
La botella de tres cuartos es más barata que la de medio litro. — Die Dreiviertelliterflasche ist günstiger als die Halbliterflasche.

el **paquete** — Paket
¿Cuánto cuesta el paquete de galletas? — Was kostet die Schachtel Kekse?

la **caja** — Kiste

---

la **compra** — Einkauf
¿Ya has hecho tus compras? — Hast du deine Einkäufe schon erledigt?

el **turno** — Reihe(nfolge)
¿Le toca el turno a usted? – Sí, es mi turno. — Sind Sie an der Reihe? – Ja, ich bin an der Reihe.

el **autoservicio** — Selbstbedienung

el **carrito** — Einkaufswagen
Mi hija se sube al carrito. — Meine Tochter steigt in den Einkaufswagen.

la **cesta** — Korb

la **bodega** — Weinhandlung
En la bodega el vino es más barato. — Wein ist in der Weinhandlung billiger.

la **variedad** — Vielfalt
Hay gran variedad de vinos de Rioja. — Rioja-Weine gibt es in vielen Sorten.

la **carnicería**	Metzgerei
Aquí hay una carnicería muy buena.	Hier gibt es eine gute Metzgerei.
la **verdulería**	Obst- und Gemüsehandlung
La verdulería de la esquina es muy económica.	Die Obst- und Gemüsehandlung an der Ecke ist sehr preiswert.
la **pescadería**	Fischhandlung
La pescadería cierra los lunes.	Fischhandlungen haben montags geschlossen.
la **conserva**	Konserve
el **bote,** la **lata**	Dose
Un bote de café y una lata de atún. – No queda atún. – ¡Qué lata!	Eine Dose Kaffee und eine Dose Thunfisch. – Es ist kein Thunfisch mehr da. – So ein Pech!
podrido, a	verdorben; faul
¡Oiga! Non me ponga peras podridas.	Hören Sie mal! Geben Sie mir keine faulen Birnen!
la **tableta de chocolate**	Tafel Schokolade

Essen und Tischdecken

comer	essen
¿Quiere comer algo?	Möchten Sie etwas essen?
el **hambre** *f*	Hunger
Tengo mucha hambre.	Ich habe großen Hunger.
el **desayuno**	Frühstück
El desayuno español a veces es sólo un café.	Das spanische Frühstück besteht manchmal nur aus einem Kaffee.
desayunar	frühstücken
Sólo desayunan el café bebido.	Sie trinken nur Kaffee zum Frühstück.
el **almuerzo**	zweites Frühstück; Mittagessen
Hoy tenemos un almuerzo en la oficina.	Heute haben wir ein Arbeitsessen im Büro.
almorzar	das zweite Frühstück einnehmen; zu Mittag essen
¿A qué hora almuerzas?	Um wieviel Uhr ißt du zu Mittag?
la **comida**	Essen; Mahlzeit; Mittagessen
En casa la comida es a las dos.	Zu Hause essen wir um 14 Uhr zu Mittag.

4 Ernährung — Essen und Tischdecken

la cena
¿Qué te preparo para la cena?
Abendessen
Was soll ich dir zum Abendessen machen?

cenar
¿Qué hay para cenar?
zu Abend essen
Was gibt es zum Abendessen?

gustar
Me gusta la tortilla de pimiento.
schmecken
Ich mag Paprikatortilla.

el mantel
El mantel y las servilletas están en el aparador.
Tischdecke
Die Tischdecke und die Servietten sind in der Anrichte.

la servilleta
Serviette

el vaso
Póngame un vaso de vino.
Glas
Geben Sie mir ein Glas Wein.

la taza
¿Quieres el café en vaso o en taza?
Tasse
Möchtest du den Kaffee in einem Glas oder in einer Tasse?

el plato
Emilia compra platos llanos y hondos.
Teller
Emilia kauft flache und tiefe Teller.

el cubierto
Camarero, estos cubiertos están sucios.
Besteck; Gedeck
Herr Ober, diese Bestecke sind schmutzig.

el cuchillo
El cuchillo no corta.
Messer
Das Messer schneidet nicht.

el tenedor
Pincha las aceitunas con el tenedor.
Gabel
Stech die Oliven mit der Gabel auf.

la cuchara
La paella se come con cuchara de madera.
Löffel
Paella ißt man mit einem Holzlöffel.

la cucharilla
Colecciono cucharillas de plata.
Teelöffel
Ich sammle silberne Teelöffel.

el alimento
El pescado tiene mucho alimento.
Nahrung
Fisch hat einen hohen Nährwert.

alimentarse
Mucha gente se alimenta mal.
sich ernähren
Viele Leute ernähren sich falsch.

comerse
(auf)essen

masticar
Tú no masticas, tú tragas.
kauen
Du kaust nicht; du schluckst nur.

el palillo de dientes
Zahnstocher

| Kochen und Gerichte | Ernährung **4** |

hambriento, a *(sediento, a)*
Siempre estás hambriento.

hungrig *(durstig)*
Du bist immer hungrig.

la **merienda**
Hemos preparado la merienda a los niños.

Nachmittagsmahlzeit; Vesper
Wir haben den Kindern das Vesper zubereitet.

la **copa**
A mí, déme una copa de brandy.

Wein-, Sektglas
Ich hätte gern ein Glas Weinbrand.

▬▬ Kochen und Gerichte ▬▬

cocinar
No me gusta cocinar.

kochen
Ich koche nicht gern.

preparar
¿Preparamos la comida?

zubereiten
Sollen wir das Essen zubereiten?

probar
Voy a probar la salsa.

probieren; abschmecken
Ich probiere die Soße.

freír
Fríe las patatas con mucho aceite.

braten
Brate die Kartoffeln in viel Öl.

echar
Hay que echar más aceite a la sartén.

werfen; hinzufügen
Man muß mehr Öl in die Pfanne gießen.

cortar
En las comidas su padre cortaba el pan.

schneiden
Beim Essen schnitt sein Vater das Brot in Scheiben.

la **rebanada**

Scheibe (Brot)

mezclar
Para hacer la pasta hay que mezclar harina con huevos.

mischen
Um den Teig zu machen, muß man Mehl und Eier vermengen.

el **fuego**
La paella se prepara a fuego lento.

Feuer
Paella wird auf kleiner Flamme gekocht.

calentar
Virginia calienta el pan en el horno.

erhitzen; aufwärmen
Virginia bäckt das Brot im Ofen auf.

caliente
Oiga, el agua está caliente y el café frío.

warm; heiß
Hören Sie mal, das Wasser ist warm und der Kaffee ist kalt.

la **receta**
La receta del gazpacho se puede variar de muchas maneras.

Kochrezept
Das Rezept für Gazpacho kann man vielseitig variieren.

4 Ernährung   Kochen und Gerichte

la **ensalada**
Aún no le he puesto aceite y vinagre a la ensalada.

Salat
Ich habe noch kein Öl und Essig an den Salat getan.

la **sopa**
Esto es sopa de sobre.

Suppe
Das ist eine Suppe aus der Tüte.

el **gazpacho**
El gazpacho se toma en verano.

kalte Gemüsesuppe
"Gazpacho" wird im Sommer gegessen.

la **tortilla**
La tortilla de patata es muy típica para la cocina española.

Omelett
Das Kartoffelomelett ist sehr typisch für die spanische Küche.

típico, a

typisch

la **paella**

Paella *(typisches Reisgericht aus Valencia)*

Esta mañana he encargado una paella para doce personas porque tarda mucho en hacerse.

Heute morgen habe ich eine Paella für zwölf Personen bestellt, weil ihre Zubereitung viel Zeit braucht.

el **bocadillo**
¿Quieres un bocadillo de queso?

belegtes Brötchen
Möchtest du ein belegtes Brötchen mit Käse?

la **mayonesa**
La mayonesa de ajo se llama alioli.

Mayonnaise
Die Mayonnaise mit Knoblauch heißt "alioli".

---

cocer
¿Hay que cocer las patatas? – No, las voy a freír.

kochen
Müssen die Kartoffeln gekocht werden? – Nein, ich werde sie braten.

batir
Bate bien los huevos.

schlagen
Schlag die Eier schaumig.

remover
Mientras remuevo la sopa, esprime dos limones.

rühren; schütteln
Presse zwei Zitronen aus, während ich die Suppe umrühre.

esprimir

auspressen

pelar

schälen

rico, a
Las patatas asadas con alioli están muy ricas.

lecker
Gebratene Kartoffeln mit Knoblauchmayonnaise schmecken sehr gut.

asar
El cochinillo asado de Segovia es famoso.

schmoren; braten
Das gebratene Ferkel aus Segovia ist berühmt.

Gazpacho

pegarse
Si no pones más aceite, se pegarán las patatas.

festkleben; anbrennen
Wenn du nicht mehr Öl nimmst, werden die Kartoffeln anbrennen.

picante
La comida española no es muy picante.

scharf gewürzt
Spanisches Essen ist nicht sehr scharf gewürzt.

asar a la parilla
Hoy hay chuletas a la parilla.

grillen
Heute gibt es gegrillte Koteletts.

muy hecho, a
¿Cómo desean los bistecs? – Para mi marido muy hecho, para la niña medio hecho y el mío lo quiero poco hecho.

durchgebraten
Wie möchten Sie die Steaks? – Für meinen Mann durchgebraten, für das Mädchen halb durchgebraten und meines möchte ich blutig.

poco hecho, a

blutig

medio hecho, a

halb durchgebraten

crudo, a
Este pollo está todavía crudo.

roh
Dieses Hähnchen ist noch roh.

frito, a

gebraten

hervir
El agua para el té ya está hirviendo.

kochen
Das Wasser für den Tee kocht schon.

quemar

verbrennen

el **horno**
Hace media hora que he metido el pollo en el horno y todavía no está hecho.

Backofen
Vor einer halben Stunde habe ich das Hähnchen in den Ofen getan, und es ist immer noch nicht gar.

duro, a
El pan ya está duro.

hart; zäh
Das Brot ist schon hart.

tierno, a
Este cordero es muy tierno.

zart
Dieses Lamm ist sehr zart.

magro, a

mager

soso, a

fad

sabroso, a
La salsa picante es muy sabrosa.

schmackhaft
Die scharfe Soße ist sehr schmackhaft.

el **caldo**

(Fleisch)brühe

la **salsa**
Se ha quemado la salsa de la carne.

Soße
Die Fleischsoße ist angebrannt.

la **patata frita**

Pommes frites; Kartoffelchips

el **asado**

Braten

el **cocido**	Eintopf
el **churro**	*in Olivenöl gebratenes Gebäck*
A veces desayunamos chocolate con churros.	Manchmal frühstücken wir heiße Schokolade mit Churros.
la **tostada**	Toast(brot)
la **ensaladilla**	Kartoffelsalat mit verschiedenen Zutaten
La ensaladilla se ha hecho mala.	Der Kartoffelsalat ist schlecht geworden.

Im Lokal

el **restaurante**
Ese restaurante es bueno.

Restaurant
Das Restaurant da ist gut.

el **bar**
Tomás desayuna todos los días en el bar.

Kneipe
Tomás frühstückt jeden Tag in der Kneipe.

el **camarero,** la **camarera**
¡Camarero! ¡La cuenta, por favor!

Kellner(in), Ober
Herr Ober, bitte bezahlen!

la **lista**
A la puerta del restaurante está la lista de precios.

Liste; Verzeichnis
Neben/An der Tür des Restaurants hängt die Preisliste.

servir
¿Quién sirve esta mesa?

bedienen; servieren
Wer bedient an diesem Tisch?

traer
Tráiganos cuatro cervezas y aceitunas.

herbringen; servieren
Bringen Sie uns vier Bier und Oliven.

¿Qué te pongo?

Was möchtest du (trinken/essen)?

la **carta**
Por favor, déme la carta.

Speisekarte
Bitte bringen Sie mir die Speisekarte.

pedir
No sé que pedir.

bestellen
Ich weiß nicht, was ich bestellen soll.

tomar
¿Qué va a tomar?

zu sich nehmen
Was darf es sein?

el **menú**
¿Tienen menú del día?

Menü
Haben Sie ein Tagesmenü?

el **plato**
¿Qué desean de primer plato? – Una sopa de verduras.

Gang; Gericht
Was möchten Sie als ersten Gang? – Eine Gemüsesuppe.

4 Ernährung   Im Lokal

favorito, a — Lieblings-

a la plancha — auf dem Blech herausgebacken, gegrillt

el **postre** — Nachtisch
Hay fruta de postre. — Zum Nachtisch gibt es Obst.

la **tapa** — kleiner Imbiß; Appetithäppchen
Déme una cerveza y una tapa de jamón. — Geben Sie mir bitte ein Bier und ein Schinkenhäppchen.

la **ración** — Portion; Ration
Una ración de calamares, por favor. — Eine Portion Tintenfische bitte.

otro, a — ein anderer, eine andere
¿Quieres otro café? — Möchtest du noch einen Kaffee?

la **jarra** — Kanne; Tonkrug
Traiga otra jarra de cerveza. — Bringen Sie noch einen Krug Bier.

la **cuenta** — Rechnung
La cuenta, por favor. — Die Rechnung bitte.

incluido, a — inbegriffen

la **cafetería** — Cafeteria
En la cafetería se puede tomar un pastel o un helado. — In der Cafeteria kann man Kuchen oder Eis essen.

la **barra** — Theke

el **barman** — Barkeeper
El barman está un poco mareado. — Der Barkeeper ist ein wenig durcheinander.

el **taburete** — Hocker; Barhocker
Los taburetes altos están delante de la barra. — Die hohen Barhocker stehen an der Theke.

la **bandeja** — Tablett
El camarero pone las tazas sucias en la bandeja. — Der Kellner stellt die schmutzigen Tassen auf das Tablett.

el **apetito** — Appetit

escoger — auswählen, aussuchen
¿Has escogido ya? — Hast du schon ausgewählt?

la **especialidad** — Spezialität

el **aperitivo** — Aperitif
¿Quieren un jerez de aperitivo? — Möchten Sie einen Sherry als Aperitif?

¡Qué aproveche! — Guten Appetit!

¿Qué tal el pescado? — Wie schmeckt der Fisch?

la **propina** — Trinkgeld
En España no es obligatorio dar propina. — In Spanien ist es nicht Pflicht, Trinkgeld zu geben.

Kleidung | 5

Kleidungsstücke

la **moda**
El verde está de moda.

Mode
Grün ist jetzt Mode.

la **ropa**
En rebajas se puede comprar ropa barata.

Kleidung
Im Schlußverkauf kann man preisgünstig Kleidung kaufen.

llevar
Llevas un traje muy elegante.

tragen
Du trägst einen sehr eleganten Anzug.

ponerse

sich anziehen; sich aufsetzen

vestirse
El niño ya se viste solo.

sich anziehen, sich kleiden
Der Junge zieht sich schon alleine an.

desnudarse
Cuando estuve en el médico, me tuve que desnudar.

sich ausziehen
Als ich beim Arzt war, mußte ich mich ausziehen.

la **calidad**
La ropa de calidad sienta mejor.

Qualität
Qualitätskleidung sitzt besser.

el **sombrero**
Los españoles llevan poco sombrero.

Hut
Spanier tragen selten einen Hut.

el **pañuelo**
Si estás resfriado, tienes que llevar pañuelos.

Tuch; Kopftuch; Taschentuch
Wenn du erkältet bist, muß du Taschentücher einstecken.

el **pijama**
Me gusta dormir sin pijama.

Schlafanzug
Ich schlafe gern ohne Schlafanzug.

el **bañador**
Joaquin usa bañadores bermuda.

Badeanzug; Badehose
Joaquin trägt Bermudabadehosen.

la **camisa**
Busco una camisa de manga corta.

Hemd
Ich suche ein kurzärmeliges Hemd.

la **blusa**
Has perdido un botón de la blusa.

Bluse
Du hast einen Knopf an der Bluse verloren.

el **jersey**
Tengo dos jerseys nuevos: uno sueco y otro inglés.

Pullover
Ich habe zwei neue Pullover: einen schwedischen und einen englischen.

la **chaqueta**
Tengo una chaqueta de punto.

Jacke; Sakko
Ich habe eine Strickjacke.

Kleidung — Kleidungsstücke

el pantalón
En verano vamos en pantalón corto.
Hose
Im Sommer tragen wir kurze Hosen.

el tejano
Los tejanos dan mucho calor.
Jeans
Jeans sind sehr warm.

la falda
Está de moda la falda-pantalón.
Rock
Hosenröcke sind in Mode.

el vestido
Margarita lleva un vestido bonito.
Kleid
Margarita trägt ein schönes Kleid.

el traje
Te sienta bien el traje.
Anzug
Der Anzug steht dir gut.

el calcetín
Llevo calcetines de lana.
Strumpf; Socke
Ich trage Wollstrümpfe.

la media
Las medias no duran nada.
Nylonstrumpf
Nylonstrümpfe halten nicht lange.

el abrigo
Fernando se ha comprado un abrigo de piel.
Mantel
Fernando hat sich einen Ledermantel gekauft.

el guante
¿Tiene guantes de piel?
Handschuh
Führen Sie Lederhandschuhe?

el zapato
En Mallorca hay fábricas de zapatos.
Schuh
Auf Mallorca gibt es Schuhfabriken.

la bota
Estas botas son para montar a caballo.
Stiefel
Diese Stiefel sind zum Reiten.

la zapatilla
Mi suegro usa zapatillas a cuadros.
Hausschuh; Leinenschuh
Mein Schwiegervater trägt karierte Hausschuhe.

la tela
Compré tela para hacerme una blusa.
Stoff
Ich kaufte Stoff, um mir eine Bluse zu nähen.

---

cambiarse
En verano nos tenemos que cambiar todos los días de ropa.
sich umziehen
Im Sommer müssen wir täglich die Kleidung wechseln.

quitarse
sich ausziehen

desnudo, a
nackt

los textiles
Textilien

el tejido
Quiero tejido para trajes.
Gewebe; Stoff
Ich möchte Stoff für Anzüge.

Kleidung 5

grueso, a
dick

a rayas
Con el vestido a rayas pareces más delgada.
gestreift
Mit dem gestreiften Kleid siehst du schlanker aus.

a cuadros
Estoy buscando una camisa a cuadros.
kariert
Ich suche ein kariertes Hemd.

liso, a
einfarbig

unicolor
Me gustan las telas unicolores.
einfarbig
Mir gefallen einfarbige Stoffe.

la **gorra**
El guardia lleva una gorra.
Mütze
Der Polizist trägt eine Mütze.

la **boina**
Mi abuelo llevaba siempre boina.
Baskenmütze
Mein Großvater trug immer eine Baskenmütze.

la **bufanda**
Se ha dejado la bufanda en el teatro.
Wollschal
Er hat den Schal im Theater vergessen.

la **corbata**
Siempre lleva corbatas a flores.
Binder, Krawatte
Er trägt immer geblümte Krawatten.

el **calzoncillo**
Mi abuelo usaba calzoncillos largos.
Unterhose
Mein Großvater trug lange Unterhosen.

la **braga**
Clara lleva bragas de seda.
Schlüpfer, Unterhose
Clara trägt seidene Schlüpfer.

el **sujetador**
Se te ven los tirantes del sujetador.
Büstenhalter
Man kann die Träger deines Büstenhalters sehen.

el **tirante**
Träger

el **camisón**
El camisón cortito se llama "reconciliación".
Nachthemd
Das kurze Nachthemd wird "Versöhnung" genannt.

la **camiseta**
Los futbolistas intercambiaron las camisetas.
Unterhemd; Sporthemd; Trikot
Die Fußballspieler tauschten ihre Hemden aus.

el **albornoz**
Ponte el albornoz cuando salgas del baño para no resfriarte.
Bademantel
Zieh den Bademantel an, wenn du aus dem Bad kommst, damit du dich nicht erkältest.

el **suéter**
Este suéter es de lana.
Pullover
Dieser Pullover ist aus Wolle.

5 Kleidung — Einkauf

el **impermeable**	Regenmantel
la **gabardina**	Regenmantel
Como está lloviendo me pongo la gabardina.	Da es regnet, ziehe ich den Regenmantel an.
el **anorak**	Anorak
el **uniforme**	Uniform
la **sandalia**	Sandale
En verano llevo sandalias para ir a la playa.	Im Sommer trage ich Sandalen, um an den Strand zu gehen.
descalzo, a	barfuß
atarse	sich binden
¡Átate bien los zapatos!	Binde dir die Schuhe richtig zu!

Einkauf

el **almacén**
En los almacenes hay de todo.

Kaufhaus; Lagerhaus
In den Kaufhäusern gibt es alles.

la **zapatería**
En muchas zapaterías españolas los clientes escogen los zapatos que están expuestos en el escaparate.

Schuhgeschäft
In vielen spanischen Schuhgeschäften wählen die Kunden Schuhe aus, die im Schaufenster ausgestellt sind.

el **escaparate**

Schaufenster

desear
¿Qué desea usted?

wünschen
Was wünschen Sie?

el, la **cliente**
La dependienta está a disposición del cliente.

Kunde, Kundin
Die Verkäuferin steht dem Kunden zur Verfügung.

atender
¿Ya le atienden?

bedienen
Werden Sie schon bedient?

probarse
¿Quiere probárselo?

anprobieren
Möchten Sie es anprobieren?

estar bien/mal, ir bien/mal
El vestido rojo te está bien.

gut/schlecht stehen
Das rote Kleid steht dir gut.

gustar
No me gusta nada la camisa que llevas.

mögen
Das Hemd, das du trägst, gefällt mir überhaupt nicht.

largo, a
Me está largo el pantalón.

lang
Die Hose ist mir zu lang.

Einkauf / Kleidung 5

corto, a
La falda te viene corta.

kurz
Der Rock ist zu kurz für dich.

estrecho, a
Julián lleva pantalones muy estrechos.

eng; klein
Julián trägt sehr enge Hosen.

ancho, a
Tu nuera me está haciendo un camisón ancho.

weit; groß
Deine Schwiegertochter macht mir ein weites Nachthemd.

bonito, a
Ofelia me ha traído un pañuelo muy bonito de China.

hübsch
Ofelia hat mir ein sehr hübsches Tuch aus China mitgebracht.

demasiado, a
El pijama de seda es demasiado caro.

zuviel; zu viel; zu sehr
Der seidene Schlafanzug ist zu teuer.

costar
¿Cuánto cuestan estas medias?

kosten
Wieviel kosten diese Nylonstrümpfe?

---

la **sección**
En la sección de deportes encontrará balones.

Abteilung
In der Sportabteilung finden Sie Bälle.

estar a disposición

zur Verfügung stehen

la **talla**
¿Cuál es su talla?

Konfektionsgröße
Welche Größe haben Sie?

el **probador**
Me he dejado el bolso en el probador.

Umkleidekabine
Ich habe meine Handtasche in der Umkleidekabine liegengelassen.

caber
No quepo en estos pantalones.

passen
Ich passe nicht in diese Hose.

el **cuello**
¿Qué ancho de cuello tiene?

Kragen
Welche Kragenweite haben Sie?

la **manga**
En verano no llevo camisas de manga larga.

Ärmel
Im Sommer trage ich keine langärmeligen Hemden.

calzar
Pepito calza el mismo número que José.

(Schuhe) anziehen/tragen
Pepito hat die gleiche Schuhgröße wie José.

el **calzado**
Aquí hay calzado de calidad.

Schuhwerk
Hier gibt es erstklassige Schuhe.

el **tacón**
Se me ha roto el tacón otra vez.

Absatz
Mir ist der Absatz wieder abgebrochen.

sentar bien/mal
La boina roja te sienta muy bien.

gut/schlecht stehen; gut/schlecht sitzen
Die rote Baskenmütze steht dir sehr gut.

Schmuck und Zubehör

la **cadena**
Para su bautizo le regalamos una cadena de oro.

Kette
Zur Taufe schenkten wir ihr eine Goldkette.

el **collar**
Tu cuñada tiene muchos collares de perlas pero ninguno es valioso.

Halsband
Deine Schwägerin hat viele Perlenketten, aber keine ist wertvoll.

el **pendiente**
Sólo llevo un pendiente.

Ohrring
Ich trage nur einen Ohrring.

la **pulsera**
Tengo un reloj de pulsera.

Armband
Ich habe eine Armbanduhr.

el **reloj**

Uhr

el **anillo**
Siempre se me olvida ponerme el anillo de boda después de lavarme las manos.

Ring
Ich vergesse immer meinen Ehering nach dem Händewaschen anzustecken.

precioso, a
Llevas unos pendientes preciosos.

wunderschön; wertvoll
Du trägst wunderschöne Ohrringe.

la **perla**
¿Son perlas naturales?

Perle
Sind das echte Perlen?

las **gafas de sol**
Uso gafas de sol en verano.

Sonnenbrille
Im Sommer trage ich eine Sonnenbrille.

el **bolso**
¡Me han robado el bolso!

Handtasche; Tasche
Man hat mir die Handtasche gestohlen!

el **bolsillo**
Tengo un diccionario de bolsillo.

Tasche
Ich habe ein Taschenwörterbuch.

el **cinturón**
Quiero un cinturón de cuero.

Gürtel
Ich möchte einen Ledergürtel.

el **paraguas**
Llevo el paraguas para no mojarme.

Regenschirm
Ich nehme den Regenschirm mit, um nicht naß zu werden.

los **accesorios**	Accessoires
valioso, a La pulsera es valiosa.	wertvoll Das Armband ist wertvoll.
la **joya** ¿Dónde deposito las joyas?	Schmuckstück Wo kann ich den Schmuck deponieren?
la **joyería** Me he comprado un reloj en la joyería.	Juweliergeschäft Ich habe beim Juwelier eine Uhr gekauft.
la **relojería** He llevado el reloj a la relojería porque se paraba.	Uhrmacherei; Uhrengeschäft Ich habe die Uhr zum Uhrmacher gebracht, weil sie stehengeblieben ist.
el **bastón** Mi abuelo tiene un bastón de caña de bambú.	(Geh)stock Mein Großvater hat einen Stock aus Bambusholz.
la **cartera**	Brieftasche
el **monedero**	Geldbeutel

Pflege und Reinigung

la **lavandería** Voy a llevar la ropa a la lavandería.	Wäscherei Ich bringe die Wäsche in die Wäscherei.
la **mancha** Esa mancha no se quita.	Fleck Dieser Fleck geht nicht raus.
lavar Como se ha roto la lavadora tengo que lavar a mano.	waschen Da die Waschmaschine kaputtgegangen ist, muß ich mit der Hand waschen.
la **lavadora** Pedro arregla la lavadora.	Waschmaschine Pedro repariert die Waschmaschine.
la **tintorería** El traje lo limpian en la tintorería.	Reinigung Der Anzug wird in der Reinigung gereinigt.
planchar A Isabel no le gusta planchar.	bügeln Isabel bügelt ungern.

5 Kleidung — Pflege und Reinigung

la **percha**	Kleiderbügel
coser	nähen
No sé coser.	Ich kann nicht nähen.
el **sastre,** la **sastresa**	Schneider(in)
Me he hecho un traje sastre.	Ich habe mir ein Kostüm genäht.
el **botón**	Knopf
¿Te coso el botón de la camisa?	Soll ich dir den Knopf ans Hemd annähen?

teñir
¿Quedará bien si tiñen el abrigo de azul?
färben
Wird es gut, wenn sie den Mantel blau einfärben?

la **plancha**
Me he quemado con la plancha.
Bügeleisen
Ich habe mich am Bügeleisen verbrannt.

lavable
waschbar

el **detergente**
No ponga tanto detergente.
Waschmittel
Nehmen Sie nicht so viel Waschmittel.

tender
aufhängen

colgar la ropa

Carmela cuelga la ropa en el balcón.
die Wäsche aufhängen; die Wäsche zum Trocknen aufhängen
Carmela hängt die Wäsche zum Trocknen auf dem Balkon auf.

la **pinza de la ropa**
Cuando cuelgues la ropa, ponle suficientes pinzas para que no se vuele.
Wäscheklammer
Wenn du die Wäsche zum Trocknen aufhängst, nimm genügend Wäscheklammern, damit sie nicht wegfliegt.

la **máquina de coser**
Con la máquina de coser se puede coser muy rápido.
Nähmaschine
Mit der Nähmaschine kann man sehr schnell nähen.

remendar
Ya no se remiendan los pantalones.
flicken
Hosen werden nicht mehr geflickt.

acortar
Acórteme la falda diez centímetros.
kürzen
Kürzen Sie mir den Rock um zehn Zentimeter.

el **hilo**
Cuando viajo llevo hilo y aguja.
Faden
Auf Reisen habe ich Nadel und Faden dabei.

la **aguja**
Nadel

Pflege und Reinigung | Kleidung **5**

el **alfiler**
Cuidado, no te pinches con los alfileres.

Stecknadel
Vorsicht! Stich dich nicht an den Stecknadeln.

pincharse

sich stechen

la **cremallera**
Necesito una cremallera negra.

Reißverschluß
Ich brauche einen schwarzen Reißverschluß.

la **sastrería**
En esta sastrería trabaja una modista que hace vestidos muy bonitos.

Schneiderei
In dieser Schneiderei arbeitet eine Damenschneiderin, die sehr hübsche Kleider näht.

el, la **modista**

Damenschneider(in)

hacer vestidos/ropa

schneidern, nähen

el **betún**
¿Tiene betún incoloro?

Schuhcreme
Haben Sie farblose Schuhcreme?

6 Wohnen

Hausbau

construir
Están construyendo mucho.

bauen
Es wird viel gebaut.

el **arquitecto**, la **arquitecta**
El arquitecto firma el plano de construcción.

Architekt(in)
Der Architekt unterschreibt den Bauplan.

el **plano**

Plan

el **fontanero**, la **fontanera**
Es difícil conseguir un fontanero.

Klempner(in)
Es ist schwierig, einen Klempner zu bekommen.

el **grifo**
El grifo no cierra bien.

Wasserhahn
Der Wasserhahn tropft.

el **clavo**
Estos clavos no sirven porque son demasiado largos.

Nagel
Diese Nägel sind ungeeignet, weil sie zu lang sind.

el **martillo**
Déme un martillo pequeño.

Hammer
Geben Sie mir bitte einen kleinen Hammer.

el, la **electricista**
¿Puede venir el electricista?

Elektriker(in)
Kann der Elektriker kommen?

la **electricidad**
No tenemos electricidad.

Elektrizität, Strom
Wir haben keinen Strom.

la **luz**
Se ha ido la luz.

Strom; Licht
Der Strom ist ausgefallen.

el **enchufe**
Con aparatos alemanes generalmente no tendrá ningún problema de enchufe en España.

Steckdose; Stecker
Mit deutschen Geräten werden Sie in Spanien im allgemeinen keine Probleme mit den Steckdosen haben.

la **bombilla**
Se han fundido las bombillas.

Glühlampe; Glühbirne
Die Glühbirnen sind durchgebrannt.

fundirse

durchbrennen

la **pintura**
No me gusta esta pintura.

Farbe
Ich mag diese Farbe nicht.

el **pintor**, la **pintora**
Busco un pintor.

Maler(in)
Ich suche einen Maler.

Hausbau — Wohnen 6

pintar
Vamos a pintar la casa.

streichen; malen
Wir werden bald die Wohnung streichen.

reformar
Han reformado el piso.

renovieren
Sie haben die Wohnung renoviert.

la **construcción**
Los gastos de construcción suben.

Bau; Bauweise
Die Baukosten steigen.

el **solar**
En este solar se va a construir un hospital.

Baugelände
Auf diesem Baugelände wird ein Krankenhaus gebaut.

el **albañil**
Los albañiles trabajan a veces con pico y pala.

Maurer
Maurer arbeiten manchmal mit Spitzhacke und Schaufel.

yesar

gipsen

la **arquitectura**
Mi nieto estudia Arquitectura.

Architektur
Mein Enkel studiert Architektur.

el **ladrillo**
Nos hemos hecho una pared de ladrillo.

Ziegel
Wir haben eine Wand aus Ziegel gemauert.

la **teja**
Su casa tiene las tejas rojas.

Dachziegel
Ihr Haus hat rote Dachziegel.

la **viga**
Esa casa tiene vigas de madera.

Träger; Balken
Das Haus hat Holzträger.

el **pilar**
Los pilares son de hormigón.

Pfeiler, Säule
Die Pfeiler sind aus Beton.

la **grúa**
La grúa hace mucho ruido.

Kran
Der Kran macht viel Lärm.

la **pala**
La pala limpia la playa.

Schaufel; Bulldozer
Der Strand wird mit dem Bulldozer gesäubert.

picar
El fontanero tiene que picar la pared para cambiar la tubería.

aufstemmen; hacken
Der Klempner muß die Wand aufstemmen, um die Rohrleitung auszutauschen.

la **tubería**
Se sale la tubería.

Rohrleitung; Rohr
Das Rohr leckt.

salirse

undicht sein; auslaufen

el **tubo**
El tubo del gas está roto.

Rohr
Das Gasrohr ist kaputt.

6 Wohnen — Hausbau

el **azulejo**
Los azulejos están sueltos. Hay que ponerlos otra vez.

Kachel
Die Kacheln sind lose. Es muß noch einmal gekachelt werden.

el **carpintero**
El carpintero le arregla las persianas.

Tischler, Zimmermann
Der Tischler repariert Ihnen die Rolläden.

la **carpintería**

Tischlerei

la **sierra**
Se ha roto la hoja de la sierra.

Säge
Das Sägeblatt ist kaputtgegangen.

el **cable**
Está partido el cable.

Kabel; Stromleitung
Das Kabel ist gebrochen.

clavar

annageln

el **tornillo**

Schraube

la **tensíon**

Spannung

el **fusible**
Ha saltado el fusible.

Sicherung
Die Sicherung ist herausgesprungen.

el **cortocircuito**
Fue un cortocircuito.

Kurzschluß
Das war ein Kurzschluß.

el **interruptor**
El interruptor está mal instalado.

Lichtschalter
Der Lichtschalter ist falsch angeschlossen.

instalar
Nos vamos a instalar una calefacción en el chalé.

einrichten; installieren
Wir werden uns eine Heizung im Ferienhaus einbauen.

pintado, a
El armario está recién pintado.

gestrichen, angemalt
Der Schrank ist frisch gestrichen.

recién

frisch (gestrichen)

el **papel pintado**
Pablo ha comprado el papel pintado para el dormitorio.

Tapete
Pablo hat Tapeten fürs Schlafzimmer gekauft.

el **pincel**
Quiero un pincel fino y una brocha.

Pinsel
Ich möchte einen dünnen Pinsel und einen Quast.

la **brocha**

Quast, breiter Pinsel

el **aguarrás**
¡Quita la pintura con aguarrás!

Terpentin
Mach die Farbe mit Terpentin weg!

Hausbau Wohnen **6**

Haus

el **edificio**
Es un edificio de ocho pisos.

Gebäude
Das ist ein achtstöckiges Gebäude.

la **casa**
¿Está tu prima en casa?

Haus
Ist deine Cousine zu Hause?

la **planta**
En la planta baja se oye mucho ruido.

Stockwerk
Im Erdgeschoß ist es sehr laut.

la **ventana**
El marco de la ventana es de madera.

Fenster
Der Fensterrahmen ist aus Holz.

el **cristal**
El limpiacristales viene los miércoles.

Fensterscheibe; Glas
Der Fensterputzer kommt mittwochs.

el **ascensor**
El ascensor no funciona.

Fahrstuhl
Der Fahrstuhl ist außer Betrieb.

la **escalera**
Hay que subir por la escalera.

Treppe; Treppenhaus; Leiter
Man muß die Treppe benützen um hinaufzugehen.

el **escalón**
Hasta mi casa hay cincuenta escalones.

Stufe
Bis zu mir sind es fünfzig Stufen.

arriba
Los vecinos de arriba hacen mucho ruido.

oben
Die Nachbarn über uns sind sehr laut.

abajo
En el piso de abajo vive mi tío.

unten
In der unteren Wohnung wohnt mein Onkel.

subir
Me gusta subir y bajar andando.

hinaufgehen, -steigen
Ich gehe gern zu Fuß hinauf und hinunter.

bajar

hinuntergehen

la **entrada**
En la entrada están los buzones.

Eingang
Am Eingang sind die Briefkästen.

la **salida**
Te espero en la salida.

Ausgang
Ich warte auf dich am Ausgang.

el **balcón**
En verano comemos en el balcón.

Balkon
Im Sommer essen wir auf dem Balkon.

la **terraza**	Terrasse
Felisa está tomando el sol en la terraza.	Felisa sonnt sich auf der Terrasse.
el **patio**	Hof; Innenhof
El patio andaluz es muy fresco.	Andalusische Innenhöfe sind sehr kühl.
el **jardín**	Garten
En Valencia se están haciendo muchos jardines.	In Valencia werden viele Gärten angelegt.
el **garaje**	Garage
El garaje es colectivo.	Es ist eine Gemeinschaftsgarage.
la **finca**	Bauernhaus; Landgut
Esta finca es muy acogedora.	Dieses Bauernhaus ist sehr gemütlich.
la **hacienda**	Landgut; Farm
Mi padre trabaja en una hacienda.	Mein Vater arbeitet auf einer Farm.
la **manzana**	Häuserblock
Vamos a dar una vuelta a la manzana.	Wir gehen gleich einmal um den Block.
el **hogar**	Heim; Zuhause
Me he criado en el hogar de mis padres.	Ich bin bei meinen Eltern aufgewachsen.
el **chalé**, el **chalet**	Ferienhaus; Bungalow
Tenemos un chalé en la playa.	Wir haben ein Ferienhaus am Strand.
la **chabola**	Hütte; Behausung im Elendsviertel
Muchos habitantes de Caracas viven en chabolas.	Viele Einwohner von Caracas leben in Hütten.
el **asilo**	Heim
No todos los asilos son de ancianos.	Nicht alle Heime sind Altersheime.
el **portal**	Tor; Haupteingang; Portal
No tengo llave del portal.	Ich habe keinen Schlüssel für den Haupteingang.
el **tejado**	Dach
El gato está en el tejado.	Der Kater ist auf dem Dach.
la **chimenea**	Schornstein; Kamin
La chimenea tira bien.	Der Kamin hat einen guten Abzug.
el **pararrayos**	Blitzableiter

el **muro** El muro del jardín se está cayendo.	Mauer Die Gartenmauer zerfällt.
la **fachada** Las fachadas de Gaudí son típicas de Barcelona.	Fassade Die Fassaden von Gaudí sind typisch für Barcelona.
el **marco** No te apoyes en el marco de la puerta que está recién pintado.	Fenster-, Tür-, Bilderrahmen Lehn dich nicht an den Türrahmen, weil er frisch gestrichen ist.
el **sótano** En el sótano tenemos los garajes.	Keller Die Garagen sind bei uns im Keller.
el **ático** Los áticos tienen terraza.	Dachwohnung Die Dachwohnungen haben eine Terrasse.
la **barandilla** ¡No te apoyes en la barandilla!	Geländer Stütz dich nicht auf das Geländer!
la **valla** Tengo que pintar la valla.	Zaun Ich muß den Zaun streichen.

Wohnung und Wohnungsteile

el **apartamento** En la playa se alquilan unos apartamentos.	Appartement; Ferienwohnung Es werden Ferienwohnungen am Strand vermietet.
el **piso** Tenemos un piso en propiedad.	Wohnung; Stockwerk Wir haben eine Eigentumswohnung.
la **puerta** Hace falta un cierre de seguridad en la puerta.	Tür Wir brauchen ein Sicherheitsschloß an der Tür.
el **cierre**	Schloß
la **llave** Conviene cerrar con llave.	Schlüssel Es ist besser abzuschließen.
el **pasillo** El pasillo es muy largo.	Flur Der Flur ist sehr lang.
la **habitación** El piso tiene tres habitaciones y una sala.	Zimmer Die Wohnung hat drei Zimmer und ein Wohnzimmer.
la **sala** La sala es tan grande que sirve también de comedor y despacho.	Wohnzimmer; Saal Das Wohnzimmer ist so groß, daß es auch als Eßzimmer und Büro dient.

Wohnung und Wohnungsteile — Wohnen 6

el **comedor**	Eßzimmer; Speisesaal
el **dormitorio**	Schlafzimmer
El dormitorio más grande es el de los niños.	Das größte Schlafzimmer ist das der Kinder.
la **cocina**	Küche; Kochherd
La cocina tiene unos azulejos muy bonitos.	In der Küche sind sehr schöne Kacheln.
el **baño**	Badezimmer; Bad
El baño tiene dos lavabos y una ducha.	Im Badezimmer sind zwei Waschbecken und eine Dusche.
la **ducha**	Dusche
Se ha roto la ducha. No sale ni gota de agua.	Die Dusche ist kaputt. Es kommt kein Tropfen Wasser heraus.
el **lavabo**	Waschbecken; Bad, Waschraum; Toilette
¿Puedo pasar al lavabo?	Darf ich das Bad/die Toilette benutzen?

el **estudio**	Dachwohnung; Atelier; Studio
En Zaragoza son carísimos los estudios.	In Saragossa sind Dachwohnungen sehr teuer.
el **timbre**	Klingel
El timbre suena como una campana.	Die Klingel klingt wie eine Glocke.
llamar	klingeln
¡Llamé a tu casa pero nadie me abrió!	Ich habe bei dir geklingelt, aber es hat niemand aufgemacht.
la **cerradura**	Schloß
Además de la cerradura de seguridad tenemos una alarma.	Zusätzlich zu dem Sicherheitsschloß haben wir eine Alarmanlage.
la **alarma**	Alarmanlage; Alarm
el **recibidor**	Diele
El recibidor es muy estrecho.	Die Diele ist sehr eng.
el **despacho**	Arbeitszimmer
Te he dejado las llaves en la mesa de despacho.	Ich habe dir die Schlüssel auf den Schreibtisch gelegt.
el **salón**	Salon
la **despensa**	Speisekammer
La despensa es demasiado pequeña.	Die Speisekammer ist zu klein.
el **wáter**	Toilette
En el wáter hay una ventana.	In der Toilette ist ein Fenster.

la **bañera**
Preferimos la ducha a la bañera.

Badewanne
Wir ziehen die Dusche der Badewanne vor.

el **techo**
En casa los techos son altos.

Zimmerdecke
Bei uns sind die Zimmerdecken hoch.

la **pared**
Las paredes están recién pintadas.

Wand
Die Wände sind gerade gestrichen worden.

el **suelo**
Muchas casas españolas tienen el suelo de ladrillo.

Fußboden
Viele spanische Wohnungen haben Steinfußböden.

la **calefacción**
Las calefacciones funcionan en invierno.

Heizung
Im Winter sind die Heizungen eingeschaltet.

el **radiador**
Cada habitación tiene un radiador.

Heizkörper
Jedes Zimmer hat einen Heizkörper.

Wohnungseinrichtung

el **mueble**
Busco muebles usados.

Möbel
Ich suche gebrauchte Möbel.

moderno, a
Los pisos modernos son pequeños.

modern
Die modernen Wohnungen sind klein.

antiguo, a
Las casas antiguas son más acogedoras.

antik, alt
Alte Häuser sind gemütlicher.

el **sillón**
Luisa quiere un sillón para ver la tele.

Sessel
Luisa möchte einen Fernsehsessel.

el **sofá**
Ahí venden un sofá de dos asientos.

Sofa
Da wird ein Zweiersofa verkauft.

cómodo, a
Me he comprado un sillón muy cómodo.

bequem
Ich habe mir einen sehr bequemen Sessel gekauft.

incómodo, a
Tu sofá es incómodo para estar mucho tiempo sentado, pero es cómodo para dormir la siesta.

unbequem
Dein Sofa ist unbequem, wenn man lange darauf sitzt, aber um den Mittagsschlaf zu halten, ist es bequem.

Wohnungseinrichtung **Wohnen 6**

la **silla**
¿Tiene sillas de comedor?

Stuhl
Haben Sie Eßzimmerstühle?

la **mesa**
Voy a poner la mesa.

Tisch
Ich werde den Tisch decken.

la **cama**
Luego haré la cama.

Bett
Später werde ich das Bett machen.

el **armario**
Necesito perchas de armario.

Schrank
Ich brauche Kleiderbügel.

la **lámpara**
La lámpara de pie está en la sala.

Lampe
Die Stehlampe ist im Wohnzimmer.

la **cortina**
Carlos corre las cortinas.

Vorhang
Carlos zieht die Vorhänge zu.

el **frigorífico**, la **nevera**
Necesitamos un frigorífico mayor.

Kühlschrank
Wir brauchen einen größeren Kühlschrank.

el **espejo**
¿Tiene espejos para baño?

Spiegel
Haben Sie Badezimmerspiegel?

la **decoración**
He cambiado la decoración.

Innenausstattung; Dekoration
Ich habe die Innenausstattung geändert.

amueblar
Quiero un piso sin amueblar.

einrichten
Ich will eine unmöblierte Wohnung.

amueblado, a
Se alquila un piso amueblado.

möbliert; eingerichtet
Möblierte Wohnung zu vermieten.

acogedor(a)

gemütlich; gastlich

la **alfombra**
Teníamos una alfombra china.

Teppich
Wir hatten einen chinesischen Teppich.

la **moqueta**
El gato rompe la moqueta.

Teppichboden
Der Kater macht den Teppich kaputt.

la **persiana**
Julia ha bajado la persiana.

Jalousie; Rolladen
Julia hat die Jalousie heruntergelassen.

la **cuna**
En España hay muchas "casas cuna".

Wiege; Kinderbett
In Spanien gibt es viele Kinderheime.

el **despertador**

Wecker

6 Wohnen — Wohnungseinrichtung

la **mesilla de noche**
Pon el despertador en la mesilla de noche.

Nachttisch
Stell den Wecker auf den Nachttisch.

el **mosquitero**

Moskitonetz

el **aparador**
Me he olvidado de las cartas en el aparador.

Anrichte
Ich habe die Briefe auf der Anrichte vergessen.

la **cómoda**
Esta cómoda es muy práctica.

Kommode
Diese Kommode ist sehr praktisch.

el **cajón**
Los tenedores están en el primer cajón.

Schublade
Die Gabeln sind in der ersten Schublade.

la **estantería**
La estantería tiene seis estantes.

Regal
Das Regal hat sechs Borde.

el **estante**

Bord, Regalbrett

el **jarrón**
Tengo un jarrón de porcelana china.

Blumenvase
Ich habe eine chinesische Blumenvase.

el **colchón**
Duermo en un colchón incómodo.

Matratze
Ich schlafe auf einer unbequemen Matratze.

la **almohada**
Paco duerme sin almohada.

Kissen
Paco schläft ohne Kopfkissen.

la **sábana**
En verano duermo sólo con una sábana.

Bettuch; Laken
Im Sommer schlafe ich nur mit einem Bettuch.

la **manta**
La manta se llama en Hispanoamérica cobija o frazada.

Wolldecke; Bettdecke
In Spanisch-Amerika wird die Decke "cobija" oder "frazada" genannt.

el **congelador**
Este congelador hace mucho hielo.

Gefriertruhe; Eisfach
Dieses Eisfach bildet viel Eis.

congelar
Ayer compramos un pollo congelado.

einfrieren
Gestern haben wir ein tiefgefrorenes Hähnchen gekauft.

el **lavavajillas**
El lavavajillas ahorra tiempo.

Geschirrspülmaschine
Die Geschirrspülmaschine spart Zeit.

enchufar
Cuando enchufes la plancha apaga la lavadora para que no haya un cortocircuito.

einschalten
Wenn du das Bügeleisen einschaltest, schalte die Waschmaschine aus, damit es keinen Kurzschluß gibt.

el **microhondas**

Mikrowellenherd

el **ventilador**	Ventilator
la **hamaca**	Liegestuhl; Hängematte
la **sombrilla**	Sonnenschirm

Haushalt und Hausarbeiten

el **ama de casa** *f*	Hausfrau
Las amas de casa trabajan todo el día.	Hausfrauen arbeiten den ganzen Tag.
la **basura**	Müll
En España recogen la basura por la noche.	In Spanien wird der Müll nachts abgeholt.
limpiar	putzen
Limpio la casa los jueves.	Ich putze donnerstags die Wohnung.
especial	speziell
Este producto especial es para limpiar plata.	Dieses spezielle Mittel ist zum Reinigen von Silber.
el **polvo**	Staub
Los muebles están llenos de polvo.	Die Möbel sind völlig verstaubt.
la **escoba**	Besen
barrer	fegen
Antes de irte a la playa, barre la casa.	Bevor du an den Strand gehst, feg das Haus.
fregar	spülen; schrubben
Anoche fregué los platos.	Gestern abend habe ich die Teller abgewaschen.
el **abrelatas**	Dosenöffner
En el chalé falta un abrelatas.	Im Ferienhaus fehlt ein Dosenöffner.
el **abrebotellas**	Flaschenöffner
¿Me pasas el abrebotellas?	Kannst du mir den Flaschenöffner geben?
las **tijeras**	Schere
Estas tijeras no cortan.	Diese Schere schneidet nicht.
el **sacacorchos**	Korkenzieher
Se me ha roto el sacacorchos.	Mir ist der Korkenzieher kaputtgegangen.
arreglar	aufräumen; in Ordnung bringen; reparieren
Voy a arreglar la sala.	Ich werde gleich das Wohnzimmer aufräumen.

Wohnen — Haushalt und Hausarbeiten

el **trabajo doméstico** El trabajo doméstico nunca se acaba.	Hausarbeit Die Hausarbeit nimmt kein Ende.
la **empleada**	Hausangestellte
la **suciedad**	Schmutz, Dreck
la **limpieza** La mujer de la limpieza ayuda al ama de casa en la limpieza a fondo.	Putzen; Reinigen Die Putzfrau hilft der Hausfrau beim Großreinemachen.
la **batidora** En la batidora se hace el gazpacho.	Mixer Man bereitet die kalte Gemüsesuppe "Gazpacho" mit dem Mixer zu.
el **cubo** En el cubo grande caben diez litros.	Eimer Der große Eimer faßt zehn Liter.
el **cubo de basura** Cierre bien el cubo de la basura para que los perros no la saquen.	Mülleimer, -tonne Schließen Sie die Mülltonne gut, damit die Hunde den Müll nicht herausholen.
la **papelera** Tiré la carta a la papelera.	Papierkorb Ich warf den Brief in den Papierkorb.
el **trapo** Seca los platos con el trapo de cocina.	Lappen; Tuch Trockne die Teller mit dem Geschirrtuch ab.
la **balleta** Pasa la balleta por el suelo.	Aufwischtuch, Feudel Wisch den Fußboden.
el **aspirador,** la **aspiradora** Ayer no pasé el aspirador.	Staubsauger Gestern habe ich nicht staubgesaugt.
el **fregadero** El fregadero está atascado.	Spülbecken Das Spülbecken ist verstopft.
atascado, a	verstopft
la **sartén** En esta sartén se pega todo y se quema	Pfanne In dieser Pfanne bleibt alles haften und brennt an.
la **cazuela** El conejo a la cazuela es muy sabroso.	Topf Kaninchen, im Topf zubereitet, ist sehr schmackhaft.
el **puchero** Es un puchero para cocina eléctrica.	Topf Das ist ein Topf für einen Elektroherd.

la **olla exprés**
Con la olla exprés se ahorra tiempo y energía.
la **vela**
Cenar con luz de velas es romántico.
ordenar
¡Ordena tus cosas!
el **desorden**
Tengo un desorden total en el despacho.
el **limpiacristales**
el **criado**, la **criada**

No todas las familias españolas tienen una criada.

Schnellkochtopf
Mit dem Schnellkochtopf spart man Zeit und Energie.
Kerze
Bei Kerzenschein zu Abend zu essen ist romantisch.
ordnen; aufräumen
Räum deine Sachen auf!
Durcheinander, Unordnung
Ich habe ein völliges Durcheinander im Arbeitszimmer.
Fensterputzer
Diener, Dienstmädchen; Hausangestellte(r)

Nicht alle spanischen Familien haben eine Hausangestellte.

Kauf, Miete und Bewohner

alquilar
Se alquilan apartamentos.
el **alquiler**
Hoy he firmado el contrato de alquiler.
mudarse
Me mudo de casa todos los años.
el **dueño**, la **dueña**
Quisiera hablar con el dueño.

la **venta**
¿Se vende este piso? – No, no está a la venta.
el **vecino**, la **vecina**
El vecino de al lado es muy amable.

el **portero**, la **portera**
El portero es la persona más importante de la casa.
privado, a
Por aquí no puede pasar. Es un camino privado.

mieten
Ferienwohnungen zu vermieten.
Miete
Heute habe ich den Mietvertrag unterschrieben.
umziehen
Ich ziehe jedes Jahr um.
Besitzer(in); Vermieter(in)
Ich würde gern mit dem Besitzer sprechen.
Verkauf
Ist diese Wohnung zu verkaufen? – Nein, sie steht nicht zum Verkauf.
Nachbar(in)
Der Nachbar von nebenan ist sehr freundlich.
Hausmeister(in); Pförtner(in), Portier
Der Hausmeister ist der wichtigste Mensch im Haus.
privat
Hier können Sie nicht durchfahren. Das ist ein Privatweg.

6 Wohnen — Kauf, Miete und Bewohner

la **vivienda**
Wohnung

el **inquilino,** la **inquilina**
Mieter(in)
Somos los inquilinos del chalé.
Wir sind die Mieter des Ferienhauses.

prolongar
verlängern
Queremos prolongar el contrato de alquiler.
Wir möchten den Mietvertrag verlängern.

la **prolongación**
Verlängerung
El propietario no aceptó una prolongación del contrato.
Der Besitzer hat einer Vertragsverlängerung nicht zugestimmt.

el **propietario,** la **propietaria**
Besitzer(in)
El propietario no vive aquí.
Der Besitzer wohnt nicht hier.

el **administrador,** la **administradora**
Verwalter(in)
Yo soy el administrador.
Ich bin der Verwalter.

la **propiedad**
Besitz
Es de propiedad privada.
Das ist Privatbesitz.

el **corredor,** la **corredora**
Makler(in)
¡No te fies de los corredores!
Traue keinem Makler!

la **fianza**
Kaution

la **escritura notarial**
notarieller Kaufvertrag
Sólo es válida la escritura notarial.
Nur der notarielle Kaufvertrag ist gültig.

trasladarse
übersiedeln; umziehen

la **mudanza**
Umzug
Las mudanzas son caras.
Umzüge sind teuer.

la **portería**
Pförtnerloge, -wohnung
Deje el paquete en la portería, por favor.
Hinterlegen Sie bitte das Paket beim Pförtner.

Eigenschaften des Menschen 7

Positive Eigenschaften

el **carácter**
Tiene un carácter muy fuerte.

bueno, a
Es una buena muchacha.
simpático, a
¡Qué simpática!
amable
Fueron bastante amables en el banco.
sensible
Luis es un chico sensible.
cariñoso, a
Tengo una novia muy cariñosa.

alegre
En verano estoy más alegre que en invierno.
ser listo, a
Eres un tío muy listo.
tímido, a
serio, a
¿Por qué estás tan seria?
correcto, a
La señora Galíndez es muy correcta.
puntual
Sé puntual.
activo, a
Es un comerciante muy activo.

el **humor**
Paco tiene sentido del humor.
gracioso, a
El cura es muy gracioso.
la **gracia**
La niña se mueve con gracia.

Este chiste no tiene ninguna gracia.

Charakter
Er hat einen sehr starken Charakter.

gut
Sie ist ein gutes Mädchen.
nett; freundlich
Ach, wie nett!
freundlich; zuvorkommend
In der Bank waren sie ziemlich freundlich.
empfindlich, sensibel
Luis ist ein empfindlicher Junge.
zärtlich; liebevoll; zutraulich
Ich habe eine sehr zärtliche Freundin.

lustig; fröhlich
Im Sommer bin ich fröhlicher als im Winter.
klug sein
Du bist ein sehr cleverer Kerl.
schüchtern
ernst; vertrauenswürdig
Warum bist du so ernst?
höflich; korrekt; makellos
Frau Galíndez ist sehr korrekt.

pünktlich
Sei pünktlich.
lebendig; aktiv
Er ist ein sehr tüchtiger Geschäftsmann.

Humor
Paco hat Sinn für Humor.
witzig; lustig
Der Priester ist sehr witzig.
Witz; Grazie
Das Mädchen bewegt sich mit Grazie.
Dieser Witz ist überhaupt nicht lustig.

89

7 Eigenschaften des Menschen — Positive Eigenschaften

la **característica**
El humor es una característica positiva.
— Merkmal
Humor ist eine positive Eigenschaft.

característico, a — charakteristisch, bezeichnend

la **personalidad**
Marta tiene personalidad.
— Persönlichkeit
Marta hat Persönlichkeit.

individual — individuell, persönlich

la **mentalidad** — Mentalität

la **bondad**
Tenga la bondad de rellenar la ficha.
— Güte
Seien Sie so gütig, und füllen Sie das Formular aus.

la **amabilidad**
Es de gran amabilidad ayudar a las personas mayores.
— Freundlichkeit
Es ist sehr freundlich, älteren Menschen zu helfen.

educado, a
Es un chico muy bien educado.
— wohlerzogen
Er ist ein sehr wohlerzogener Junge.

honesto, a — anständig

honrado, a
En los pueblos la gente es más honrada.
— ehrlich; anständig; ehrbar
Auf den Dörfern sind die Menschen ehrlicher.

justo, a — gerecht

sincero, a
Si te soy sincero, no me gusta tu perfume.
— aufrichtig; ehrlich
Wenn ich ehrlich bin, mir gefällt dein Parfüm nicht.

atento, a
Eres un chico muy atento.
— aufmerksam; zuvorkommend
Du bist ein sehr aufmerksamer Junge.

prudente — vorsichtig; klug

la **atención**
Tiene muchas atenciones conmigo.
— Aufmerksamkeit
Sie ist mir gegenüber sehr aufmerksam.

cuidadoso, a
Alberto es muy cuidadoso.
— sorgfältig; rücksichtsvoll
Alberto ist sehr sorgfältig.

valiente
La madre fue muy valiente salvando a su hijo.
— mutig
Die Mutter war sehr mutig, als sie ihr Kind rettete.

callado, a
Rosa es muy callada.
— ruhig, still
Rosa ist sehr ruhig.

romántico, a	romantisch
orgulloso, a	stolz
Estoy orgulloso de ti.	Ich bin stolz auf dich.
optimista	optimistisch
realista	realistisch

■■■■■ Negative Eigenschaften ■■■■■

el **defecto**
Los amigos saben comprender los defectos.

Fehler
Freunde können Fehler verstehen.

malo, a
Jaimito es muy malo.

ungezogen, unartig
Jaimito ist sehr ungezogen.

tonto, a
¡No seas tonto!

dumm, doof
Sei nicht dumm!

furioso, a
Estoy muy furiosa con los vecinos.

wütend
Ich bin auf die Nachbarn sehr wütend.

curioso, a
Mi vecina es demasiado curiosa.

neugierig
Meine Nachbarin ist zu neugierig.

la **curiosidad**
Tengo curiosidad por conocer a Luisa.

Neugier, Neugierde
Ich bin gespannt darauf, Luisa kennenzulernen.

aburrido, a
Tu marido es muy aburrido.

langweilig
Dein Mann ist sehr langweilig.

perezoso, a

faul

bruto, a
¡Qué bruto!

grob; ungehobelt; dumm
Wie dumm!

enérgico, a	energisch; tatkräftig
La señora enérgica estuvo discutiendo con el policía.	Die energische Frau diskutierte mit dem Polizisten.
severo, a	streng
agresivo, a	feindselig, aggressiv
La gente se vuelve agresiva al volante.	Am Steuer werden die Menschen aggressiv.
la **malicia**	Böswilligkeit, List
Su acción es mala pero él ha actuado sin malicia.	Seine Tat war schlecht, aber er hat nicht böswillig gehandelt.

7 Eigenschaften des Menschen — Negative Eigenschaften

el, la **cobarde**	Feigling
cobarde	feige
¡Qué cobardes sois!	Ihr seid aber feige!
arrogante	anmaßend, arrogant
insoportable	unausstehlich; unerträglich
La burocracia es insoportable.	Die Bürokratie ist unerträglich.
avaro, a	habsüchtig, geizig
la **impuntualidad**	Unpünktlichkeit
informal	unzuverlässig; formlos
Me fastidia la gente informal.	Unzuverlässige Leute ärgern mich.
despistado, a	zerstreut
vago, a	faul; träge
¡Mira que eres vago!	Du bist aber faul!
el, la **sinvergüenza**	unverschämter Kerl, unverschämtes Weib(sstück)
Los camareros de este hotel son unos sinvergüenzas.	Die Kellner in diesem Hotel sind unverschämt.
fresco, a	frech; unverschämt
¡Ese tío es un fresco!	Dieser Typ ist unverschämt!
terco, a	starrköpfig; trotzig
Mi padre es muy terco.	Mein Vater ist sehr starrköpfig.
vulgar	ordinär, vulgär
Antonia, ¡no seas vulgar!	Antonia! Sei nicht ordinär!
confiado, a	vertrauensvoll; vertrauensselig
Rafa es demasiado confiado.	Rafa ist zu vertrauensselig.
vengativo, a	rachsüchtig
No hay que ser vengativo.	Man soll nicht rachsüchtig sein.
abandonado, a	nachlässig; schlampig; verlassen
Juan es muy abandonado.	Juan ist sehr nachlässig.
desordenado, a	durcheinander; unordentlich
Eres muy desordenado.	Du bist sehr unordentlich.
ambicioso, a	ehrgeizig
pesimista	pessimistisch

Gefühle, Instinkte, Triebe | 8

Positive Gefühle

el **sentimiento**
Mis sentimientos hacia ti no han cambiado.
Gefühl
Meine Gefühle dir gegenüber haben sich nicht geändert.

sentir
Siento que no puedas venir.
fühlen; bedauern
Es ist schade, daß du nicht kommen kannst.

la **sensación**
Gefühl, Empfindung

feliz
Feliz Año Nuevo.
Los novios son felices.
glücklich
Ein gutes neues Jahr.
Das Brautpaar ist glücklich.

la **alegría**
Me has dado una gran alegría.
Freude; Heiterkeit
Du hast mir eine große Freude bereitet.

alegrarse
Me alegro de volver a verte.

Me alegro de que estés bien.
sich freuen
Ich freue mich, dich wiederzusehen.
Ich freue mich, daß es dir gut geht.

contento, a
¿Estás contenta de estar en Sevilla?
zufrieden; froh
Bist du froh, in Sevilla zu sein?

tranquilo, a
¡Usted tranquila!
ruhig; besonnen
Seien Sie unbesorgt!

la **simpatía**
Vale más la simpatía que el dinero.
Sympathie
Sympathie ist wertvoller als Geld.

querer
Te quiero.
begehren; lieben
Ich liebe dich.

el **amor**
El general se mató por amor a la patria.
Liebe
Der General tötete sich aus Vaterlandsliebe.

el **cariño**
Te tengo mucho cariño.
Zärtlichkeit; Zuneigung; Liebe
Ich kann dich gut leiden.

apreciado, a
Su abuelo era muy apreciado como ingeniero.
geschätzt; geachtet; angesehen
Sein Großvater war ein sehr geschätzter Ingenieur.

gustar
Me gustas mucho.
mögen; gefallen
Du gefällst mir sehr.

tener ganas
Tengo ganas de volver a Venezuela.
Lust haben
Ich habe Lust, nach Venezuela zurückzukehren.

93

loco, a
Estoy loco por ti.

la **emoción**
¡Qué emoción!

wahnsinnig, irre
Ich bin verrückt nach dir.

Spannung; Aufregung
Wie spannend!

---

la **felicidad**
Muchas felicidades por tu cumpleaños.

afectuoso, a
Afectuosos saludos de tu amiga Irene.

cordial
Vuestras relaciones son muy cordiales.

el **placer**

la **confianza**
Ten confianza en mí.

confiar
Confío poco en los médicos.

la **esperanza**

encantar

entusiasmar
A Andrea le entusiasma el teatro.

entusiasmarse con
Mi mujer se entusiasma con el fútbol.

alegrar

la **ilusión**
Me hace ilusión ir a cenar contigo.

emocionarse
Mi abuelito se emociona cuando oye tangos.

emocionante
Es una película muy emocionante.

tranquilizarse
¡Tranquilícese, no ha pasado nada!

apasionarse
No te apasiones por la política.

Glück
Herzlichen Glückwunsch zum Geburtstag.

herzlich; zärtlich
Herzliche Grüße von deiner Freundin Irene.

herzlich
Euer Verhältnis ist sehr freundschaftlich.

Freude; Vergnügen; Lust

Vertrauen
Hab Vertrauen zu mir.

vertrauen
Ich habe wenig Vertrauen zu den Ärzten.

Hoffnung

begeistern, entzücken

begeistern
Andrea ist vom Theater begeistert.

sich begeistern für
Meine Frau begeistert sich für Fußball.

freuen

(Vor)freude
Ich freue mich darauf, mit dir Abendessen zu gehen.

gerührt sein
Mein Opa ist gerührt, wenn er Tangos hört.

spannend; aufregend
Der Film ist sehr spannend.

sich beruhigen
Beruhigen Sie sich, es ist nichts geschehen!

sich begeistern
Begeistere dich nicht für Politik.

la **pasión** | Leidenschaft; Leiden
La pasión de mi suegro son los toros. | Stierkämpfe sind die Leidenschaft meines Schwiegervaters.

impresionar | beeindrucken; bewegen
Granada me ha impresionado mucho. | Granada hat mich sehr beeindruckt.

la **impresión** | Eindruck
Tengo la impresión de que me engañas. | Ich habe den Eindruck, daß du mich betrügst.

atraer | anziehen
La música atrajo al público. | Die Musik zog das Publikum an.

la **atracción** | Anziehung
Marta tiene una atracción muy especial. | Marta hat eine ganz besondere Anziehungskraft.

el **estímulo** | Reiz; Ansporn
Este premio será el estímulo para seguir trabajando tan bien. | Dieser Preis wird als Anreiz dienen, weiterhin so gut zu arbeiten.

la **satisfacción** | Befriedigung
Terminar un trabajo bien es una satisfacción. | Es ist befriedigend, eine Arbeit gut zu beenden.

Negative Gefühle

triste | traurig
No estés triste. | Sei nicht traurig.

la **tristeza** | Traurigkeit
La lluvia me da tristeza. | Regen stimmt mich traurig.

llorar | weinen
Tengo ganas de llorar. | Mir ist zum Weinen zumute.

la **lágrima** | Träne

la **vergüenza** | Scham
Me da vergüenza hablar del pasado de mi familia. | Ich schäme mich, über die Vergangenheit meiner Familie zu sprechen.

enfadarse | sich ärgern; wütend werden
Vicente se ha enfadado contigo. | Vicente ist wütend auf dich.

enfadado, a | böse, verärgert

Negative Gefühle

aburrirse
Me aburro viendo la tele.

sich langweilen
Ich langweile mich beim Fernsehen.

preocupado, a
Estoy preocupado por lo que tarda Carolina en volver.

besorgt; beunruhigt
Ich bin besorgt, weil Carolina so lange braucht um zurückzukommen.

nervioso, a
La impuntualidad me pone nerviosa.

nervös
Unpünktlichkeit regt mich auf.

la **envidia**
El jefe se ha puesto verde de envidia.

Neid
Der Chef ist ganz blaß vor Neid geworden.

envidioso, a
Lucas está envidioso de su hermanita.

neidisch
Lucas ist auf seine kleine Schwester neidisch.

el **miedo**
No tengo miedo a la oscuridad.

Angst
Ich fürchte mich nicht vor der Dunkelheit.

temer
Temo que me estás mintiendo.

fürchten
Ich fürchte, du belügst mich.

odiar
Odio las guerras.

hassen
Ich hasse Kriege.

el **disgusto**
Pepa tuvo un disgusto con su primo.

Ärger; Kummer; Verdruß
Pepa hatte Ärger mit ihrem Cousin.

el **suspiro**

Seufzer

soportar
No soporto los gritos.

erdulden; ertragen
Ich kann Schreien nicht ertragen.

la **preocupación**
Las preocupaciones enferman.

Sorge; Besorgnis
Sorgen machen krank.

desesperado, a

verzweifelt

desilusionado, a

enttäuscht

desilusionarse

eine Enttäuschung erleben; jede Illusion verlieren

fastidiar
¿No te fastidia?

ärgern; stören
Ist das nicht etwa zum Mäusemelken!

la **rabia**

Wut

Negative Gefühle

el **rencor**	Groll
Margarita no guarda rencor.	Margarita hegt keinen Groll.
tener celos	eifersüchtig sein
Tengo celos de mi mujer.	Ich bin auf meine Frau eifersüchtig.
asustarse	erschrecken; verschrecken
Los precios de este verano nos han asustado.	Die Preise diesen Sommer haben uns erschreckt.
el **susto**	Schreck
¡Vaya susto!	Ach, was für ein Schreck!
intranquilo, a	beunruhigt; unruhig
la **angustia**	Angst, Beklemmung
Las familias de los heridos esperaban noticias con angustia.	Die Angehörigen der Verletzten warteten voller Sorge auf Nachricht.
el **odio**	Haß
No siento odio por nadie.	Ich hasse niemanden.
tener mal genio	jähzornig sein

9 Denken

pensar
Piensa ir mañana.

denken
Er denkt daran, morgen zu gehen.

saber
Ayer supe que venías.

wissen; erfahren; können
Gestern erfuhr ich, daß du kommst.

No sé ruso.
¿Sabes dónde está Inés?

Ich kann kein Russisch.
Weißt du, wo Inés ist?

creer
Creo que no me ha comprendido, ¿qué crees?

glauben
Ich glaube, er hat mich nicht verstanden, was meinst du?

entender
No entiendes a tu mujer.

verstehen
Du verstehst deine Frau nicht.

comprender
No he comprendido su explicación.

verstehen; begreifen
Ich habe ihre Erklärung nicht begriffen.

inteligente
Eres una chica inteligente pero has hecho una tontería enorme.

intelligent, klug
Du bist ein kluges Mädchen, aber du hast eine Riesendummheit gemacht.

la **razón**
Tiene usted razón.

Vernunft; Verstand
Sie haben recht.

darse cuenta
No se ha dado cuenta de que soy extranjera.

es bemerken
Er hat nicht bemerkt, daß ich Ausländerin bin.

reconocer
No la reconozco.

anerkennen; wiedererkennen
Ich erkenne sie nicht wieder.

decidir
Hemos decidido comprar la casa.

entscheiden; beschließen
Wir haben beschlossen, das Haus zu kaufen.

resolver
Miguel prefiere resolver sus problemas solo.

lösen
Miguel zieht es vor, seine Probleme selbst zu lösen.

imaginarse
Imagínese lo que ha subido el autobús.

sich vorstellen
Stellen Sie sich einmal vor, wie teuer Busfahren geworden ist.

inventar
¿Qué inventó Juan de la Cierva?

erfinden; sich ausdenken
Was hat Juan de la Cierva erfunden?

recordar
No recuerdo el título del libro.

sich erinnern an
Ich kann mich nicht an den Buchtitel erinnern.

Denken

acordarse
No me acuerdo de su nombre.

sich erinnern
Mir fällt Ihr Name nicht ein.

olvidar
He olvidado la cartera.

vergessen
Ich habe meine Brieftasche vergessen.

olvidarse
Carmen acabará olvidándose de ti.

vergessen
Carmen wird dich schließlich vergessen.

dudar
Dudo que venga.

zweifeln; es bezweifeln
Ich bezweifle, daß sie kommt.

equivocarse
Se ha equivocado de número.

sich irren, sich täuschen
Sie haben sich verwählt.

reflexionar
Tengo que reflexionar sobre esto.

nachdenken; überlegen
Ich muß darüber nachdenken.

analizar

analysieren

el **pensamiento**
No se me va del pensamiento.

Gedanke; Sinn
Es geht mir nicht aus dem Sinn.

el **genio**

Genie

el **filósofo,** la **filósofa**
Ortega y Gasset fue un filósofo español muy conocido.

Philosoph(in)
Ortega y Gasset war ein bekannter spanischer Philosoph.

la **inteligencia**
No es cuestión de inteligencia.

Verstand; Klugheit; Intelligenz
Es ist keine Frage des Verstandes.

intelectual
El trabajo intelectual cansa tanto como el corporal.

intellektuell; geistig
Geistige Arbeit ist so anstrengend wie körperliche Arbeit.

razonable
Parece ser una chica razonable.

vernünftig; angemessen
Sie scheint ein vernünftiges Mädchen zu sein.

sabio, a
Amalia se cree muy sabia.

weise; gelehrt
Amalia hält sich für sehr klug.

culto, a

gebildet

la **lógica**
Lo que dices no tiene lógica.

Logik
Das, was du sagst, ist nicht logisch.

lógico, a
¡Lógico! ¡Claro que sí!

logisch
Logisch! Na klar!

opinar
El ministro opina que hay que ahorrar más.

meinen
Der Minister ist der Meinung, daß man mehr sparen muß.

el **punto de vista**
Desde tu punto de vista parece ser razonable.

Gesichtspunkt; Standpunkt
Von deinem Standpunkt aus scheint es vernünftig zu sein.

9 Denken

presumir
vermuten

comparar
¿Has comparado la copia con el original?
vergleichen
Hast du die Kopie mit dem Original verglichen?

la **comparación**
Toda comparación es odiosa.
Vergleich
Alle Vergleiche hinken.

la **previsión**
¿Has oído la previsión del tiempo para mañana?
Vorhersage; Voraussicht
Hast du die Wettervorhersage für morgen gehört?

el **invento**
El invento de Juan de la Cierva fue el autogiro, un avión con características de helicóptero.
Erfindung
Die Erfindung von Juan de la Cierva war das Autogiro, ein Drehflügelflugzeug.

la **idea**
No puedes hacerte ni la idea de lo bien que he pasado las vacaciones.
Idee
Du kannst dir nicht vorstellen, wie toll meine Ferien waren.

la **imaginación**
Paco tiene poca imaginación.
Phantasie; Einbildungskraft
Paco hat wenig Phantasie.

la **duda**
No cabe la menor duda de que ha sido una equivocación.
Zweifel
Es ist ganz zweifellos ein Irrtum gewesen.

confundirse
Disculpe, me he confundido de habitación.
sich irren
Entschuldigen Sie, ich habe mich im Zimmer geirrt.

la **equivocación**
Irrtum

solucionar
lösen

Verhalten 10

Neutrales Verhalten

el **comportamiento**
Su comportamiento es irresponsable.

Verhalten; Benehmen
Ihr Verhalten ist unverantwortlich.

comportarse
Alfonso se comportó como un verdadero señor.

sich verhalten; sich benehmen
Alfonso hat sich wie ein richtiger Kavalier benommen.

reaccionar
¿Cómo reaccionasteis al oír la noticia?

reagieren
Wie habt ihr reagiert, als ihr die Nachricht hörtet?

demostrar
Demuestras poco interés.

zeigen; beweisen
Du zeigst wenig Interesse.

el **proyecto**
Tengo el proyecto de conocer Navarra.

Plan, Vorhaben
Ich habe vor, Navarra kennenzulernen.

esperar
Espero que vengas pronto.

warten
Ich hoffe, du kommst bald.

fiarse
¿Es que no te fías de nosotros?

trauen; sich verlassen
Traust du uns etwa nicht?

la **costumbre**
Es una buena costumbre.

Gewohnheit
Das ist eine gute Angewohnheit.

acostumbrarse
Nos acostumbramos al ruido.

sich gewöhnen
Wir gewöhnten uns an den Lärm.

la **conducta**
El preso fue puesto en libertad por buena conducta.

Führung; Benehmen; Verhalten
Der Häftling wurde wegen guter Führung entlassen.

la **actitud**
La actitud de Miguel es muy extraña.

Einstellung; Verhalten; Haltung
Miguels Einstellung ist sehr merkwürdig.

portarse
Antonio se portó muy bien con nosotros.

sich benehmen; sich verhalten
Antonio hat sich uns gegenüber sehr nett benommen.

habitual

üblich

la **reacción**
No entiendo su reacción.

Verhalten; Reaktion
Ich verstehe sein Verhalten nicht.

indiferente
Me es indiferente si te pones el vestido rojo o el negro.

gleichgültig
Es ist mir gleichgültig, ob du das rote oder das schwarze Kleid anziehst.

10 Verhalten — Positives Verhalten

espontáneo, a	spontan
imitar	nachahmen
Roberto sabe imitar el canto de los pájaros.	Roberto kann Vogelstimmen nachmachen.
aprovechar	nutzen; ausnutzen
Tiene que aprovechar mejor el tiempo.	Sie müssen die Zeit besser nutzen.
Juan aprovecha todo a fondo.	Juan nützt alles gründlich aus.
la **oportunidad**	Gelegenheit

Positives Verhalten

crear
Dalí creó una obra singular.

schaffen; erschaffen; kreieren
Dalí schuf ein einzigartiges Werk.

intentar
Ana intenta conseguir trabajo.

versuchen
Ana versucht, Arbeit zu bekommen.

mantener

er-, unterhalten

la **intención**
Ha sido sin mala intención.

Absicht; Vorsatz
Es war keine böse Absicht.

realizar

machen; verwirklichen

conseguir
Conseguimos un vuelo económico.

erreichen; gelingen; bekommen
Wir bekamen einen günstigen Flug.

Al final has conseguido romper con la tradición familiar.
Dir ist es endlich gelungen, mit der Familientradition zu brechen.

Conseguí que me devolvieran el dinero.
Ich erreichte, daß sie mir das Geld zurückgaben.

insistir
Señorita, insista en la llamada.

darauf bestehen; nachhaken
Fräulein, versuchen Sie weiterhin anzurufen.

el **éxito**
La artista tuvo mucho éxito.

Erfolg
Die Künstlerin war sehr erfolgreich.

el **interés**
Pablo tiene interés en hablar con Luis.

Interesse
Pablo ist daran interessiert, mit Luis zu sprechen.

interesarse

sich interessieren; Anteilnahme zeigen

Me interesa la pintura moderna.
Ich interessiere mich für moderne Malerei.

Positives Verhalten

la **atención**	Aufmerksamkeit
Preste atención a las señales de tráfico.	Beachten Sie die Verkehrszeichen aufmerksam.
preocuparse	sich kümmern; sich sorgen
Nos preocupamos del asunto.	Wir kümmern uns um die Angelegenheit.
¡No se preocupe, ya vendrá!	Machen Sie sich keine Sorgen, er wird schon kommen!
respetar	respektieren, achten
responsable	verantwortlich
Usted se hace responsable de lo que pase.	Sie sind verantwortlich für das, was geschehen kann.
evitar	vermeiden
la **calma**	Ruhe
fijarse	sich festlegen; achtgeben
¿Te has fijado en el vestido que lleva la señora?	Hast du auf das Kleid geachtet, das die Frau trägt?
interesado, a	interessiert; beteiligt
Luisa está interesada en comprar el piso.	Luisa ist daran interessiert, die Wohnung zu kaufen.
Es un tipo muy interesado. Sólo quiere ganar dinero.	Er ist ein sehr egoistischer Kerl. Er will nur Geld verdienen.
interesar	interessieren
el **propósito**	Vorsatz; Absicht
Me he hecho el propósito de estudiar inglés.	Ich habe mir vorgenommen, Englisch zu lernen.
la **voluntad**	Wille
¿Lo has hecho por tu propia voluntad?	Hast du es freiwillig gemacht?
esforzarse	sich anstrengen, sich bemühen
Juan se tiene que esforzar para aprender portugués.	Juan muß sich anstrengen, um Portugiesisch zu lernen.
el **empeño**	Eifer; Bemühung
Para lograr el éxito hay que poner empeño.	Um erfolgreich zu sein, muß man sich anstrengen.
empeñarse	darauf bestehen
Rosa se empeña en que compremos un vídeo.	Rosa besteht darauf, daß wir einen Videorecorder kaufen.
procurar	versuchen
Procuramos estar bien con todo el mundo.	Wir versuchen, mit allen gut auszukommen.

lograr
¿Logró hablar por teléfono?

etwas erreichen; gelingen
Ist es Ihnen gelungen zu telefonieren?

la **responsabilidad**
No cargo con la responsabilidad.

Verantwortung
Ich übernehme keine Verantwortung.

la **fidelidad**

Treue; Ehrlichkeit; Zuverlässigkeit

obedecer
Obedezcan siempre las leyes del tráfico.

gehorchen
Beachten Sie immer die Verkehrsregeln.

salvar

retten

la **moral**
¿Qué es moral?

Moral
Was ist Moral?

Negatives Verhalten

la **tontería**
Estas señoras se pasan el día hablando de tonterías.

Dummheit; Lappalie
Diese Frauen verbringen den ganzen Tag damit, über unwichtige Dinge zu reden.

Has hecho una tontería vendiendo la moto tan barata.

Du hast eine Dummheit begangen, als du das Motorrad so preiswert verkauft hast.

amenazar
El ladrón nos amenazó con un cuchillo.

drohen; bedrohen
Der Dieb bedrohte uns mit einem Messer.

hacer faltas
Cuando hablo deprisa hago faltas.

Fehler machen
Wenn ich schnell spreche, mache ich Fehler.

fracasar
Si preparas bien el examen no fracasarás.

scheitern
Wenn du die Prüfung gut vorbereitest, wirst du nicht scheitern.

ofender
Me siento ofendida.

beleidigen
Ich fühle mich beleidigt.

burlar

täuschen; an der Nase herumführen

El ladrón burló la vigilancia.

Der Dieb täuschte die Wachen.

burlarse
¿Te estás burlando de mí?

sich lustig machen
Machst du dich über mich lustig?

Negatives Verhalten — Verhalten 10

oponerse
Los mineros se opusieron al cierre de la mina.

sich wehren; sich widersetzen
Die Bergarbeiter setzten sich gegen die Schließung der Grube zur Wehr.

vengarse
Juan se vengó por el asesinato de su hermano.

sich rächen
Juan rächte sich wegen des Mordes an seinem Bruder.

estropear

beschädigen

aprovecharse
¡No te aproveches de los amigos!

ausnutzen; sich zunutze machen
Nütze deine Freunde nicht aus!

abusar
El alcalde abusa de su autoridad.

mißbrauchen; ausnützen
Der Bürgermeister mißbraucht sein Amt.

abandonar
El boxeador abandonó a los tres minutos.

aufgeben; verlassen
Der Boxer gab nach drei Minuten auf.

irresponsable
Es irresponsable que mueran tantos niños de hambre.

unverantwortlich
Es ist unverantwortlich, daß so viele Kinder verhungern.

el **fracaso**
El negocio de tu hermano es un fracaso.

Mißerfolg; Fehlschlag; Fiasko
Das Geschäft deines Bruders ist ein Fehlschlag.

confundir
Casimiro confundió la marcha atrás con la primera.

verwechseln
Casimiro hat den Rückwärtsgang mit dem ersten verwechselt.

provocar
Me está provocando con sus palabras.

herausfordern, reizen
Sie provozieren mich mit Ihren Worten.

insultar
Perdone, no le he querido insultar.

beschimpfen; beleidigen
Verzeihen Sie bitte, ich wollte Sie nicht beleidigen.

la **ofensa**
Por una ofensa personal se han declarado guerras.

Beleidigung; Kränkung
Aufgrund einer persönlichen Beleidigung sind schon Kriege erklärt worden.

la **amenaza**
Subrayó su amenaza sacando la pistola del bolso.

Drohung; Bedrohung
Sie unterstrich ihre Drohung, indem sie die Pistole aus der Handtasche zog.

el **pretexto**
Marisa no vino a la boda con el pretexto de estar enferma.

Vorwand
Marisa kam nicht zur Hochzeit unter dem Vorwand, krank zu sein.

decepcionar
Nos decepcionó el concierto.

envidiar
Te envidio la suerte que tienes.

desconfiar
¡Desconfía de malos amigos!

la **venganza**
La venganza será terrible.

el **provecho**
Sólo piensa en su propio provecho, es un egoísta.

el **abuso**
Se acusa al ministro de abuso de poder.

el **abandono**
No soporto el abandono.

enttäuschen
Wir waren vom Konzert enttäuscht.

beneiden
Ich beneide dich um dein Glück.

mißtrauen
Hüte dich vor falschen Freunden!

Rache
Die Rache wird fürchterlich sein.

Vorteil, Nutzen
Er denkt nur an seinen eigenen Vorteil; er ist ein Egoist.

Mißbrauch
Der Minister wird des Amtsmißbrauches beschuldigt.

Schlamperei
Ich ertrage Schlamperei nicht.

Kriminelles Verhalten

el **crimen**

cometer
El crimen se cometió entre las 2 y las 5 de la mañana.

el **ladrón,** la **ladrona**

el **robo**

robar

asaltar

el **asalto**

cruel

matar
Durante la guerra mataron a mucha gente.

el **contrabando**
Actualmente se está haciendo mucho contrabando de drogas.

clandestino, a

Verbrechen

begehen
Das Verbrechen wurde zwischen 2 und 5 Uhr begangen.

Dieb(in)

Diebstahl

stehlen

überfallen

Überfall

grausam

töten
Im Krieg wurden viele Menschen getötet.

Schmuggel
Zur Zeit werden viele Drogen geschmuggelt.

heimlich

Kriminelles Verhalten — Verhalten 10

el, la **delincuente**	Verbrecher(in)
el **delito**	Straftat, Delikt
asesinar	ermorden, töten
García Lorca fue asesinado.	García Lorca wurde ermordet.
el **asesino**, la **asesina**	Mörder(in)
El asesino fue el jardinero.	Der Mörder war der Gärtner.
el **asesinato**	Mord
Ha sido un robo con asesinato.	Es ist ein Raubmord gewesen.
el **ratero**, la **ratera**	Taschendieb(in)
el **atracador**, la **atracadora**	Bankräuber(in); Straßenräuber(in)
estafar	betrügen
el **estafador**, la **estafadora**	Betrüger(in)
ilegal	illegal
la **violencia**	Gewalt
abusar	vergewaltigen, mißbrauchen
Durante horas abusaron de la chica.	Stundenlang mißbrauchten sie das Mädchen.
violar	vergewaltigen
Mató a su hermano por violar a su hija.	Er tötete seinen Bruder, weil dieser seine Tochter vergewaltigt hatte.
espantoso, a	entsetzlich, grauenhaft
¡Qué espantoso!	Wie entsetzlich!
el **horror**	Grauen, Entsetzen
Me da horror el aumento del número de delincuentes.	Der Anstieg der Anzahl der Verbrecher entsetzt mich.
el **chantaje**	Erpressung
el **atentado**	Anschlag

11 | Fähigkeiten

capaz de
Corín es capaz de nadar dos horas sin parar.
fähig zu
Corín ist fähig, zwei Stunden lang durchzuschwimmen.

hábil
Mi mujer es muy hábil.
geschickt; begabt
Meine Frau ist sehr geschickt.

la competencia
Este asunto no es de su competencia.
Kompetenz; Zuständigkeit
Für diese Angelegenheit ist sie nicht zuständig.

planear
¿Ya habéis planeado las vacaciones?
planen
Habt ihr schon euren Urlaub geplant?

impedir
Miguel no pudo impedir que el almacén se quemara.
verhindern, vermeiden
Miguel konnte nicht verhindern, daß das Lagerhaus abbrannte.

ordenado, a
No eres muy ordenado pero eres muy buen organizador.
ordentlich
Du bist nicht sehr ordentlich, aber ein guter Veranstalter.

dinámico, a
Los agentes de Bolsa son muy dinámicos.
dynamisch
Börsenmakler sind sehr dynamisch.

violento, a
Como María es un poco violenta, nos dejó en una situación muy violenta.
gewalttätig; aufbrausend; peinlich
Da María etwas aufbrausend ist, brachte sie uns in eine sehr peinliche Lage.

formal
Carlos es un comerciante formal.
zuverlässig; seriös
Carlos ist ein seriöser Kaufmann.

franco, a
Para ser franco, no sé cómo me he olvidado de tu santo.
ehrlich
Um ehrlich zu sein, ich weiß nicht, wie ich deinen Namenstag vergessen konnte.

diplomático, a
Hay que ser un poco diplomático con el jefe.
diplomatisch
Man muß etwas diplomatisch mit dem Chef umgehen.

decidirse
Me he decidido a estudiar Medicina.
sich entschließen; sich entscheiden
Ich habe mich entschlossen, Medizin zu studieren.

decidido, a
Marta es una artista muy decidida.
entschlossen; tatkräftig
Marta ist eine sehr tatkräftige Künstlerin.

indeciso, a
Cuando tengo que elegir un regalo soy muy indeciso.
unentschlossen
Ich bin sehr unentschlossen, wenn ich ein Geschenk aussuchen muß.

Fähigkeiten

considerado, a
Tu comportamiento me parece poco considerado.

besonnen, überlegt; einsichtig
Dein Verhalten scheint mir wenig einsichtig.

comprensivo, a
Ayer encontramos un policía comprensivo.

verständnisvoll
Gestern trafen wir einen verständnisvollen Polizisten.

objetivo, a

Los jueces deberían ser objetivos e imparciales.

objektiv, sachlich; unvoreingenommen
Richter sollten objektiv und unparteiisch sein.

imparcial

unvoreingenommen, unparteiisch

generoso, a
En general los españoles son generosos.

großzügig
Im allgemeinen sind Spanier großzügig.

divertido, a
La señora Florentino es una persona muy divertida.

lustig; vergnügt; amüsant
Frau Florentino ist eine sehr lustige Person.

confesar
Confieso que no fui prudente.

gestehen
Ich gestehe, daß ich nicht vorsichtig war.

revelar
Angeles me reveló un secreto.

enthüllen, preisgeben
Angeles enthüllte mir ein Geheimnis.

seducir
Es un buen amante porque sabe seducir a las mujeres.

verführen
Er ist ein guter Liebhaber, weil er Frauen verführen kann.

convencer
Tus argumentos no me convencen.

überzeugen
Deine Argumente überzeugen mich nicht.

convencido, a
Miguel está convencido de que tiene razón.

überzeugt
Miguel ist überzeugt davon, daß er recht hat.

---

la **habilidad**
Pedro tiene mucha habilidad para el arte.

Geschick, Geschicklichkeit
Pedro ist künstlerisch begabt.

la **capacidad**
Jesús tiene gran capacidad para las lenguas.

Fähigkeit
Jesús ist sehr sprachbegabt.

la **facultad**

Fähigkeit; Begabung

la **decisión**
Tenemos que tomar una decisión para que no se repitan estos sucesos.

Entscheidung, Entschluß
Wie müssen einen Entschluß fassen, damit sich diese Vorfälle nicht wiederholen.

11 Fähigkeiten

atreverse
No me atrevo decirte lo que he oído.

es wagen
Ich traue mich nicht, dir zu sagen, was ich gehört habe.

la paciencia
Las enfermeras tienen mucha paciencia con algunos enfermos.

Geduld
Krankenschwestern haben viel Geduld mit einigen Kranken.

resistir
Estoy segura de que Pablo resistirá mientras pueda.

aushalten; erdulden; ertragen
Ich bin sicher, daß Pablo es solange er kann aushalten wird.

la impaciencia
Tu impaciencia no nos ayuda a resolver este problema.

Ungeduld
Deine Ungeduld hilft uns nicht, dieses Problem zu lösen.

el organizador, la organizadora

Veranstalter(in), Organisator(in)

planificar
La urbanización está bastante bien planificada.

planen, entwerfen
Die Siedlung ist ziemlich gut geplant.

procurar
Los ecologistas procuran salvar la Naturaleza.

besorgen; versuchen
Die Umweltschützer versuchen, die Natur zu retten.

competente
Esta profesora no me parece muy competente.

sachkundig, kompetent; zuständig
Diese Lehrerin scheint mir nicht sehr kompetent.

luchador(a)
Annalisa se abrirá paso porque es muy luchadora.

kämpferisch
Annalisa wird sich durchsetzen, weil sie eine sehr kämpferische Natur ist.

astuto, a
Rosa no es inteligente pero es astuta como una zorra.

schlau
Rosa ist zwar nicht sehr intelligent, aber schlau wie ein Fuchs.

distraído, a
Estáis muy distraídos hoy, ¿qué os pasa?

zerstreut; geistesabwesend
Was ist mit euch los? Ihr seid heute sehr zerstreut.

espléndido, a
Teresa siempre ha sido muy espléndida conmigo.

großzügig; spendabel
Teresa ist immer sehr großzügig zu mir gewesen.

la ignorancia

Unwissenheit, Unkenntnis; Ignoranz

Tu ignorancia es enorme.
Deine Unwissenheit ist sehr groß.

ignorante
¡Hombre! ¡No seas tan ignorante!

unwissend; dumm
Mensch! Stell dich nicht so dumm an!

el creador, la creadora
¿Quién es el creador de esta moda?

Schöpfer(in), Urheber(in); Gott
Wer ist der Schöpfer dieser Mode?

Redetätigkeiten des Menschen | 12

Reden

hablar
¿Puedo hablar con el director de la empresa?

sprechen, reden
Kann ich den Firmenleiter sprechen?

la voz

Stimme

alto, a
No es necesario que hables tan alto, te oigo muy bien.

laut
Es ist nicht nötig, daß du so laut sprichst; ich verstehe dich sehr gut.

gritar
¡No me grite!

schreien; anschreien
Schreien Sie mich nicht an!

el grito
Esmeralda habla a gritos.

Schrei, Ruf
Esmeralda schreit.

bajo, a
Hablad más bajo que los niños están durmiendo.

leise
Sprecht leiser, die Kinder schlafen.

la conversación
Carlos y Mayte estuvieron de conversación durante toda la hora de clase.

Unterhaltung, Gespräch
Carlos und Mayte haben sich während der ganzen Unterrichtsstunde unterhalten.

charlar
Ayer estuve charlando con Angel sobre mi viaje.

plaudern; (sich) unterhalten
Gestern habe ich mich mit Angel über meine Reise unterhalten.

decir
¿Qué quieres que te diga?

sagen
Was soll ich dir dazu sagen?

la palabra

Wort

expresar
Honorio expresó su malestar.

ausdrücken; äußern
Honorio äußerte sein Unbehagen.

llamar
Te está llamando tu madre.

rufen
Deine Mutter ruft dich.

repetir
¿Puede repetir su pregunta más despacio?

wiederholen
Können Sie Ihre Frage langsamer wiederholen?

el asunto

Angelegenheit

el caso

Fall

12 Redetätigkeiten des Menschen — Reden

conversar
Estábamos conversando, cuando sonó el teléfono.

sich unterhalten; sprechen
Wir unterhielten uns gerade, als das Telefon klingelte.

la charla

Las charlas en la televisión me aburren.

Plauderei; Vortrag; Gesprächsrunde
Die Talk-Shows im Fernsehen langweilen mich.

pronunciar
Los canarios pronuncian la "z" como "s".

aussprechen
Kanarier sprechen das spanische "z" wie "s" aus.

el acento

Akzent

el lenguaje

Sprache, Sprechweise

el término
Antonia emplea siempre muchos términos técnicos.

Begriff
Antonia verwendet immer viele technische Begriffe.

referirse
Los alumnos no saben a qué se está refiriendo usted.

sich beziehen
Die Schüler wissen nicht, worauf Sie sich beziehen.

callarse
¡Cállese que no tiene razón!

schweigen
Schweigen Sie, Sie haben unrecht!

chillar

schreien; kreischen

el discurso

Rede

la discusión
No permito más discusiones.

Diskussion; Streitgespräch
Ich erlaube keine weiteren Diskussionen.

discutir
Estoy tan gordo porque nunca discuto.

diskutieren; streiten
Ich bin so dick, weil ich niemals streite.

etcétera

und so weiter

la expresión
¿Me puede explicar esa expresión?

Ausdruck
Können Sie mir diesen Ausdruck erklären?

maldecir

lästern; fluchen

justificar

rechtfertigen

Informieren, Fragen und Antworten

informarse
Quiero informarme sobre las excursiones a Toledo.

sich erkundigen, sich informieren
Ich möchte mich über die Ausflüge nach Toledo informieren.

la **noticia**

Nachricht

informar
Les informaremos cuando tengamos más noticias.

informieren; benachrichtigen
Wir werden Sie informieren, sobald wir weitere Nachrichten erhalten.

la **información**
No puedo darle más informaciones.

Auskunft, Information
Ich kann Ihnen keine weiteren Auskünfte geben.

es decir
Es decir, que no venís.

das heißt, also
Also, ihr kommt nicht mit.

anunciar
Ya están anunciando la salida del vuelo.

ankündigen
Der Flug wird schon aufgerufen.

proponer

vorschlagen

indicar
¿Me puede indicar la combinación más rápida a Sevilla?

hinweisen; zeigen; sagen
Können Sie mir die schnellste Verbindung nach Sevilla sagen?

avisar

Bescheid sagen, benachrichtigen, verständigen; warnen

Por favor, avíseme cuando lleguemos a la Plaza de Catalunya.

Sagen Sie mir bitte Bescheid, wenn wir am Catalunya-Platz ankommen.

Nos avisan que van a quitar la luz.

Sie warnten uns vor einem Stromausfall.

recomendar
¿Qué restaurante me puede recomendar?

empfehlen
Welches Restaurant können Sie mir empfehlen?

explicar
Llegamos tarde porque nos explicaron mal el camino.

erklären
Wir kommen zu spät, weil man uns den Weg falsch beschrieben hat.

la **explicación**
No tengo que darte ninguna explicación.

Erklärung
Ich schulde dir keinerlei Erklärung.

describir
Tu cuñada es tal como me la habías descrito.

beschreiben
Deine Schwägerin ist genauso, wie du sie mir beschrieben hattest.

12 Redetätigkeiten des Menschen — Informieren, Fragen und Antworten

el **comentario**
En esta literatura española se encuentran comentarios sobre la vida en diferentes épocas.

Kommentar
In dieser spanischen Literatur findet man Kommentare über das Leben in verschiedenen Epochen.

comentar
La prensa comenta las últimas publicaciones literarias.

kommentieren; erläutern
In der Presse werden die jüngsten literarischen Neuerscheinungen kommentiert.

la **pregunta**
No entiendo tu pregunta.

Frage
Ich verstehe deine Frage nicht.

preguntar
¿Puedo preguntarle una cosa?

fragen
Darf ich Sie etwas fragen?

la **respuesta**
No tengo ninguna respuesta a tales preguntas.

Antwort
Ich habe keinerlei Antwort auf derartige Fragen.

responder
¿Por qué no me respondes?

antworten
Warum antwortest du mir nicht?

consistir
¿En qué consiste el problema?

bestehen
Worin besteht das Problem?

reciente
Acabo de recibir noticias recientes de Colombia.

neu(artig)
Ich habe gerade neue Nachrichten aus Kolumbien erhalten.

declarar
El ministro declaró que su viaje fue un éxito.

erklären; bekannt geben
Der Minister erklärte, daß seine Reise erfolgreich war.

la **declaración**
El testigo confirmó sus declaraciones anteriores.

Erklärung; Aussage
Der Zeuge bestätigte seine früheren Aussagen.

el **dato**

Angabe

el **informe**
En el informe interno de la empresa sólo hay buenas noticias.

Bericht
In dem internen Firmenbericht gibt es nur gute Nachrichten.

la **novedad**

Neuigkeit

comunicar
Me han comunicado que hay huelga de taxistas.

mitteilen
Man hat mir mitgeteilt, daß die Taxifahrer streiken.

el **mensaje**

Mitteilung, Nachricht

aconsejar
¿Qué me aconsejáis?

raten, empfehlen; beraten
Was empfehlt ihr mir?

el **consejo**
Deberías seguir mi consejo.

Ratschlag, Rat
Du solltest meinen Rat befolgen.

la **recomendación**	Empfehlung
¿Me puede dar una carta de recomendación?	Können Sie mir ein Empfehlungsschreiben geben?
el **aviso**	Benachrichtigung, Mitteilung
¿Cuándo ha llegado el aviso de correos?	Wann ist die Benachrichtigung der Post angekommen?
enterarse	erfahren, Kenntnis erhalten
el **detalle**	Einzelheit
aclarar	erklären, deutlich machen
la **cuestión**	Frage; Problem
La cuestión es que no hay dinero.	Das Problem ist, daß kein Geld da ist.
consultar	um Rat fragen; zu Rate ziehen
contestar	antworten
Tengo que contestar esta carta hoy mismo.	Ich muß noch heute diesen Brief beantworten.

Entschuldigen, Bedauern, Trösten

disculpar
Disculpe, ¿está libre este sitio?

entschuldigen
Entschuldigen Sie, ist dieser Platz frei?

disculparse
Hugo no se quiso disculpar por lo que había hecho.

sich entschuldigen
Hugo wollte sich nicht für das entschuldigen, was er getan hatte.

perdonar
Perdone que le haya pisado.

verzeihen
Verzeihen Sie, daß ich Sie getreten habe.

sentir
Lo siento mucho.

mitfühlen; bedauern
Es tut mir sehr leid.

lamentar
Lamentándolo mucho cerramos el restaurante los domingos.

bedauern
Zu unserem Bedauern schließen wir sonntags das Restaurant.

desgraciadamente

unglücklicherweise, leider

consolar
El tío consuela a la viuda.

trösten
Der Onkel tröstet die Witwe.

consolarse

sich trösten; über etwas hinwegkommen

El niño se consoló con un caramelo.

Der Junge tröstete sich mit einem Bonbon.

la **lástima** — Mitleid, Bedauern
¡Qué lástima! — Wie schade!
¡Qué lástima que vivas tan lejos! — Schade, daß du so weit weg wohnst!

(el) **perdón** — Entschuldigung, Verzeihung
Le pido perdón por las molestias. — Ich bitte Sie wegen der Störung um Verzeihung.

la **disculpa** — Entschuldigung; Ausrede
No me vengas con disculpas. — Komm mir nicht mit Ausreden.

la **excusa** — Entschuldigung; Ausrede
Siempre tienes excusas para llegar tarde. — Du findest immer eine Entschuldigung, um zu spät zu kommen.

¡Qué pena! — Schade!, Wie schade!
¡Qué pena que no puedas venir a la fiesta! — Schade, daß du nicht zum Fest kommen kannst!

el **consuelo** — Trost
Es un consuelo que no llevaras dinero cuando te robaron. — Es ist ein Trost, daß du kein Geld dabei hattest, als du überfallen wurdest.

Zustimmen, Ablehnen, Verbieten, Erlauben

sí — ja
¿Fumas? – Yo sí pero mi hermana no. — Rauchst du? – Ich schon, aber meine Schwester nicht.

estar de acuerdo — zustimmen; einverstanden sein
No estamos de acuerdo con la política del gobierno. ¿Estamos de acuerdo? — Wir sind mit der Politik der Regierung nicht einverstanden. Sind wir uns einig?

aceptar — annehmen; billigen; akzeptieren

está bien — schon gut, (es ist) gut, in Ordnung
Está bien que suban los precios pero no tanto. — Es ist ja gut, daß die Preise steigen, aber nicht so sehr.

¡Vale! — In Ordnung!, O. k.!, Einverstanden!
¿Vamos al cine esta noche? – Sí, ¡vale! — Gehen wir heute abend ins Kino? – Ja, einverstanden!

por supuesto — selbstverständlich, natürlich
¿Me acompañas a casa? – Por supuesto. — Begleitest du mich nach Hause? – Selbstverständlich.

Zustimmen, Ablehnen, Verbieten, Erlauben — Redetätigkeiten des Menschen

claro
¿Te vienes con nosotros? – Claro que voy.
¿Estáis de acuerdo? – ¡Claro que no!

klar, sicher
Kommst du mit uns mit? – Na klar gehe ich mit.
Seid ihr einverstanden? – Natürlich nicht!

rechazar
Hay que rechazar la destrucción de la naturaleza.

ablehnen, ab-, zurückweisen
Die Zerstörung der Natur ist abzulehnen.

no

nein, nicht

nada
¿Desea algo más? – No, nada más. Es todo.

nichts
Möchten Sie noch etwas? – Nein, nichts mehr. Das ist alles.

de ninguna manera
De ninguna manera quiso darme la razón.

keineswegs, durchaus nicht
Er wollte mir auf keinen Fall recht geben.

al revés

im Gegenteil

poder
¿No puede darnos más información?

dürfen; können
Dürfen Sie uns keine weitere Auskunft geben?

dejar

lassen

prohibir
Te prohíbo que fumes en mi coche.

verbieten
Ich verbiete dir, in meinem Auto zu rauchen.

prohibido, a
Está prohibido que los perros se bañen en las playas.

verboten
Es ist verboten, daß Hunde im Meer baden.

renunciar
Los autores renunciaron a seguir discutiendo con el editor.

verzichten
Die Autoren verzichteten darauf, weiter mit dem Verleger zu diskutieren.

permitir
¿Me permite pasar?

erlauben; dulden
Darf ich vorbei?

permitido, a
En esta casa están permitidas las visitas después de las doce de la noche.

erlaubt; geduldet
In diesem Haus sind Besuche nach 24 Uhr erlaubt.

el **permiso**
Con su permiso.

Erlaubnis
Erlauben Sie!

en contra de
Todos decidieron en contra de tu propuesta.

gegen
Alle entschieden gegen deinen Vorschlag.

12 Redetätigkeiten des Menschen — Zustimmen, Ablehnen, Verbieten, Erlauben

conforme
¿Estás conforme con mis planes?

einverstanden
Bist du mit meinen Plänen einverstanden?

la **aprobación**

Billigung; Zustimmung

aprobar
Don Marcelino no aprueba la conducta de sus hijas.

billigen; einverstanden sein
Don Marcelino billigt den Lebenswandel seiner Töchter nicht.

tolerar
No tolero que me traten como a un niño.

tolerieren, zulassen
Ich lasse es nicht zu, daß sie mich wie ein Kind behandeln.

reconocer

zugeben

legalizar

legalisieren

la **prohibición**

Verbot

contradecir
No me contradigas porque sabes que tengo razón.

widersprechen
Widersprich mir nicht, denn du weißt, daß ich recht habe.

negar
El presidente negó su culpa.

leugnen, abstreiten; verneinen
Der Präsident leugnete seine Schuld.

negarse
Me niego a creer esa historia.

sich weigern
Ich weigere mich, diese Geschichte zu glauben.

hacer reproches
No le hagas reproches; él es así.

Vorwürfe machen; tadeln
Mach ihm keine Vorwürfe. Er ist eben so.

ni siquiera
Ni siquiera ha venido a visitarme una sola vez.

nicht einmal
Er ist nicht ein einziges Mal gekommen, um mich zu besuchen.

quejarse
¡No te quejes tanto!

stöhnen; sich beklagen
Jammer nicht so viel!

en ningún caso
En ningún caso se devolverá el importe del pasaje.

auf keinen Fall
Reisekosten werden grundsätzlich nicht erstattet.

al contrario

im Gegenteil

¡Qué va!
Habrá sido muy caro el regalo, ¿no? – ¡Qué va!

Ach was!, Stimmt nicht!
Das Geschenk ist wohl sehr teuer gewesen, nicht wahr? – Ach was!

¡Basta!
¡Basta ya de bromas!

Es reicht!, Genug!, Schluß damit!
Jetzt reicht es aber mit den Scherzen!

Auffordern und Wünschen

pedir
Me ha pedido que vuelva pronto.

bitten
Er hat mich gebeten, früh zurückzukommen.

deber
Debimos llamar a tu madre para decirle que ya es abuela.

sollen; müssen
Wir hätten deine Mutter anrufen sollen, um ihr zu sagen, daß sie schon Großmutter ist.

no deber
Manuel no debe tomar dulces porque se lo ha prohibido el médico.

nicht dürfen
Manuel darf keine Süßigkeiten essen, weil der Arzt es ihm verboten hat.

¡Vamos!, ¡Vámonos!
¡Vámonos a la playa!

Kommt schon!; Laßt uns gehen!
Laßt uns zum Strand gehen!

¡Fuera!
¡Fuera! ¡Salga inmediatamente de aquí!

Raus!
Raus! Gehen Sie sofort hier raus!

¡Cuidado!
¡Cuidado! ¡No te quemes con la vela!

Vorsicht!
Vorsicht! Verbrenn dich nicht an der Kerze!

¡Ojo!
¡Ojo con los bolsos! En esta calle hay muchos ladrones.

Vorsicht!, Aufgepaßt!
Paßt auf die Handtaschen auf! In dieser Straße gibt es viele Diebe.

ojalá
Ojalá tengas buen tiempo en Bilbao. Allí llueve mucho.

hoffentlich
Hoffentlich hast du schönes Wetter in Bilbao. Dort regnet es viel.

desear
Le deseo mucha suerte.

wünschen
Ich wünsche Ihnen viel Glück.

(las) **felicidades**
Te deseo muchas felicidades por tu cumpleaños.

Glückwünsche
Meinen herzlichen Glückwunsch zum Geburtstag.

felicitar
Clara no me ha felicitado todavía.

beglückwünschen, gratulieren
Clara hat mir noch nicht gratuliert.

querer
¿Qué quieres?

wollen
Was willst du?

necesitar

benötigen, brauchen

rogar
Le ruego que baje un poco la tele porque no me deja dormir.

bitten, inständig bitten
Ich bitte Sie inständig, Ihren Fernseher leiser zu stellen, weil ich sonst nicht schlafen kann.

solicitar

erbitten; beantragen

¡Anda!
¡Anda! ¿Qué haces tú por aquí?

Na so was!, Sieh mal einer an!
Sieh mal einer an! Was machst du denn hier?

¡Socorro!
¡Socorro! Me ahogo.

Hilfe!
Hilfe, ich ertrinke!

el **deseo**

Wunsch

preciso, a

nötig

(la) **enhorabuena**
Enhorabuena por tu éxito en los exámenes.

Glückwunsch
Meinen Glückwunsch zu deinen bestandenen Prüfungen.

la **petición**
Hemos presentado una petición al alcalde.

Bitte; Anliegen
Wir haben dem Bürgermeister eine Bittschrift vorgelegt.

exigir
Exija siempre el certificado de garantía.

fordern, verlangen
Verlangen Sie immer den Garantieschein.

conviene
Conviene que estudies más para ese examen.

es ist ratsam
Du solltest mehr auf die Prüfung lernen.

pretender

beanspruchen, fordern

la **felicitación**
Mi más cordial felicitación por su matrimonio.

Glückwunsch
Meine herzlichsten Glückwünsche zur Hochzeit.

Bestätigen und Einschränken

confirmar
Quiero confirmar mi vuelo de regreso.

bestätigen
Ich möchte meinen Rückflug bestätigen.

comprobar

bestätigen; feststellen

exacto, a
Exacto, aquí está su reserva de asiento.

genau; richtig
Richtig, hier ist Ihre Sitzplatzreservierung.

| Bestätigen und Einschränken | Redetätigkeiten des Menschen **12** |

cierto, a
Te aseguro que todo lo que te he dicho es cierto.
Las noticias ciertas deberían salir más en la prensa.

wahr; gewiß, sicher
Ich versichere dir, daß alles, was ich dir gesagt habe, stimmt.
Wahre Nachrichten sollten häufiger in der Presse erscheinen.

asegurar
El mecánico les aseguró que arreglaría el camión para el lunes.

versichern; zusichern
Der Mechaniker versicherte ihnen, den Lastwagen bis Montag zu reparieren.

¡Así es!
Cada vez creo menos en los políticos. – ¡Así es!

Stimmt!, Richtig!, So ist es!
Den Politikern glaube ich immer weniger. – Ich auch nicht!

desde luego
Hay excepciones, desde luego.

natürlich
Natürlich gibt es Ausnahmen.

¡Eso es!
Así que nos veremos mañana. – Eso es.

So ist es!, Genau!, Stimmt!
Wir sehen uns also morgen. – So ist es!

de todos modos

auf alle Fälle, jedenfalls

¿verdad?
Me has comprendido, ¿verdad? – ¡Claro que sí!

nicht wahr?
Du hast mich verstanden, nicht wahr? – Natürlich!

por cierto
Por cierto, ¿qué tal te ha ido por Venezuela?

übrigens
Übrigens, wie ist es dir in Venezuela ergangen?

quizá(s)
Quizás voy al cine hoy.
Quizás venga Rafael pronto del trabajo.

vielleicht
Vielleicht gehe ich heute ins Kino.
Vielleicht kommt Rafael bald von der Arbeit.

a propósito
A propósito, ¿cuándo nos vemos?

übrigens, nebenbei (gesagt)
Übrigens, wann sehen wir uns wieder?

---

la **afirmación**

Bestätigung

afirmar
Afirmaron su inocencia.

bestätigen; behaupten
Sie beteuerten ihre Unschuld.

la **confirmación**
Necesitamos una confirmación de su pedido.

Bestätigung
Wir benötigen eine Bestätigung Ihrer Bestellung.

la **regla**

Regel

evidente
Es evidente que cada vez llueve menos en España.

offensichtlich
Es ist offensichtlich, daß es in Spanien immer weniger regnet.

12 Redetätigkeiten des Menschen — Gesprächspartikel

garantizar
Me garantizaron que terminarían el trabajo hasta marzo.
¡Ya lo creo!
¿Son buenas las pistas de esquí de Guadarrama? – Ya lo creo.
la **excepción**
reservado, a
Reservado para minusválidos.

versichern; zusichern; garantieren
Sie sicherten mir zu, die Arbeit bis März zu beenden.
Das will ich meinen!, Und ob!
Sind die Skipisten im Guadarrama gut? – Das will ich meinen!
Ausnahme
eingeschränkt; vorbehalten
Nur für Behinderte.

Gesprächspartikel

igual
¿Quieres café o té? – Me es igual.

a ver
A ver, ¿quién ha cogido mi cartera? De todos modos nunca llevo dinero.
en fin
En fin, ya veremos cómo encontramos un piso. Es que han subido mucho los alquileres.

¡Vaya!
¡Qué lío!
¡Vaya! ¡Que mala suerte tienes!

es que
por decirlo así
Asturias es, por decirlo así, la Suiza española. – Pues a mí no me lo parece.
o sea

pues
¿Has terminado el trabajo? ¡Pues, vámonos!
entonces
Entonces no conocéis el Norte de España.

gleich(gültig)
Möchtest du Kaffee oder Tee? – Das ist mir gleich.

mal sehen, mal schauen
Also, wer hat meine Brieftasche genommen? Es ist sowieso nie Geld darin.
nun ja, na ja; schließlich
Na ja, wir werden schon sehen, wie wir eine Wohnung finden. Die Mieten sind nämlich stark angestiegen.

Na so was!, Ach, Mensch!
Was für ein Durcheinander!
Ach, Mensch! Du hast wirklich Pech!

nämlich; einfach; es ist so
sozusagen
Asturien ist sozusagen die spanische Schweiz. – Nun, das finde ich nicht.
also; das heißt; mit anderen Worten
nun, dann, so, also
Bist du mit der Arbeit fertig? Dann laß uns gehen!
dann
Dann kennt ihr den Norden Spaniens nicht.

| Gesprächspartikel | Redetätigkeiten des Menschen |

por si acaso
Siempre llevo el dinero en el bolsillo del pantalón por si acaso.

für alle Fälle, vorsichtshalber
Für alle Fälle habe ich immer Geld in der Hosentasche.

total
Total, que te quieres casar con él. – ¿Y qué?

kurz und gut, also; schließlich
Also, du willst ihn heiraten. – Na und?

¿Y qué?

Na und?

¡Ahí va!
¡Ahí va! Nos olvidamos de las llaves del coche. – O sea, que tendremos que tomar un taxi.

Ach Mensch!, Oh!; Verdammt!
Ach Mensch! Wir haben die Autoschlüssel vergessen. – Also werden wir ein Taxi nehmen müssen.

¡Cielos!

Ach du lieber Himmel!

¡Caramba!

Donnerwetter!

13 Bewertungen

Stellungnahmen

estar seguro, a
Estoy segura de que tu marido nos engaña.

sicher sein
Ich bin mir sicher, daß uns dein Mann betrügt.

creer
No creo que podamos ayudarles en este asunto.

glauben; meinen
Ich glaube nicht, daß wir Ihnen in dieser Angelegenheit helfen können.

la **opinión**
En mi opinión, se deberían legalizar las drogas duras. – No soy de tu opinión.

Meinung, Ansicht
Meiner Meinung nach sollten harte Drogen legalisiert werden. – Ich bin nicht deiner Meinung.

opinar
¿Qué opina usted?

meinen
Was meinen Sie?

juzgar
¿Cómo juzgarías esta obra?

beurteilen
Wie würdest du dieses Werk beurteilen?

parecer
¿Qué le parece a usted esta traducción?

(er)scheinen; halten
Was halten Sie von dieser Übersetzung?

considerar
Considero a Dalí un verdadero genio.

halten für; betrachten als
Ich halte Dalí für ein wahres Genie.

pensar
Roberto pensó que le iban a suspender en el examen.

meinen
Roberto meinte, er würde die Prüfung nicht bestehen.

el **hecho**

Tatsache

suponer
Supongo que has traído las llaves del coche.

annehmen; vermuten
Ich hoffe, du hast die Autoschlüssel mitgebracht.

necesario, a

notwendig

probable

wahrscheinlich

en cuanto a
En cuanto a su pedido, le enviamos las muestras a vuelta de correo.

bezüglich
Bezüglich Ihrer Nachfrage schicken wir Ihnen die Muster postwendend.

corriente

Empleas telas corrientes para hacer cortinas.

gewöhnlich, alltäglich, durchschnittlich
Nimmst du gewöhnliche Stoffe, um Gardinen zu nähen.

Stellungnahmen	Bewertungen
exagerar ¡No exageres! Tanto no has bebido.	übertreiben Übertreibe nicht! So viel hast du nicht getrunken.
el **juicio** A nuestro juicio, esta película es muy mala.	Meinung Unserer Meinung nach ist dieser Film sehr schlecht.
el **concepto**	Meinung; Auffassung
el **criterio**	Gesichtspunkt; Meinung
la **conclusión** Vicente llegó a la conclusión de que este proyecto no valía la pena.	Schluß, Schlußfolgerung Vicente kam zu dem Schluß, daß dieses Projekt sich nicht lohnt.
el **resumen**	Zusammenfassung
resumir	zusammenfassen
el **parecer** Me interesa su parecer sobre la literatura moderna.	Meinung, Ansicht Ihre Meinung über moderne Literatur interessiert mich.
opuesto, a Sobre la guerra hay opiniones opuestas.	entgegengesetzt Über den Krieg gibt es entgegengesetzte Meinungen.
verdadero, a	wahr, echt
relativo, a	bezogen, bezüglich; relativ
correspondiente	entsprechend
indispensable Es indispensable que paguemos las cuentas.	unumgänglich; unerläßlich Es ist unumgänglich, daß wir die Rechnungen bezahlen.
la **necesidad**	Notwendigkeit
hacer falta	nötig sein
esencial Lo esencial no es la cantidad, sino la calidad.	wesentlich Das Wesentliche ist nicht die Menge, sondern die Qualität.
la **probabilidad**	Wahrscheinlichkeit

Positive Bewertungen

apreciar
Clara no supo apreciar el regalo de sus padres.

schätzen; beurteilen
Clara wußte das Geschenk ihrer Eltern nicht zu schätzen.

estimar
Clotilde estima mucho a su profesora.

schätzen; achten
Clotilde schätzt ihre Lehrerin sehr.

tener suerte

Glück haben

bien
Me parece muy bien que te tomes vacaciones.

gut *(Adverb)*
Ich finde es sehr gut, daß du dir Urlaub nimmst.

mejor
Como tienes fiebre, será mejor que te vayas a la cama.

besser *(Adverb)*
Da du Fieber hast, wird es wohl besser sein, du legst dich ins Bett.

bueno, a
¿Me puedes recomendar un buen libro? – Bueno, ahora no recuerdo ninguno. Pero en una buena librería encontrarás alguno.

gut *(Adjektiv)*
Kannst du mir ein gutes Buch empfehlen? – Nun, im Moment fällt mir keines ein, aber in einer guten Buchhandlung wirst du schon irgendeins finden.

mejor
Este piso es mejor que el mío.

besser *(Adjektiv)*
Diese Wohnung ist besser als meine.

el, la mejor
Por favor, dénos la mejor fruta que tenga.

beste(r, s)
Geben Sie uns bitte das beste Obst, das Sie haben.

excelente
Tomás es un amigo excelente.

ausgezeichnet
Tomás ist ein ausgezeichneter Freund.

extraordinario, a
Don Quijote vivió aventuras extraordinarias.

außergewöhnlich, außerordentlich
Don Quijote erlebte außergewöhnliche Abenteuer.

fantástico, a
El otro día vi una película fantástica de Saura.

großartig, phantastisch
Neulich sah ich einen phantastischen Film von Saura.

estupendo, a
Tuvieron la ocasión de ver un partido de fútbol estupendo.

großartig, toll
Sie hatten die Möglichkeit, ein großartiges Fußballspiel zu sehen.

maravilloso, a
Don Juan es un amante maravilloso.

wunderbar
Don Juan ist ein wunderbarer Liebhaber.

Positive Bewertungen — Bewertungen

hermoso, a — schön

famoso, a — berühmt, bekannt
Guernica es el nombre de un pueblo vasco y el título del famoso cuadro de Picasso.
Guernica ist der Name eines baskischen Dorfes und der Titel des berühmten Gemäldes von Picasso.

perfecto, a — vollkommen, perfekt

agradable — angenehm
Conchita es una mujer muy agradable.
Conchita ist eine sehr nette Frau.

posible — möglich

la **posibilidad** — Möglichkeit

interesante — interessant
La mujer de Paco es una persona muy interesante.
Pacos Frau ist ein interessanter Mensch.

importante — wichtig, bedeutend

la **importancia** — Wichtigkeit; Bedeutung

valer la pena — sich lohnen
¿Vale la pena ver la obra de teatro?
Lohnt es sich, das Theaterstück anzusehen?

preferir — lieber mögen; vorziehen
¿Prefieres ir al cine en lugar de ir a la ópera? – Como quieras.
Möchtest du lieber ins Kino, anstatt in die Oper? – Wie du willst.

conveniente — sinnvoll; zweckmäßig
Sería conveniente que discutiéramos este problema.
Es wäre sinnvoll, dieses Problem zu erörtern.

útil — nützlich
Estos mapas te van a ser muy útiles para el viaje.
Diese Landkarten werden dir auf der Reise sehr nützlich sein.

práctico, a — praktisch
El ordenador es muy práctico.
Computer sind sehr praktisch.

seguro, a — sicher

---

alabar — loben, rühmen
Marisa alaba la paella que hizo su marido.
Marisa lobt die Paella, die ihr Mann gekocht hat.

merecer — verdienen

magnífico, a — herrlich; vorzüglich
Ayer pasamos un día magnífico en El Escorial.
Gestern haben wir einen herrlichen Tag in El Escorial verbracht.

formidable — toll, super
Tenéis un yate formidable.
Ihr habt eine tolle Jacht.

13 Bewertungen — Negative Bewertungen

la **maravilla**	Wunder
Es una maravilla bañarse en el Mediterráneo.	Es ist wunderbar, im Mittelmeer zu baden.
ideal	ideal
apreciable	schätzenswert, achtbar
Su actitud es muy apreciable.	Seine Einstellung ist sehr lobenswert.
majo, a	nett
Tu hermano es un chico muy majo.	Dein Bruder ist ein netter Kerl.
el **premio**	Preis, Auszeichnung
En 1990 Octavio Paz recibió el premio Nobel de Literatura.	1990 erhielt Octavio Paz den Nobelpreis für Literatur.
el **mérito**	Verdienst
el **valor**	Mut
Atahualpa es famoso por su valor.	Atahualpa ist berühmt wegen seines Mutes.
sorprendente	überraschend; erstaunlich
preferible	vorzuziehen(d)
Será preferible terminar este asunto hoy.	Es wird wohl besser sein, die Angelegenheit heute zu beenden.
preferido, a	Lieblings-
¿Cuál es tu plato preferido?	Was ist dein Leibgericht?
positivo, a	positiv
la **ventaja**	Vorteil
Es una ventaja saber tantas lenguas.	Es ist ein Vorteil, so viele Sprachen zu beherrschen.
corresponder	entsprechen
El sueldo no corresponde a su gran rendimiento.	Das Gehalt entspricht nicht seinen guten Leistungen.
singular	einzigartig

Negative Bewertungen

criticar	kritisieren; bemängeln; tadeln
En Hispanoamérica se critica mucho la corrupción de los políticos.	In Spanisch-Amerika wird die Bestechung von Politikern sehr kritisiert.
crítico, a	kritisch
Su tío está en una situación muy crítica.	Sein Onkel ist in einer sehr kritischen Lage.

Negative Bewertungen — Bewertungen

tener mala suerte
Pech haben

mal
schlecht *(Adverb)*
Esta casa está mal hecha.
Dieses Haus ist schlecht gebaut.

peor
schlechter *(Adverb)*
Bartolo escribe peor que lee.
Bartolo schreibt schlechter als er liest.

malo, a
schlecht, böse *(Adjektiv)*
Lo malo es que el mal café no mejora poniéndole azúcar.
Das Schlimme ist, daß der schlechte Kaffee mit Zucker nicht besser wird.

peor
schlechter, schlimmer *(Adjektiv)*
Mis peores alumnos saben más que tus mejores.
Meine schlechtesten Schüler wissen mehr als deine besten.

el, la peor
schlechteste(r, s), schlimmste(r, s)
Prefiero la peor moto que ir a pie.
Lieber fahre ich mit dem schlechtesten Motorrad, als zu Fuß zu gehen.

pésimo, a
äußerst schlecht

increíble
unglaublich
¡Es increíble! ¿Cómo has podido permitir que hagan tal cosa?
Es ist unglaublich! Wie konntest du nur zulassen, daß sie so etwas machen?

¡Por Dios!
Um Gottes willen!, Mein Gott!
¡Por Dios! ¿Cómo has podido comprarte ese abrigo?
Um Gottes willen! Wie konntest du dir nur diesen Mantel kaufen?

incorrecto, a
falsch; unhöflich
Es incorrecto saludar a los hombres antes que a las mujeres.
Es ist unhöflich, Männer vor Frauen zu begrüßen.

raro, a
merkwürdig, seltsam
Tu abuelo es una persona bastante rara.
Dein Großvater ist ein merkwürdiger Mensch.

terrible
schrecklich
Jaimito es un niño terrible.
Jaimito ist ein schrecklicher Junge.

horrible
fürchterlich, gräßlich, schrecklich
Llevas una corbata horrible.
Du trägst eine gräßliche Krawatte.

peligroso, a
gefährlich
¡Cuidado con ese tipo! Parece peligroso.
Vorsicht mit dem Typ! Er sieht gefährlich aus.

pesado, a
lästig; belästigend
Su madre es muy pesada. Siempre está quejándose.
Ihre Mutter ist eine Nervensäge. Ständig beklagt sie sich.

antipático, a
unsympathisch, unausstehlich
Oye, ¡eres una tía antipática!
Hör mal, du bist aber eine unausstehliche Ziege!

13 Bewertungen — Negative Bewertungen

imbécil — blöd

inútil — unnütz; unbrauchbar; idiotisch
Es inútil que la llames si no está en casa. — Es ist sinnlos, sie anzurufen, wenn sie nicht zu Hause ist.

la **antipatía** — Widerwillen; Abneigung; Unfreundlichkeit
Somos famosos por nuestra antipatía. — Wir sind für unsere Unfreundlichkeit bekannt.

despreciar — geringschätzen; verachten

incomprensible — unverständlich; unfaßbar; unbegreiflich
A Pablo le pareció incomprensible el motivo del suicidio. — Das Motiv für den Selbstmord erschien Pablo unbegreiflich.

el **prejuicio** — Vorurteil

inmoral — unmoralisch
Mucha gente cree que el aborto es inmoral. — Viele Leute meinen, Abtreibung sei unmoralisch.

extraño, a — merkwürdig, seltsam
En esta casa se oyen ruidos extraños. — In diesem Haus hört man seltsame Geräusche.

reclamar — anmahnen; fordern; reklamieren
Llamamos a la fábrica para reclamar unas piezas. — Wir riefen in der Fabrik an, um einige Teile zu reklamieren.
Me han reclamado el pago de la factura. — Ich wurde angemahnt, die Rechnung zu bezahlen.

la **reclamación** — Beschwerde; Beanstandung; Reklamation
Aquí hay un error. Mandaré una reclamación al responsable. — Hier liegt ein Irrtum vor. Ich werde mich beim Verantwortlichen beschweren.

el **error** — Fehler; Irrtum

falso, a — falsch
Los falsos amigos son más peligrosos que los enemigos. — Falsche Freunde sind gefährlicher als Feinde.

absurdo, a — absurd

fatal — unmöglich; verhängnisvoll

odioso, a — verwerflich
Las mentiras son odiosas. — Lügen sind verwerflich.

arbitrario, a — willkürlich
No toleramos decisiones arbitrarias. — Wir dulden keine willkürlichen Entscheidungen.

Negative Bewertungen

la **queja**	Klage
Estoy harto de oír quejas.	Ich habe es satt, Klagen zu hören.
harto, a	satt; genug; überdrüssig
el **rollo**	ermüdendes Geschwätz, langweiliger Schmarren
idiota	blöd(sinnig), dämlich
Eres idiota sin remedio.	Du bist hoffnungslos dämlich.
ridículo, a	lächerlich
Nos dieron una tortilla ridícula.	Sie gaben uns ein lächerlich kleines Omelett.
confuso, a	verwickelt
negativo, a	negativ
tremendo, a	fürchterlich, schrecklich
Está haciendo un calor tremendo.	Es ist fürchterlich heiß.
la **desventaja**	Nachteil
la **dificultad**	Schwierigkeit
monótono, a	monoton
la **desgracia**	Unglück
desagradable	unangenehm

14 Familie und Verwandtschaft

la **familia**
Todos los domingos se reúne la familia a comer.

el **abuelo,** la **abuela;** los **abuelos**
Su abuela sabía preparar un gazpacho muy bueno.

Nuestros abuelos viven en Guatemala.

casarse

el **padre;** los **padres**
Rubén es padre de tres hijos.
Tus padres se casaron hace treinta años.

(el) **papá**
En aquellos tiempos nos llevaba papá al fútbol.

la **madre**
Es difícil ser una madre soltera.

(la) **mamá**
Mi mamá me mima mucho.

el **marido**
Ignacio es un marido muy atento.

la **mujer**
En España las mujeres casadas no pierden su apellido de solteras.

el **matrimonio**
El matrimonio de mis nietos es muy feliz.
El matrimonio Vallés celebró sus bodas de plata.

el **novio,** la **novia;** los **novios**

Francisco tiene novia pero no quiere casarse con ella.

el **hijo,** la **hija;** los **hijos**
¿Ya va tu hija a la escuela?

Tener hijos es más fácil que mantenerlos.

Familie
Jeden Sonntag kommt die ganze Familie zum Essen zusammen.

Großvater, Großmutter; Großeltern; Großväter
Seine Großmutter konnte einen sehr guten "Gazpacho" zubereiten.

Unsere Großeltern leben in Guatemala.

heiraten, sich verheiraten

Vater; Eltern; Väter
Rubén ist Vater von drei Kindern.
Deine Eltern haben vor 30 Jahren geheiratet.

Papa, Vati
Zu jener Zeit nahm uns Papa mit zum Fußball.

Mutter
Es ist schwierig, eine ledige Mutter zu sein.

Mama, Mutti
Meine Mama verwöhnt mich sehr.

Ehemann
Ignacio ist ein sehr aufmerksamer Ehemann.

Ehefrau; Frau
In Spanien verlieren verheiratete Frauen nicht ihren Mädchennamen.

Ehe; Heirat; Ehepaar
Die Ehe meiner Enkel ist sehr glücklich.
Das Ehepaar Vallés feierte seine Silberhochzeit.

Verlobte(r); Braut, Bräutigam; Freund(in); Brautpaar
Francisco hat eine Freundin, aber er will sie nicht heiraten.

Sohn, Tochter; Kinder; Söhne
Geht deine Tochter schon zur Schule?
Kinder zu bekommen ist leichter, als sie zu unterhalten.

Familie und Verwandtschaft 14

el, la **mayor**
Isabel es la mayor y Manuel es el menor de mis hermanos.

Älteste(r)
Isabel ist die Älteste und Manuel ist der Jüngste meiner Geschwister.

el, la **menor**

Jüngste(r)

el **hermano,** la **hermana;** los **hermanos**
¿Eres hijo único? – No, tengo dos hermanas y un hermano.

Bruder, Schwester; Geschwister; Brüder
Bist du ein Einzelkind? – Nein, ich habe zwei Schwestern und einen Bruder.

Mi padre no tiene hermanos.

Mein Vater hat keine Geschwister.

el **suegro,** la **suegra;** los **suegros**
La suegra de Carmelo discute mucho con su madre.
Los suegros quieren acompañar a los novios en su viaje de novios.

Schwiegervater, -mutter; Schwiegereltern
Carmelos Schwiegermutter streitet viel mit seiner Mutter.
Die Schwiegereltern wollen das Brautpaar auf der Hochzeitsreise begleiten.

el **tío,** la **tía;** los **tíos**

Onkel, Tante; Onkel und Tante(n); Onkel

Nuestro tío es pintor y profesor de arte.
Su tía nunca me ha caído bien.

Unser Onkel ist Maler und Kunstlehrer.
Seine Tante war mir noch nie sympathisch.

Todos tus tíos van a venir a la boda.

Alle deine Onkel und Tanten werden zur Hochzeit kommen.

---

familiar
Las relaciones familiares son a veces muy confusas.

Familien-; familiär
Die Verwandtschaftsbeziehungen sind manchmal sehr verwickelt.

la **generación**

Generation

prometerse
Carmela y Roberto se han prometido.

sich verloben
Carmela und Roberto haben sich verlobt.

la **boda**
Este año he estado en cinco bodas.

Hochzeit
Dieses Jahr war ich auf fünf Hochzeiten.

separarse

sich trennen

divorciarse
Antes no se podía divorciar nadie en España.

sich scheiden lassen
Früher konnte sich niemand in Spanien scheiden lassen.

el **divorcio**
Mi marido ha pedido el divorcio.

Scheidung
Mein Mann hat die Scheidung eingereicht.

el **huérfano,** la **huérfana**

Waise

14 Familie und Verwandtschaft

el, la **pariente**
¿Cuántos parientes tienes en Bilbao? – Mis tíos viven allí.

Verwandte(r)
Wie viele Verwandte hast du in Bilbao? – Mein Onkel und meine Tante leben dort.

el **yerno**
Voy a ser el padrino del primer hijo de mi yerno.

Schwiegersohn
Ich werde der Patenonkel des ersten Kindes meines Schwiegersohnes sein.

la **nuera**
Mi nuera no se entiende con mi mujer.

Schwiegertochter
Meine Schwiegertochter versteht sich nicht mit meiner Frau.

el **padrino**; los **padrinos**

Patenonkel; Paten

la **madrina**
Carlos no sabe quién es su madrina.

Patentante
Carlos weiß nicht, wer seine Patentante ist.

el **cuñado**, la **cuñada**; los **cuñados**
Tienes una cuñada muy simpática.

Schwager, Schwägerin; Schwager und Schwägerin(nen); Schwager
Du hast eine sehr nette Schwägerin.

el **nieto**, la **nieta**; los **nietos**
Sus padres están muy felices con su primera nieta.
La abuela tiene más nietos que hijos.

Enkel(in); Enkel(kinder)
Ihre Eltern sind sehr glücklich über ihre erste Enkelin.
Die Großmutter hat mehr Enkelkinder als Kinder.

el **primo**, la **prima**; los **primos**

Cuando veas a tu prima dale recuerdos de mi parte.

Cousin, Cousine; Cousin(s) und Cousine(n); Cousins
Wenn du deine Cousine siehst, grüß sie von mir.

el **sobrino**, la **sobrina**; los **sobrinos**
¿Cómo se llamará vuestro sobrino?

Neffe, Nichte; Neffe(n) und Nichte(n); Neffen
Wie wird euer Neffe heißen?

los **gemelos**
Antonio y Vicente no son gemelos aunque se parecen mucho.

Zwillinge
Antonio und Vicente sind keine Zwillinge, obwohl sie sich sehr ähneln.

Soziale Beziehungen | 15

Soziale Kontakte

el **amigo,** la **amiga**
Jorge tiene pocos, pero buenos amigos.
la **amistad**
No me gustan tus amistades.
Guardo mi amistad con Tomás desde nuestra infancia.
el, la **amante**
el **compañero,** la **compañera**

Anoche fuimos con los compañeros de clase a cenar.

el, la **colega**
Me entiendo muy bien con mis colegas.
el **conocido,** la **conocida**
Cuando estuve en Ceuta, me encontré a varios conocidos.
el **tío**
la **cita**
A las diez tengo una cita con mi corredor.
quedar
Julián ha quedado con Ana para ir al cine.
Hemos quedado con los colegas en no trabajar mañana.

visitar
Esta noche visitaremos a los señores Ramírez.
la **visita**
Voy a tener visita de mis compañeros.
común
Daniel y tu prima tienen muchos amigos comunes.
colectivo, a
En México hay taxis colectivos.

Freund(in)
Jorge hat wenige, aber gute Freunde.
Freundschaft; Freundeskreis
Deine Freunde gefallen mir nicht.
Meine Freundschaft mit Tomás besteht seit unserer Kindheit.
Liebhaber(in)
Kamerad(in); Mitschüler(in); Kollege, Kollegin
Gestern abend sind wir mit unseren Klassenkameraden essen gegangen.
Kollege, Kollegin
Ich verstehe mich sehr gut mit meinen Kollegen.
Bekannte(r)
Als ich in Ceuta war, habe ich einige Bekannte getroffen.
Typ
Verabredung, Termin
Um zehn Uhr habe ich eine Verabredung mit meinem Makler.
vereinbaren; sich verabreden
Julián hat sich mit Ana verabredet, um ins Kino zu gehen.
Wir haben mit den Kollegen vereinbart, morgen nicht zu arbeiten.
besuchen
Heute abend werden wir das Ehepaar Ramírez besuchen.
Besuch
Ich werde von meinen Kollegen Besuch bekommen.
gemeinsam
Daniel und deine Cousine haben viele gemeinsame Freunde.
kollektiv, gemeinsam
In Mexiko gibt es Gemeinschaftstaxis.

15 Soziale Beziehungen — Soziale Kontakte

la **gente**
La gente de su barrio es muy amable.

Leute
Die Leute aus seinem Stadtteil sind sehr freundlich.

el **grupo**
Todos los martes hacemos una excursión en grupo.

Gruppe
Jeden Dienstag machen wir einen Gruppenausflug.

encontrar
Esta tarde encontramos a Teobaldo y sus amigos.

treffen
Heute nachmittag haben wir Teobaldo und seine Freunde getroffen.

el **encuentro**
Vamos al encuentro de Julio.

Treffen; Begegnung
Wir gehen Julio entgegen.

la **fiesta**
El viernes Roberto nos invitó a su fiesta.

Fest; Party
Am Freitag lud uns Roberto zu seiner Party ein.

invitar

einladen

el **invitado**, la **invitada**
Como alcalde serás nuestro invitado de honor.

Gast
Als Bürgermeister wirst du unser Ehrengast sein.

la **invitación**
El cónsul de Guatemala nos ha enviado una invitación para la recepción.

Einladung
Der Konsul von Guatemala hat uns eine Einladung für den Empfang geschickt.

la **recepción**

Empfang

la **presencia**

Anwesenheit

reunirse
El domingo se reúne toda la familia para celebrar el santo del abuelo.

sich versammeln; sich treffen
Am Sonntag versammelt sich die ganze Familie, um den Namenstag des Großvaters zu feiern.

social
En Uruguay hay muchos problemas sociales.

sozial; gesellschaftlich
In Uruguay gibt es viele soziale Probleme.

la **humanidad**
La Humanidad está destruyendo la tierra.

Menschheit
Die Menschheit ist dabei, die Erde zu zerstören.

la **relación**
Doña Teresa tiene buenas relaciones en el Ministerio del Interior.

Beziehung
Doña Teresa hat gute Beziehungen zum Innenministerium.

Soziale Kontakte — Soziale Beziehungen

el **contacto**
Marta se ha puesto en contacto con la señora Sánchez para comprar el coche.

Kontakt, Verbindung
Marta hat sich mit Frau Sánchez in Verbindung gesetzt, um das Auto zu kaufen.

la **intimidad**
Parece simpático pero en la intimidad es insoportable.

Intimität; im engsten Familienkreis
Er scheint nett zu sein, aber im engsten Familienkreis ist er unerträglich.

cercano, a

nah

lejano, a
Paco es un pariente lejano.

entfernt
Paco ist ein entfernter Verwandter.

citarse
Me he citado con el jefe a las cuatro.

sich verabreden
Ich habe mich um vier Uhr mit dem Chef verabredet.

la **pareja**

Paar

la **compañía**
Nuestro gato nos hace mucha compañía.

Gesellschaft
Unser Kater leistet uns viel Gesellschaft.

la **comunidad**
Hemos formado una comunidad de vecinos para defender nuestros derechos.

Gemeinschaft
Wir haben eine Bürgerinitiative gegründet, um unsere Rechte zu wahren.

la **sociedad**

Gesellschaft

el **individuo**

Individuum

la **reunión**
Ayer se celebró una reunión de vecinos en el ayuntamiento.

Versammlung, Sitzung
Gestern fand eine Bürgerversammlung im Rathaus statt.

el **club**
Mis nietos son socios de un club de golf.

Klub; Verein
Meine Enkelkinder sind Mitglieder in einem Golfklub.

el **socio**, la **socia**

Mitglied

el **miembro**
Los miembros del Parlamento visitarán los países vecinos.

Mitglied
Die Parlamentsmitglieder werden die Nachbarländer besuchen.

la **reputación**

Ruf

el **honor**
Es un honor recibirles en mi casa.

Ehre
Es ist eine Ehre, Sie in meinem Hause zu empfangen.

■ Anrede, Begrüßung, Vorstellung und Abschied ■

saludar
Discúlpenme, voy a saludar a esos señores.

begrüßen; grüßen
Entschuldigen Sie mich bitte, ich möchte diese Herrschaften begrüßen.

¡Hola!
¡Hola! ¿Qué tal? – Bien, ¿y tú?

Hallo!
Hallo! Wie geht's? – Gut, und dir?

¡Buenos días!
Buenos días, ¿cómo está usted? – Muy bien gracias, ¿y usted?

Guten Tag!
Guten Tag, wie geht es Ihnen? – Danke, sehr gut und Ihnen?

¡Buenas tardes!
Buenas tardes, vengo a recoger los libros.

Guten Tag! *(nachmittags)*
Guten Tag, ich komme, um die Bücher abzuholen.

¡Buenas noches!
Buenas noches y que descanses.
Buenas noches. Qué bien verles otra vez.

Guten Abend!; Gute Nacht!
Gute Nacht und schlaf gut.
Guten Abend, schön Sie wiederzusehen.

¡Adelante!
¡Adelante! ¡Pase y tome asiento!

Herein!
Herein! Kommen Sie herein und nehmen Sie Platz!

el, la **siguiente**
Que pase el siguiente.

Nächste(r)
Der Nächste soll hereinkommen.

¡Adiós!
Adiós, hasta mañana.

Auf Wiedersehen!
Auf Wiedersehen, bis morgen.

¡Hasta luego!

Bis später!, Tschüs!, Auf Wiedersehen!

¡Hasta pronto!

Bis bald!

el **saludo**

Gruß

conocer
Me alegro de haberte conocido.

kennenlernen; kennen
Ich freue mich, dich kennengelernt zu haben.

¿Conoces a la novia de José?

Kennst du die Verlobte von José?

presentar
Le presento a la señora Marco. – Encantado.

vorstellen
Ich möchte Ihnen Frau Marco vorstellen. – Sehr erfreut.

encantado, a

sehr erfreut

estimado, a
Estimado señor Valenti,
Estimados señores,

sehr geehrte(r) *(Briefanfang)*
Sehr geehrter Herr Valenti,
Sehr geehrte Damen und Herren,

Anrede, Begrüßung, Vorstellung und Abschied — Soziale Beziehungen

querido, a
Querida Gabriela,
Queridos amigos,

liebe(r) *(Briefanfang)*
Liebe Gabriela,
Liebe Freunde,

los **recuerdos**
Recuerdos a tus padres.

Grüße
Grüße an deine Eltern.

un abrazo
Un fuerte abrazo de tu amigo.

herzlichst; Umarmung
Herzlichen Gruß von deinem Freund.

cordialmente

mit freundlichen Grüßen *(Briefschluß)*

dar la bienvenida

willkommen heißen

tutearse

sich duzen

tratarse de usted

sich siezen

despedirse
La señora López se está despidiendo de su familia.

sich verabschieden
Frau López verabschiedet sich gerade von ihrer Familie.

la **despedida**
Anoche dimos una fiesta de despedida para José.

Abschied
Gestern abend haben wir eine Abschiedsfeier für José gegeben.

hacer señas

winken

¡Oye!
¡Oye, niño! ¡No toque eso!

Hör mal!
Junge! Faß das nicht an!

¡Oiga!
¡Oiga! Por favor, tráiganos dos cafés.

Hören Sie!
Hallo! Bringen Sie uns bitte zwei Kaffee.

de parte de

im Namen, seitens

muy señor mío, muy señora mía

sehr geehrter Herr, sehr geehrte Frau *(Briefanfang)*

excelentísimo, a

Exzellenz

distinguido, a

verehrte(r) *(Briefanfang)*

atentamente

En espera de sus noticias, les saludamos atentamente.

hochachtungsvoll, mit freundlichen Grüßen *(Briefende)*
In Erwartung Ihrer Nachrichten, verbleiben wir mit freundlichen Grüßen.

■ Sozialverhalten im gesellschaftlichen Kontakt ■

abrazar
umarmen

acompañar
begleiten
Si quieres te acompaño al teatro.
Wenn du möchtest, begleite ich dich ins Theater.

con mucho gusto
sehr gern
¿Me puede prestar el bolígrafo un momento? – Con mucho gusto.
Würden Sie mir den Kugelschreiber einen Augenblick leihen? – Sehr gern.

dirigirse a
sich wenden an
Si tienen alguna pregunta, diríjanse a nuestra secretaria.
Sollten Sie Fragen haben, wenden Sie sich bitte an unsere Sekretärin.

agradecer
dankbar sein; danken
Agradecemos que estén dispuestos a ayudarnos.
Wir danken Ihnen, daß Sie bereit sind, uns zu helfen.

dar las gracias
sich bedanken, danken
¿Le has dado las gracias a tu tío por el regalo?
Hast du dich bei deinem Onkel für das Geschenk bedankt?

ayudar
helfen
Nadie quiso ayudarme.
Niemand wollte mir helfen.

la **ayuda**
Hilfe
Doña Clotilde es realmente una ayuda en esta oficina.
Frau Clotilde ist wirklich eine Hilfe in diesem Büro.

contar con
rechnen mit/auf, zählen auf
Si tenéis algún problema, podéis contar conmigo.
Sollet ihr irgendein Problem haben, könnt ihr mit mir rechnen.

entenderse
sich verstehen; sich vertragen
Don José no se entiende con su primo.
Herr José verträgt sich nicht mit seinem Vetter.

deber
sollen; müssen
Deberías cumplir tu promesa.
Du solltest dein Versprechen halten.

la **promesa**
Versprechen

cumplir
erfüllen
Por hoy hemos cumplido y nos podemos ir a casa.
Für heute haben wir unser Soll erfüllt und können nach Hause gehen.

el **favor**
Gefallen, Gefälligkeit
¿Me puedes hacer el favor de ir a correos?
Tust du mir den Gefallen, zur Post zu gehen?

Sozialverhalten im gesellschaftlichen Kontakt — **Soziale Beziehungen** 15

regalar
¿Qué te han regalado para tu cumpleaños?

schenken
Was haben sie dir zum Geburtstag geschenkt?

el **regalo**
Los señores Ramírez nos hicieron un buen regalo.
En muchas familias españolas se hacen los regalos el día de Reyes.

Geschenk
Das Ehepaar Ramírez hat uns ein wertvolles Geschenk gemacht.
In vielen spanischen Familien findet die Bescherung am Dreikönigstag statt.

sorprender

überraschen

la **sorpresa**

Überraschung

misterioso, a

mysteriös, geheimnisvoll

devolver

zurückgeben

la **culpa**
Se ha roto el disco por tu culpa.

Schuld
Die Schallplatte ist deinetwegen kaputtgegangen.

engañar
Os han engañado con este coche.

betrügen
Man hat euch mit diesem Auto betrogen.

molestarse
¡No se moleste usted!

sich bemühen
Machen Sie sich keine Umstände!

la **molestia**

Belästigung

pegar
¿Por qué has pegado al niño?

schlagen
Warum hast du das Kind geschlagen?

el **golpe**

Schlag

pelearse
Carmelo y Antonia se pelean todos los días.

sich streiten
Carmelo und Antonia streiten sich jeden Tag.

el **respeto**
No te mereces nuestro respeto.

Achtung, Respekt
Du verdienst unseren Respekt nicht.

cortés
Jacinto es un chico muy cortés.

höflich
Jacinto ist ein sehr höflicher Junge.

presentarse

sich vorstellen; sich zeigen

ligar

anbändeln

estar relacionado, a
Estoy muy bien relacionada.

gute Beziehungen haben
Ich habe gute Beziehungen.

excusar
Nos tenéis que excusar esta tarde.

entschuldigen
Ihr müßt uns heute nachmittag entschuldigen.

15 Soziale Beziehungen — Sozialverhalten im gesellschaftlichen Kontakt

prometer
versprechen

estar dispuesto, a
bereit sein
Paco está dispuesto a cuidar de los niños.
Paco ist bereit, sich um die Kinder zu kümmern.

la influencia
Einfluß
Don Ramiro tiene mucha influencia política en este pueblo.
Don Ramiro hat großen politischen Einfluß in diesem Dorf.

ocuparse de
sich kümmern um
No se preocupe. Me ocuparé en seguida de su problema.
Machen Sie sich keine Sorgen. Ich werde mich sofort um Ihr Problem kümmern.

el deber
Pflicht, Aufgabe
Pablo cumple muy bien con todos sus deberes.
Pablo erfüllt seine Aufgaben sehr gut.

la obligación
Verpflichtung, Pflicht
Hombre, no es una obligación, pero lo haré con mucho gusto.
Mensch, es ist keine Verpflichtung, aber ich werde es sehr gerne machen.

obligar
verpflichten
No se sienta obligado a ayudarnos.
Fühlen Sie sich nicht verpflichtet, uns zu helfen.

cuidar de
pflegen; sorgen für
Las enfermeras tienen que cuidar de los enfermos.
Die Krankenschwestern müssen die Kranken pflegen.

mimar
verwöhnen

servir
dienen; behilflich sein
¿En qué puedo servirle?
Womit kann ich Ihnen dienen?

el servicio
Dienst
Me has hecho un gran servicio trayéndome estos libros.
Du hast mir einen großen Dienst erwiesen, indem du mir diese Bücher mitgebracht hast.

intolerante
intolerant, unduldsam
Mucha gente es intolerante frente a minorías.
Viele Leute sind Minderheiten gegenüber intolerant.

tolerante
tolerant, duldsam
No todos tus amigos son tan tolerantes como yo.
Nicht alle deine Freunde sind so tolerant wie ich.

meterse
sich einmischen
Se está metiendo usted en asuntos que no le importan.
Sie mischen sich in Dinge ein, die Sie nichts angehen.

mentir
lügen
¡No me mientas!
Lüg mich nicht an!

la **mentira**	Lüge
¡Eso es mentira!	Das ist eine Lüge!
molestar	stören, belästigen; ärgern
Espero que no les moleste.	Ich hoffe, ich störe Sie nicht.
mendigar	betteln
el **conflicto**	Konflikt, Streit
No quiero entrar en conflicto con su empresa.	Ich möchte mit Ihrer Firma keinen Streit haben.

Gesellschaftliche Phänomene

el **fenómeno**	Phänomen
el **machismo**	protzige Männlichkeit
el **machista**	Macho
la **emancipación**	Emanzipation
emancipado, a	emanzipiert
la **feminista**	Feministin
la **emigración**	Auswanderung
la **integración**	Integration
integrar	integrieren

la **desigualdad**	Ungleichheit
la **soledad**	Einsamkeit
aislado, a	isoliert
el **chulo**	Zuhälter
la **prostitución**	Prostitution
discriminar	diskriminieren
el, la **pasota**	resignierte(r) Jugendliche(r); "null Bock" Jugendliche(r)
el **pasotismo**	"null Bock"-Einstellung; Gleichgültigkeit der Jugendlichen
los **marginados (sociales)**	Randgruppen der Gesellschaft
el **mendigo**, la **mendiga**	Bettler(in)

Besitzverhältnisse

tener
Ahora tengo mil discos.

besitzen; haben
Jetzt habe ich eintausend Schallplatten.

propio, a
Estos apartamentos tienen una piscina propia.

eigen
Diese Appartements haben ein eigenes Schwimmbad.

poseer
Don Camilo posee una biblioteca enorme.

besitzen
Don Camilo besitzt eine riesige Bibliothek.

disponer
Disponemos de muchas posibilidades para resolver su asunto.

verfügen
Wir verfügen über viele Möglichkeiten, Ihre Angelegenheit zu klären.

la **fortuna**
Nos ha costado una fortuna arreglar el coche.

Vermögen
Es hat uns ein Vermögen gekostet, das Auto zu reparieren.

rico, a
Estos señores son muy ricos.

reich
Diese Herrschaften sind sehr reich.

pobre
Al final de mes siempre estoy muy pobre.

arm
Am Monatsende bin ich immer pleite.

ser de
¿De quién es el libro? – Es mío y la libreta también es mía.

gehören
Wem gehört das Buch? – Es ist meins, und das Heft gehört mir auch.

el **mío**, la **mía**, los **míos**, las **mías**

mein(e); meine(r, s); von mir

el **tuyo**, la **tuya**, los **tuyos**, las **tuyas**
Estas llaves son las tuyas, ¿no? – Sí, son las mías.

dein(e); deine(r, s); von dir

Dies sind deine Schlüssel, nicht wahr? – Ja, sie gehören mir.

el **suyo**, la **suya**, los **suyos**, las **suyas**

sein(e); ihr(e); Ihr(e); seine(r, s); ihre(r, s); Ihre(r, s); von ihm; von ihr; von Ihnen

el **nuestro**, la **nuestra**, los **nuestros**, las **nuestras**

unser(e); unsere(r, s); von uns

el **vuestro**, la **vuestra**, los **vuestros**, las **vuestras**

euer, eure; eure(r, s); von euch

el **suyo**, la **suya**, los **suyos**, las **suyas**

ihr(e); Ihre(r); ihre(r, s); Ihre(r, s); von ihnen; von Ihnen

Besitzverhältnisse — Soziale Beziehungen

mi, mis
Mis padres se van de vacaciones mañana.

mein(e)
Meine Eltern fahren morgen in Urlaub.

tu, tus
¿Tu nieta también vive en Vigo?

dein(e)
Wohnt deine Enkeltochter auch in Vigo?

su, sus

sein(e); ihr(e); Ihr(e)

nuestro, a, os, as

unser(e)

vuestro, a, os, as

euer, eure

su, sus

ihr(e); Ihr(e)

---

pertenecer
¿A quién pertenecen estas tierras?

gehören
Wem gehören diese Ländereien?

la **posesión**
La posesión de drogas duras está prohibida en España.

Besitz
Der Besitz harter Drogen ist in Spanien verboten.

particular

privat, Privat-

la **riqueza**
En este mundo las riquezas están mal divididas.

Reichtum
In dieser Welt sind die Reichtümer ungerecht verteilt.

el **lujo**

Luxus

la **prosperidad**

Wohlstand

la **pobreza**
En Latinoamérica hay mucha pobreza.

Armut
In Lateinamerika herrscht große Armut.

la **miseria**

Elend

el **testamento**

Testament

heredar
He heredado una casa de campo.

beerben; als Erben einsetzen
Ich habe ein Landhaus geerbt.

el **heredero**, la **heredera**

Erbe, Erbin

repartir

(aus-, ver)teilen

16 | Ausbildung und Erziehung

▬▬▬ Kindergarten, Schule, Hochschule ▬▬▬

el **jardín de la infancia**
Lucas ya va al jardín de la infancia, donde aprende jugando.

Kindergarten
Lucas geht schon in den Kindergarten, wo er spielend lernt.

aprender
La señora Vázquez está aprendiendo a leer y a escribir.

lernen
Frau Vázquez lernt lesen und schreiben.

enseñar
Mi prima me enseñará latín.

lehren; beibringen; unterrichten
Meine Cousine wird mich Latein lehren.

la **enseñanza**
En España la Enseñanza General Básica (E.G.B.) es gratuita.

Schulwesen; Unterricht
In Spanien ist die Grund- und Hauptschule kostenlos.

gratuito, a

kostenlos

el **colegio**
En España los niños van a los siete años al colegio.

Schule; Privatschule; College
In Spanien gehen die Kinder mit sieben Jahren zur Schule.

la **escuela**
¿A qué escuela va tu sobrino?

Schule
In welche Schule geht dein Neffe?

la **universidad**

Universität

la **carrera**
Tomás ya ha acabado la carrera.

Studium; Karriere
Tomás hat das Studium schon abgeschlossen.

la **academia**
Don Eulogio da clase de lengua en una academia.

Akademie; Schule
Herr Eulogio unterrichtet Sprachen in einer Privatschule.

el **maestro,** la **maestra**
¿Cómo era tu primera maestra?

(Grundschul)lehrer(in)
Wie war deine erste Lehrerin?

la **clase**

Klasse; Unterricht; Unterrichtsraum

Nuestro hijo ya está en la segunda clase.
Esta tarde tenemos clase de Historia.
¿Dónde está tu clase?
Mi clase aprende deprisa.

Unser Sohn ist schon in der zweiten Klasse.
Heute nachmittag haben wir Geschichte.
Wo ist dein Klassenzimmer?
Meine Klasse lernt schnell.

dar clase
Mañana no daré clase porque es Pentecostés.

unterrichten; Unterricht erteilen
Morgen werde ich nicht unterrichten, weil Pfingsten ist.

Ausbildung und Erziehung

Kindergarten, Schule, Hochschule

el, la estudiante
Los estudiantes se tienen que matricular para el próximo año.
Octavio es estudiante de Medicina.

Schüler(in); Student(in)
Die Schüler müssen sich für das nächste Schuljahr einschreiben.
Octavio ist Medizinstudent.

estudiar
El próximo año estudiaré en la Universidad de Salamanca.
Enrique empieza a estudiar en enero para los exámenes de junio.

studieren; lernen
Nächstes Jahr werde ich an der Universität Salamanca studieren.
Enrique fängt im Januar an, für die Prüfungen im Juni zu lernen.

el profesor, la profesora
Me ha dicho tu profesora que no hiciste las tareas.

Lehrer(in); Dozent(in); Professor(in)
Deine Lehrerin hat mir gesagt, daß du die Hausaufgaben nicht gemacht hast.

¿Conocéis algún profesor de la Universidad Complutense de Madrid? – No, sólo conocemos unos catedráticos.

Kennt ihr irgendeinen Dozenten der Universität Complutense von Madrid? – Nein, wir kennen nur einige Professoren.

la ciencia
A Maruja le entusiasma la ciencia.

Wissenschaft
Maruja ist von der Wissenschaft begeistert.

Lo que habéis hecho no tiene ciencia.

Was ihr gemacht habt, ist nicht schwierig.

la biblioteca
En la biblioteca tienen muchos libros de autores desconocidos y conocidos.

Bibliothek
In der Bibliothek sind viele Bücher unbekannter und bekannter Autoren.

conocido, a
desconocido, a

bekannt
unbekannt

la educación
Ministerio de Educación y Ciencia (MEC).

Erziehung; Ausbildung
Ministerium für Bildung und Wissenschaft.

la instrucción

Unterricht

escolar
En España los alumnos tenían que llevar uniforme escolar.

Schul-
In Spanien mußten die Schüler eine Schuluniform tragen.

obligatorio, a
Es obligatorio en España ir a la escuela hasta los catorce años.

Pflicht-, obligatorisch
In Spanien gilt die Schulpflicht bis zum 14. Lebensjahr.

el analfabetismo

Analphabetentum

el instituto
Hasta los catorce años tuve que ir a la escuela, luego fui al instituto hasta terminar el bachillerato para poder matricularme en la universidad.

Gymnasium; Institut
Bis ich 14 war, mußte ich zur Schule gehen. Danach bin ich auf ein Gymnasium gegangen, an dem ich das Abitur gemacht habe, um mich an einer Universität einschreiben zu können.

16 Ausbildung und Erziehung — Kindergarten, Schule, Hochschule

matricularse — sich einschreiben
la matrícula — Einschreibegebühr; Immatrikulation
La matrícula de los colegios puede ser muy cara. — Die Einschreibegebühr für Privatschulen kann sehr teuer sein.

el director, la directora — Direktor(in)
La directora del instituto es simpática. — Die Direktorin des Gymnasiums ist sympathisch.

el académico, la académica — Mitglied einer Akademie
Los académicos forman las Academias. — Die Akademiemitglieder bilden die Akademien.

el licenciado, la licenciada — Akademiker(in)
Juana María es licenciada en Filosofía y Letras. — Juana María hat ihr Studium in Philosophie und Sprachen absolviert.

el alumno, la alumna — Schüler(in); Student(in); Lerner
¿Cuántos alumnos sois en vuestra clase? — Wie viele Schüler seid ihr in eurer Klasse?

universitario, a — Universitäts-
La carrera universitaria dura cinco años en España, excepto Medicina. — In Spanien dauert das Universitätsstudium fünf Jahre, außer in Medizin.

los estudios — Studium
Mi padre se tuvo que pagar sus estudios dando clases particulares. — Mein Vater hat sich sein Studium mit Privatstunden finanziert.

el título — Titel, Diplom
Cuando termines la carrera, ¿qué título recibirás? — Welchen Titel wirst du bekommen, wenn du das Studium abgeschlossen hast?

el doctor, la doctora — Doktor
A veces el doctor es también un médico. — Manchmal ist der Doktor auch ein Arzt.

el doctorado — Doktortitel; Promotion
doctorarse — promovieren
el catedrático, la catedrática — Hochschullehrer(in); Studienrat, Studienrätin; Professor(in)

la cátedra — Lehrstuhl; Lehrfach
¿Quién va a ocupar la cátedra de Biología? — Wer wird den Lehrstuhl für Biologie bekommen?

las oposiciones — *Auswahlprüfungen für Staatsstellen*
Tomasa va a hacer oposiciones a la cátedra de Español. — Tomasa wird an der Auswahlprüfung für den Spanischlehrstuhl teilnehmen.

el lector, la lectora — Lektor(in); Dozent(in)
Nuestra lectora de Portugués es muy competente. — Unsere Portugiesischlektorin ist sehr kompetent.

	Ausbildung und Erziehung **16**
la **beca** Voy a solicitar una beca para Estados Unidos. la **aula**	Stipendium Ich werde ein Stipendium für die Vereinigten Staaten beantragen. Hörsaal

Unterricht

asistir
Ayer no asistí a clase de chino.

teilnehmen; zugegen sein
Ich war gestern nicht im Chinesischunterricht.

el **dibujo**
¿Qué dibujaron los niños en la clase de dibujo?

Zeichnen; Zeichnung
Was haben die Kinder im Zeichenunterricht gezeichnet?

la **lección**
Como no se sabía la lección de memoria el maestro le puso una mala nota.

Lektion
Da er die Lektion nicht auswendig konnte, gab ihm der Lehrer eine schlechte Zensur.

de memoria

auswendig

contar
¡A ver! ¿Quién sabe contar un cuento?

zählen; erzählen
Mal sehen! Wer kann eine Geschichte erzählen?

la **letra**

Buchstabe

el **dictado**
La maestra nos hizo un dictado muy gracioso.

Diktat
Die Lehrerin hat uns ein sehr lustiges Diktat diktiert.

dictar

diktieren

traducir
En clase no hemos traducido nada al latín.

übersetzen
Im Unterricht haben wir nichts ins Lateinische übersetzt.

significar
¿Qué significa esta palabra?

bedeuten
Was bedeutet dieses Wort?

la **traducción**
Las traducciones al inglés me parecen muy fáciles.

Übersetzung
Ich finde Übersetzungen ins Englische sehr leicht.

fácil

leicht

difícil

schwer, schwierig

el **examen**
Al final de cada curso hay que presentarse a exámenes.

Prüfung; Klausur; Examen
Am Ende jedes Schuljahres muß man eine Prüfung ablegen.

16 Ausbildung und Erziehung — Unterricht

examinarse
No me examiné de Geografía porque estaba seguro de que me iban a suspender.

geprüft werden; sich prüfen lassen
Ich habe mich nicht in Geographie prüfen lassen, weil ich sicher war, daß ich durchfallen würde.

suspender

durchfallen

el **desconocimiento**
Suspendí el examen por desconocimiento del tema.

Unkenntnis
Ich habe die Prüfung nicht bestanden, weil ich mit dem Thema nicht vertraut war.

aprobar
Mi nieto aprobó todo el curso con matrícula de honor.

bestehen
Mein Enkel hat das ganze Schuljahr mit Auszeichnung bestanden.

escrito, a

schriftlich

oral
¿Cuándo es su examen oral? – El día dos será el examen escrito y el cinco el oral.

mündlich
Wann ist Ihre mündliche Prüfung? – Am 2. wird die schriftliche Prüfung sein und am 5. die mündliche.

el **horario**
¡Mira en tu horario cuándo tienes clase de Español!

Stundenplan
Schau auf deinem Stundenplan nach, wann du Spanisch hast!

el **bachillerato**

Abitur

el **B.U.P.**
El B.U.P. es el Bachillerato Unificado Polivalente.

B.U.P. ist die spanische Allgemeine Hochschulreife.

la **evaluación**
El año pasado saqué malas notas en las evaluaciones de Matemáticas.

Klassenarbeit
Letztes Jahr habe ich in den Mathematikarbeiten schlechte Noten bekommen.

la **nota**
En España la mejor nota es 10 y la peor 0.

Note, Zensur
In Spanien ist die beste Zensur 10 und die schlechteste 0.

corregir
Esta noche tengo que corregir estos cuadernos.

berichtigen, korrigieren
Heute nacht muß ich diese Hefte korrigieren.

el **cuaderno**

Heft, Schulheft

la **libreta**

Heft

subrayar

unterstreichen

el **signo**

Zeichen

150

la **pizarra** Puri: escribe en la pizarra lo que te dicte Antonio.	Wandtafel Puri, schreib an die Tafel, was Antonio dir diktiert.
la **tiza**	Kreide
la **esponja**	Schwamm
la **tarea**	Hausaufgabe
el **recreo** Durante el recreo jugábamos al fútbol.	Pause In den Pausen spielten wir Fußball.

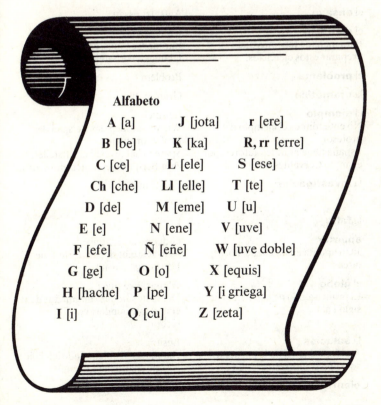

Alfabeto

A [a]	J [jota]	r [ere]
B [be]	K [ka]	R, rr [erre]
C [ce]	L [ele]	S [ese]
Ch [che]	Ll [elle]	T [te]
D [de]	M [eme]	U [u]
E [e]	N [ene]	V [uve]
F [efe]	Ñ [eñe]	W [uve doble]
G [ge]	O [o]	X [equis]
H [hache]	P [pe]	Y [i griega]
I [i]	Q [cu]	Z [zeta]

Lehre und Forschung

el curso
Quiero hacer un curso de español para extranjeros en España.
Este año terminarás el segundo curso de B.U.P.

Kurs; Lehrgang
Ich möchte einen Spanischkurs für Ausländer in Spanien machen.
Dieses Jahr wirst du die 12. Klasse des Gymnasiums beenden.

el certificado
Necesito un certificado académico.

Zeugnis; Bescheinigung
Ich benötige eine akademische Prüfungsbescheinigung.

el tema
¿Qué tema has escogido para el ensayo?

Thema
Welches Thema hast du für den Aufsatz gewählt?

el ensayo

Aufsatz; Essay

el ejercicio
Para mañana tenemos que preparar estos ejercicios.

Übung; Aufgabe
Für morgen müssen wir diese Übungen vorbereiten.

el problema

Problem

la gramática

Grammatik

el ejemplo
No entendimos el ejemplo del profesor.
España tiene grandes autores, por ejemplo Cervantes y Larra.

Beispiel
Wir verstanden das Beispiel des Professors nicht.
Spanien hat große Schriftsteller, zum Beispiel Cervantes und Larra.

la investigación

Forschung

---

la falta

Fehler

apuntar
Juan apunta en un cuaderno las tareas.

notieren, aufschreiben
Juan schreibt in einem Heft die Hausaufgaben auf.

el globo
El primer globo de la tierra es del siglo I a. C..

Globus, Erdkugel
Der erste Globus stammt aus dem ersten Jahrhundert vor Christi Geburt.

la solución
A este problema no le encuentro solución científica.

Lösung
Für dieses Problem finde ich keine wissenschaftliche Lösung.

científico, a

wissenschaftlich

Unterrichts- und Studienfächer | Ausbildung und Erziehung **16**

el **método**	Methode
didáctico, a	didaktisch
sencillo, a	einfach
Este problema matemático es muy sencillo pero nada simple.	Dieses mathematische Problem ist sehr einfach, aber nicht sehr simpel.
simple	simpel, einfach
investigar	(er)forschen
El profesor García investiga problemas químicas.	Professor García erforscht chemische Probleme.
el **laboratorio**	Labor(atorium)
la **fórmula**	Formel
la **estadística**	Statistik

▬▬▬▬ Unterrichts- und Studienfächer ▬▬▬▬

la **asignatura**
¿Qué asignatura enseña usted?

Fach
Welches Fach unterrichten Sie?

las **ciencias**

Naturwissenschaften (und Mathematik)

En clase de ciencias siempre me duermo.

Im naturwissenschaftlichen Unterricht schlafe ich immer ein.

la **Biología**
Marta es profesora de Biología.

Biologie
Marta ist Biologielehrerin.

las **Matemáticas**
Don Jorge da clases de Matemáticas.

Mathematik
Herr Jorge unterrichtet Mathematik.

la **Química**
No soy bueno en Química.

Chemie
Ich bin nicht gut in Chemie.

la **Física**

Physik

la **Geografía**
¿Qué asignaturas tienes hoy? – Tengo Matemáticas, Física, Geografía y Filosofía.

Geographie, Erdkunde
Welche Fächer hast du heute? – Ich habe Mathematik, Physik, Geographie und Philosophie.

las **Letras**

Geisteswissenschaften

la **Filosofía**
En la filosofía se piensa también sobre la creación del mundo.

Philosophie
In der Philosophie denkt man auch über die Schöpfung der Welt nach.

la **Historia**	Geschichte
la **Lengua**	Sprachunterricht; Sprache
He aprobado el examen de Lengua Española.	Ich habe das Examen in Spanisch bestanden.
el **Latín**	Latein
el **Derecho**	Jura
la **especialidad**	Fach(gebiet)
la **facultad**	Fakultät
la **Gimnasia**	Turnen
La gimnasia es la asignatura preferida de Clara.	Turnen ist Claras Lieblingsfach.
la **Arqueología**	Archäologie
matemático, a	mathematisch
la **Teología**	Theologie
las **Bellas Artes**	Kunst; schöne Künste
Alfonso ha estudiado pintura en Bellas Artes.	Alfonso hat an der Kunsthochschule Malerei studiert.
la **Pedagogía**	Erziehungswissenschaft
la **Psicología**	Psychologie

Berufsausbildung

la **formación**	Ausbildung
En España la formación profesional son cuatro años.	Die Berufsausbildung dauert in Spanien vier Jahre.
la **escuela de formación**	Berufsschule
la **experiencia**	Erfahrung
Buscamos aprendices con experiencia práctica.	Wir suchen Auszubildende mit praktischer Erfahrung.
la **práctica**	Übung; Praxis
¿Se necesita mucha práctica para arreglar un televisor?	Braucht man viel Übung, um einen Fernseher zu reparieren?
el **conocimiento**	Kenntnis
Esta chica tiene conocimientos sorprendentes de medicina.	Dieses Mädchen hat erstaunliche Kenntnisse in Medizin.
profesional	berufsmäßig, Berufs-
Charo es una peluquera profesional.	Charo ist gelernte Friseurin.

dedicarse
¿A qué te vas a dedicar cuando termines el aprendizaje?

(beruflich) machen; sich widmen
Was wirst du beruflich machen, wenn du die Ausbildung beendet hast?

especializarse
Rafael se especializó en la arquitectura de mezquitas.

sich spezialisieren
Rafael spezialisierte sich auf die Architektur von Moscheen.

especializado, a
Este programa está especializado en problemas matemáticos.

spezialisiert
Dieses Programm ist auf mathematische Probleme spezialisiert.

el **aprendiz,** la **aprendiza**
En esta empresa han hecho su aprendizaje dos aprendices.

Auszubildende(r)
In dieser Firma haben zwei Auszubildende ihre Ausbildung gemacht.

el **aprendizaje**

Berufsausbildung

el **oficial,** la **oficiala**
El oficial todavía no es maestro.

Geselle, Gesellin
Der Geselle ist noch kein Meister.

el **maestro,** la **maestra**
Joaquín es maestro de mecánica.

Meister(in)
Joaquín ist Mechanikermeister.

teórico, a
Algunos camareros españoles no reciben formación teórica.

theoretisch
Manche spanische Kellner erhalten keine theoretische Ausbildung.

la **teoría**
Las clases de teoría son bastante aburridas.

Theorie
Die Unterrichtsstunden in Theorie sind ziemlich langweilig.

las **prácticas**
Arturo está haciendo unas prácticas de óptico.

Praktikum
Arturo macht gerade ein Praktikum beim Optiker.

17 Berufsleben

Berufe

el, la **agente**
Tomás es agente de seguros.

Vertreter(in); Agent(in)
Tomás ist Versicherungsvertreter.

el **carnicero,** la **carnicera**
Muchas veces la carnicera es sólo la mujer del carnicero.

Metzger(in), Fleischer(in)
Häufig ist die Metzgerin nur die Ehefrau des Metzgers.

el **cocinero,** la **cocinera**

Koch, Köchin

el **dependiente,** la **dependienta**
En los almacenes siempre encontramos dependientas muy amables.

Verkäufer(in)
In den Kaufhäusern treffen wir immer sehr freundliche Verkäuferinnen.

el **empleado,** la **empleada**
Los empleados de oficina toman un café antes de entrar a trabajar.

Angestellte(r)
Die Büroangestellten trinken einen Kaffee, bevor sie mit der Arbeit beginnen.

el **funcionario,** la **funcionaria**
Tomás es funcionario porque le gusta trabajar en la Administración.

Beamte(r), Beamtin
Tomás ist Beamter, weil er gerne in der Verwaltung arbeitet.

el **inventor,** la **inventora**
El inventor Juan de la Cierva murió en un accidente aéreo.

Erfinder(in)
Der Erfinder Juan de la Cierva starb bei einem Flugzeugunfall.

el **jardinero,** la **jardinera**
El jardinero está regando las flores.

Gärtner(in)
Der Gärtner gießt gerade die Blumen.

el **limpiabotas**
En Bogotá muchos niños son limpiabotas.

Schuhputzer
In Bogotá sind viele Kinder Schuhputzer.

el **mecánico,** la **mecánica**
El mecánico arregló el camión en un momento.

Mechaniker(in)
Der Mechaniker reparierte den Lastwagen sehr schnell.

el **notario,** la **notaria**
El notario nos entregó la escritura.

Notar(in)
Der Notar überreichte uns den Kaufvertrag.

el **obrero,** la **obrera**
Muchos obreros españoles emigraron en los años 60.

Arbeiter(in)
Viele spanische Arbeiter wanderten in den 60er Jahren aus.

el **panadero,** la **panadera**
En España los panaderos y los pasteleros trabajan también los domingos.

Bäcker(in)
In Spanien arbeiten Bäcker und Konditoren auch sonntags.

Berufe | Berufsleben

el **pastelero**, la **pastelera** · | Konditor(in)

el **pastor**, la **pastora** | Schäfer(in); Hirte
El pastor cuida el rebaño con ayuda de su perro. | Der Schäfer hütet die Herde mit Hilfe seines Hundes.

el **peluquero**, la **peluquera** | Friseur, Friseurin
La peluquera no me ha cortado el pelo. | Die Friseurin hat mir nicht die Haare geschnitten.

el **piloto** | Pilot(in)
Mi padre quiso ser piloto pero no daba la talla. | Mein Vater wollte Pilot werden, aber er war nicht groß genug.

el **secretario**, la **secretaria** | Sekretär(in)
Mi secretaria sabe muy bien español. | Meine Sekretärin kann sehr gut Spanisch.

el **trabajador**, la **trabajadora** | Arbeiter(in)

el **zapatero**, la **zapatera** | Schuhmacher(in)
El zapatero tendrá las botas para el martes. | Der Schuster wird die Stiefel am Dienstag fertig haben.

el, la **asistente** | Assistent(in)

el **bibliotecario**, la **bibliotecaria** | Bibliothekar(in)
Como la biliotecaria está enferma no puedo devolver los libros. | Da die Bibliothekarin krank ist, kann ich die Bücher nicht zurückgeben.

el **chófer** | Fahrer(in)

el, la **detective** | Detektiv(in)
Pepe Carvalmo es un detective de Barcelona. | Pepe Carvalmo ist ein Detektiv aus Barcelona.

el **farmacéutico**, la **farmacéutica** | Apotheker(in)
El farmacéutico me dio unas pastillas contra el dolor de cabeza. | Der Apotheker gab mir einige Tabletten gegen Kopfschmerzen.

el **fotógrafo**, la **fotógrafa** | Fotograf(in)
El novio de mi hermana era fotógrafo de publicidad. | Der Verlobte meiner Schwester war Werbefotograf.

el **ginecólogo**, la **ginecóloga** | Gynäkologe, Gynäkologin
¿Conoces una buena ginecóloga? | Kennst du eine gute Gynäkologin?

el **ingeniero**, la **ingeniera** | Ingenieur(in)
Los ingenieros no saben por qué se rompió el muro del pantano. | Die Ingenieure wissen nicht, warum der Staudamm brach.

el **inspector**, la **inspectora** | Inspektor(in); Prüfer(in)
Los inspectores de Hacienda son temidos. | Steuerprüfer sind gefürchtet.

17 Berufsleben — Arbeitswelt

el, la **intérprete**
Mi hermana fue intérprete del presidente.

Dolmetscher(in)
Meine Schwester war Dolmetscherin des Präsidenten.

el **joyero,** la **joyera**
Ayer atacaron al joyero de la esquina.

Juwelier(in), Schmuckhändler(in)
Gestern wurde der Juwelier an der Ecke überfallen.

el **labrador,** la **labradora**
Los labradores no están contentos con la cosecha.

Bauer, Bäuerin
Die Bauern sind mit der Ernte nicht zufrieden.

el **locutor,** la **locutora**
La locutora de las noticias se equivoca mucho.

(Rundfunk)sprecher(in)
Die Nachrichtensprecherin verspricht sich häufig.

el **óptico,** la **óptica**
¿Es muy difícil ser óptico?

Optiker(in)
Ist es sehr schwer, Optiker zu werden?

el **peón**

Hilfsarbeiter(in)

el **psicólogo,** la **psicóloga**
Muchos psicólogos argentinos vinieron a España.

Psychologe, Psychologin
Viele argentinische Psychologen kamen nach Spanien.

el **relojero,** la **relojera**
El relojero nos recomendó que compráramos un reloj nuevo.

Uhrmacher(in)
Der Uhrmacher empfahl uns, eine neue Uhr zu kaufen.

el **traductor,** la **traductora**
Los traductores se tienen que defender contra muchos ignorantes.

Übersetzer(in)
Übersetzer müssen sich gegen viele Unwissende verteidigen.

el **(vendedor) ambulante,** la **(vendedora) ambulante**

Straßenverkäufer(in), fliegende(r) Händler(in)

el **veterinario,** la **veterinaria**
Como el gato se ha comido una serpiente, lo llevamos al veterinario.

Tierarzt, Tierärztin
Da der Kater eine Schlange gefressen hat, bringen wir ihn zum Tierarzt.

Arbeitswelt

el **oficio**
¿Qué oficio os gustaría aprender?

Beruf
Welchen Beruf würdet ihr gern erlernen?

el **trabajo**

Arbeit

ganar
Trabajamos mucho pero ganamos poco.

el **jornal**
Los campesinos que trabajan en la vendimia reciben un jornal.

trabajar

la **oficina**
El trabajo de oficina puede ser muy aburrido.

el **personal**
Todo el personal de esta empresa está asegurado.

el **puesto de trabajo**
Cuando se pierde el puesto de trabajo a veces se recibe el subsidio de paro.

fijo, a
¿Cuántos empleados fijos sois en la fábrica?

el **subsidio de paro**

el **paro**
El paro juvenil es un problema actual.

el **parado,** la **parada**
En España los parados sólo reciben seis meses el subsidio de paro.

emigrar

el **salario**
Los precios suben más que los salarios.

el **sueldo**
¿Cuánto cobras de sueldo?

jubilado, a
Don José tiene sesenta y cinco años y está jubilado.

la **pensión**

despedir
¿Quién os ha despedido?

verdienen
Wir arbeiten viel, verdienen aber wenig.

Tagelohn; Lohn
Die Landarbeiter, die bei der Weinlese arbeiten, erhalten einen Tagelohn.

arbeiten

Büro
Büroarbeit kann sehr langweilig sein.

Personal, Belegschaft
Die Belegschaft dieser Firma ist versichert.

Arbeitsplatz
Wenn man den Arbeitsplatz verliert, bekommt man manchmal Arbeitslosengeld.

fest
Wie viele Festangestellte seid ihr in der Fabrik?

Arbeitslosenunterstützung

Arbeitslosigkeit
Die Jugendarbeitslosigkeit ist ein aktuelles Problem.

Arbeitslose(r)
In Spanien erhalten Arbeitslose nur sechs Monate lang Arbeitslosengeld.

auswandern

Lohn
Die Preise steigen mehr als die Löhne.

Gehalt
Wie hoch ist dein Gehalt?

pensioniert; im Ruhestand
Herr José ist 65 Jahre alt und im Ruhestand.

Rente; Pension

entlassen, kündigen
Wer hat euch entlassen?

17 Berufsleben — Arbeitswelt

el despido
El despido puede significar la ruina de una familia.
Entlassung, Kündigung
Die Entlassung kann den Ruin einer Familie bedeuten.

la jornada
En verano hacemos jornada única de 7 a 2 de la tarde.
Tagewerk; Arbeitstag; Arbeitszeit
Im Sommer haben wir durchgehende Arbeitszeit von 7 Uhr bis 14 Uhr.

el trabajo temporero
Saisonarbeit

el temporero, la temporera
Saisonarbeiter(in)

manual
El trabajo manual puede ser muy caro.
Hand-
Handarbeit kann sehr teuer sein.

pendiente
ausstehend, fällig

el pago
El patrono no ha realizado los pagos pendientes.
(Be)zahlung
Der Arbeitgeber hat die fälligen Zahlungen noch nicht geleistet.

el empleador, la empleadora
Arbeitgeber(in)

el patrón, el patrono, la patrona
Arbeitgeber(in)

la huelga
Los sindicatos han organizado para mañana una huelga general.
Streik
Die Gewerkschaften haben für morgen einen Generalstreik organisiert.

el sindicato
Gewerkschaft

organizar
organisieren, veranstalten

la solidaridad
Solidarität

el empleo
Estamos buscando un empleo desde hace dos años.
Beschäftigung; Arbeitsstelle
Wir suchen seit zwei Jahren eine Anstellung.

el enchufe
Miguel está trabajando en el banco por enchufe.
gute Beziehung
Miguel arbeitet jetzt in der Bank, weil er gute Beziehungen hat.

la Oficina de Empleo
Arbeitsamt

solicitar
Ana ha solicitado un aumento de sueldo.
He solicitado trabajo en la Seat.
sich bewerben; beantragen
Ana hat eine Gehaltserhöhung beantragt.
Ich habe mich um Arbeit bei der Firma Seat beworben.

el porvenir
Esta actriz tiene un gran porvenir.
Zukunft
Diese Schauspielerin hat eine große Zukunft.

Arbeitswelt — Berufsleben 17

el cargo
¿Desde cuándo tiene usted el cargo de diputado?

Amt; Tätigkeit; Funktion
Seit wann sind Sie Abgeordneter?

la función

Amt, Tätigkeit

laborable
Los días laborables se me hacen muy largos.

Arbeits-
Die Werktage kommen mir sehr lang vor.

laboral
El abogado se especializó en derecho laboral.

Arbeits-
Der Rechtsanwalt spezialisierte sich auf Arbeitsrecht.

nombrar
Nicolás ha sido nombrado Secretario General del Ministerio.

ernennen; nennen
Nicolás ist zum Generalsekretär des Ministeriums ernannt worden.

el, la especialista
Los especialistas siguen investigando el origen de Sida.

Fachmann, Fachfrau
Die Fachleute untersuchen weiterhin die Ursache von Aids.

el campo
En el campo de la informática hay muchas posibilidades.

(Arbeits)gebiet; Bereich
Im Bereich der Informatik gibt es viele Möglichkeiten.

el turno
El turno de noche me es más agradable que el turno de mañana.

Schicht
Die Nachtschicht ist mir lieber als die Frühschicht.

la seguridad social
La seguridad social incluye el seguro de enfermedad.

Sozialversicherung
Die Sozialversicherung schließt die Krankenversicherung mit ein.

el seguro de desempleo
El seguro de desempleo ha vuelto a subir.

Arbeitslosenversicherung
Die Arbeitslosenversicherung ist wieder gestiegen.

18 | Volkswirtschaft

Betrieb

la **empresa**	Unternehmen, Firma
el **jefe**, la **jefa**	Chef(in)
Cuando el jefe no está, aquí nadie trabaja.	Wenn der Chef nicht da ist, arbeitet hier niemand.
dirigir	leiten, führen
Como no sabían dirigir la compañía acabaron vendiéndola.	Da sie die Gesellschaft nicht leiten konnten, haben sie sie schließlich verkauft.
la **compañía**	Gesellschaft
la **cooperativa**	Genossenschaft
En España hay muchas cooperativas agrícolas.	In Spanien gibt es viele landwirtschaftliche Genossenschaften.
el **departamento**	Abteilung
En esta sucursal no hay un departamento de créditos.	Diese Zweigstelle hat keine Kreditabteilung.
la **sucursal**	Zweigstelle
fundar	gründen
el **empresario**, la **empresaria**	Unternehmer(in)
Muchos empresarios están en la ruina.	Viele Unternehmer stehen vor dem Bankrott.
el, la **contable**	Buchhalter(in)
La contable se olvidó de pagar los impuestos.	Die Buchhalterin vergaß, die Steuern zu zahlen.
la **contabilidad**	Buchhaltung
En esta empresa la contabilidad es llevada por computadora.	In dieser Firma wird die Buchhaltung per Computer durchgeführt.
el, la **gerente**	Geschäftsführer(in); Verwalter(in)
El gerente no sabía nada de su pedido.	Der Geschäftsführer wußte nichts von Ihrer Bestellung.
la **gestión**	(Geschäfts)führung
la **secretaría**	Sekretariat; Geschäftsstelle
Puede recoger sus papeles en la secretaría.	Sie können Ihre Papiere im Sekretariat abholen.
interno, a	innere(r, s)

la **asociación**
Esta asociación tiene muchos problemas internos, por eso está en quiebra.

Handelsgesellschaft; Verband
Diese Handelsgesellschaft hat viele interne Probleme, deshalb hat sie Konkurs angemeldet.

la **quiebra**

Konkurs

la **sociedad anónima**

Aktiengesellschaft

Handel und Dienstleistung

la **economía**
La economía española ya no está en crisis.

Wirtschaft
Die spanische Wirtschaft ist nicht mehr in der Krise.

económico, a
El señor Muñoz ha comprado un coche muy económico.
Según los estudios económicos se espera un aumento de la inflación.

wirtschaftlich; sparsam
Herr Muñoz hat ein sparsames Auto gekauft.
Den Wirtschaftsuntersuchungen zufolge, wird ein Anstieg der Inflation erwartet.

la **exportación**
Al principio nos dedicamos a la exportación de aceite de oliva.

Export
Anfänglich waren wir im Olivenölexport tätig.

exportar
Colombia no sólo exporta café sino también plátanos.

exportieren
Kolumbien exportiert nicht nur Kaffee, sondern auch Bananen.

importar
¿Qué productos no se pueden importar en Chile?

importieren, einführen
Welche Produkte dürfen in Chile nicht eingeführt werden?

la **importación**
Luis lleva un negocio de importación de textiles.

Import
Luis führt ein Importgeschäft für Bekleidung.

la **mercancía**
En la aduana retuvieron la mercancía.

Ware
Die Ware wurde am Zoll zurückgehalten.

el **comercio**
El comercio se queja por la introducción del I.V.A. (Impuesto sobre el Valor Añadido).

Handel
Der Handel beschwert sich über die Einführung der Mehrwertsteuer.

comercial
La secretaria lleva la correspondencia comercial de la empresa.

Handels-, Geschäfts-, geschäftlich
Die Sekretärin führt die Handelskorrespondenz des Unternehmens.

18 Volkswirtschaft — Handel und Dienstleistung

el **negocio**
Geschäft; Laden

la **venta**
Absatz; Verkauf

Este año la venta de aceite de oliva no ha mejorado.
Dieses Jahr ist der Absatz von Olivenöl nicht gestiegen.

la **condición**
Bedingung

No puedo aceptar sus condiciones de compra.
Ich kann Ihre Kaufbedingungen nicht annehmen.

la **compra**
Kauf; Ankauf; Einkauf

La compra de esta casa ha sido un buen negocio.
Der Kauf dieses Hauses war ein gutes Geschäft.

encargar
beauftragen

La secretaria me ha encargado de este asunto.
Die Sekretärin hat mich mit dieser Angelegenheit beauftragt.

consumir
verbrauchen, konsumieren

En Navidades la gente consume más que durante el resto del año.
In der Weihnachtszeit wird mehr konsumiert als das ganze Jahr über.

suministrar
anliefern, zuliefern

¿Cuándo nos suministrarán el pedido que les hicimos hace un mes?
Wann werden Sie uns die Bestellung liefern, die wir Ihnen vor einem Monat erteilt haben?

el **pedido**
Bestellung

la **factura**
Rechnung

En cuanto recibamos la factura les enviaremos un cheque.
Sobald wir die Rechnung erhalten, werden wir Ihnen einen Scheck schicken.

el **contrato**
Vertrag

Aún no hemos firmado el contrato.
Wir haben den Vertrag noch nicht unterschrieben.

firmar
unterschreiben

la **firma**
Unterschrift

La firma de este talón no es válida.
Die Unterschrift auf diesem Scheck ist ungültig.

la **agencia**
Agentur

La agencia de seguros está cerrada por vacaciones.
Die Versicherungsagentur ist wegen Urlaubs geschlossen.

el **seguro**
Versicherung

Handel und Dienstleistung — Volkswirtschaft 18

la **crisis**	Krise
la **inflación**	Inflation
el, la **economista**	Wirtschaftsfachmann, Wirtschaftsfachfrau; Volkswirt(in)
Los economistas también se equivocan.	Auch Volkswirte irren sich.
la **empresa exportadora**	Ausfuhrunternehmen, Ausfuhrfirma
Algunas empresas exportadoras tienen problemas con la aduana.	Einige Exportunternehmen haben Schwierigkeiten mit dem Zoll.
comerciar	handeln, Handel treiben
Comerciar al por menor estos productos no es buen negocio.	Diese Produkte im Kleinhandel zu vertreiben ist kein gutes Geschäft.
el, la **comerciante**	Kaufmann, -frau; Geschäftsmann, -frau; Händler(in)
Benito es un buen comerciante al por mayor.	Benito ist ein guter Großhändler.
Vicente es un comerciante muy formal.	Vicente ist ein sehr seriöser Geschäftsmann.
el, la **representante**	Verteter(in)
Vicente trabajó muchos años de representante.	Vicente hat viele Jahre als Vertreter gearbeitet.
la **competencia**	Konkurrenz, Wettbewerb
En el mercado nacional hay mucha competencia entre los viajantes.	Auf dem nationalen Markt ist der Wettbewerb unter den Vertretern sehr groß.
competir	konkurrieren; sich mitbewerben
Pronto van a competir muchas empresas en el mercado europeo.	Bald werden viele Firmen auf dem europäischen Markt konkurrieren.
la **colaboración**	Zusammenarbeit
el, la **viajante**	(Handlungs)reisende(r)
La vida de viajante debe ser muy dura.	Das Leben eines Handlungsreisenden muß wohl sehr hart sein.
regular	regulieren
la **oferta**	Angebot
La oferta y demanda regulan los precios.	Angebot und Nachfrage regulieren die Preise.
la **demanda**	Nachfrage
la **muestra**	(Waren)muster
el **surtido**	Sortiment
Su surtido de muestras es muy interesante.	Ihr Mustersortiment ist sehr interessant.

Volkswirtschaft

el **coste**
El coste de la vida ha subido mucho.

Kosten
Die Lebenshaltungskosten sind sehr gestiegen.

el **encargo**
Todavía no hemos podido realizar su encargo.

Auftrag
Wir konnten Ihren Auftrag noch nicht erledigen.

la **carga**
La mula es un animal de carga.

Last
Der Maulesel ist ein Lasttier.

descargar
Hay que descargar los camiones antes de que vengan más.

entladen
Die Lastwagen müssen entladen werden, bevor noch mehr kommen.

el **consumidor,** la **consumidora**
Me parece que la protección al consumidor no ha mejorado mucho.

Verbraucher(in)

Mir scheint, daß der Verbraucherschutz nicht wesentlich besser geworden ist.

el **consumo**
El consumo de tabaco perjudica la salud.

Verbrauch; Genuß
Der Genuß von Tabakwaren gefährdet Ihre Gesundheit.

la **marca**
¿Qué marca de jerez prefieres?

Marke
Welche Sherrymarke ziehst du vor?

la **garantía**
Algunos coches ya tienen tres años de garantía.

Garantie
Einige Autos haben schon drei Jahre Garantie.

el **suministro**
El suministro se realizará por barco dentro de 15 días.

(Zu)lieferung
Die Lieferung wird per Schiff in 14 Tagen durchgeführt werden.

Industrie und Handwerk

la **industria**
La industria española de automóviles ya no es nacional.

Industrie
Die spanische Automobilindustrie ist nicht mehr staatlich.

industrial
Manuel vive en la zona industrial del puerto.

industriell
Manuel wohnt im Industriegebiet des Hafens.

la **fábrica**
En Cataluña hay fábricas textiles.

Fabrik
In Katalonien gibt es Textilfabriken.

Industrie und Handwerk — Volkswirtschaft **18**

el **artículo**	Artikel, Ware
Ya no fabricamos estos artículos.	Wir stellen diese Artikel nicht mehr her.
fabricar	herstellen
el **producto**	Ware; Produkt
producir	herstellen, produzieren
En España se producen muchos artículos de alta calidad.	In Spanien werden viele hochwertige Produkte hergestellt.
montar	montieren, zusammensetzen
En esta fábrica se montan coches.	In dieser Fabrik werden Autos montiert.
la **artesanía**	(Kunst)handwerk
En Perú los indios conservan su artesanía.	In Perú bewahren die Indianer ihr Kunsthandwerk.
el **artesano**, la **artesana**	(Kunst)handwerker(in)
Algunos artesanos sólo trabajan con barro.	Einige Kunsthandwerker arbeiten nur mit Ton.

---

industrializado, a
Algunos países hispanoaméricanos no están bastante industrializados.

entwickelt; industrialisiert
Einige Länder Spanisch-Amerikas sind noch nicht genügend industrialisiert.

industrializar
Extremadura está por industrializar.

industrialisieren
Extremadura ist noch nicht industrialisiert.

fundir

gießen; schmelzen

la **fundición**

Gießen; Schmelzen; (Eisen- und Stahl)gießerei; Hochofen

La fundición de hierro es una industria principal en el norte de España.

Die Eisengießerei ist eine der wichtigsten Industrien im Norden Spaniens.

la **cerámica**

Töpferkunst; Keramik

la **orfebrería**

Goldschmiedekunst; Goldschmiedearbeit

Landwirtschaft, Fischerei und Bergbau

el **agricultor**, la **agricultora**
Los agricultores están preocupados por el cambio de clima.

Landwirt(in), Bauer, Bäuerin
Die Bauern sind wegen der Klimaveränderung beunruhigt.

la **agricultura**
La agricultura tiene mucha importancia en Latinoamérica.

Landwirtschaft
Die Landwirtschaft ist in Lateinamerika sehr wichtig.

la **producción**
La producción agrícola no disminuyó en los últimos años.

Erzeugung, Produktion
Die Agrarproduktion ist in den letzten Jahren nicht zurückgegangen.

agrícola
el **latifundio**
el **campesino**, la **campesina**
Muchos campesinos son muy pobres.

landwirtschaftlich
Großgrundbesitz
Bauer, Bäuerin
Viele Bauern sind sehr arm.

el **campo**
Los campos regados de Murcia y Valencia se llaman huertas porque se cultiva fruta y verdura.

Feld, Acker
Die bewässerten Felder von Murcia und Valencia heißen "huertas", weil man Obst und Gemüse anbaut.

el **cultivo**
El cultivo de arroz en España se realiza principalmente en Valencia y Murcia.

Anbau
In Spanien wird Reis hauptsächlich in Valencia und Murcia angebaut.

cultivar
la **tierra**
La tierra de Castellón es muy fértil.

anbauen
Boden
Der Boden bei Castellón ist sehr fruchtbar.

el **tractor**
El tractor es la máquina más importante para el agricultor.

Traktor
Der Trecker ist für den Bauern die wichtigste Maschine.

criar
En Andalucía se crían toros.

züchten, aufziehen
In Andalusien werden Stiere gezüchtet.

la **época de recogida**
Durante la época de recogida los campesinos tienen mucho trabajo.

Erntezeit
Während der Erntezeit haben die Bauern viel zu tun.

recoger
Lucía siempre ayuda a recoger las olivas.

pflücken
Lucía hilft immer beim Pflücken der Oliven.

Landwirtschaft, Fischerei und Bergbau   **Volkswirtschaft 18**

el **ganado**	Vieh
En esta finca tienen mucho ganado.	Auf diesem Bauernhof wird viel Vieh gehalten.
el **pescador,** la **pescadora**	Fischer(in); Angler(in)
la **pesca**	Fischfang
Las catástrofes marítimas dañan la pesca.	Seekatastrophen schaden dem Fischfang.
pescar	fischen; angeln
la **mina**	Mine

el **terrateniente**	Großgrundbesitzer
la **cosecha**	Ernte
Muchos andaluces emigran durante la época de la cosecha.	Viele Andalusier wandern zur Erntezeit aus.
cosechar	ernten
¿Cuándo se cosechan las primeras naranjas?	Wann werden die ersten Apfelsinen geerntet?
fértil	fruchtbar
La tierra en la región de Murcia es muy fértil.	Der Boden in der Region von Murcia ist sehr fruchtbar.
el **abono**	Dünger
El abono natural es mejor que el químico.	Natürlicher Dünger ist besser als chemischer.
la **viña**	Weinberg
Las viñas necesitan un cuidado especial.	Weinberge brauchen eine besondere Pflege.
la **vendimia**	Weinlese
sembrar	sähen
¿Cuándo se siembra el trigo?	Wann wird Weizen gesät?
el **insecticida**	Schädlingsbekämpfungsmittel
Los insecticidas acaban con los insectos y dañan a las personas.	Schädlingsbekämpfungsmittel töten Insekten und schaden Menschen.
regar	gießen, sprengen, bewässern
En Canarias se gasta el agua para regar los campos de golf y piscinas.	Auf den kanarischen Inseln wird das Wasser zum Bewässern von Golfplätzen und Schwimmbädern verbraucht.
la **huerta**	Obst- und Gemüseland
La huerta murciana es muy productiva.	Die Gemüseanbaugebiete in Murcia sind sehr ertragreich.
productivo, a	ergiebig; produktiv

el **riego** Valencia tiene un inteligente sistema de riego muy antiguo.	Bewässerung In Valencia gibt es ein durchdachtes, sehr altes Bewässerungssystem.
el **vaquero**	Cowboy, Rinderhirte
el **invernadero**	Treibhaus
ordeñar Poca gente sabe ordeñar vacas o cabras.	melken Wenige Menschen können Kühe oder Ziegen melken.
el **establo** Por la noche las vacas están en el establo.	Stall Nachts sind die Kühe im Stall.
la **granja**	(Hühner)farm, (Zucht)farm
explotar Las campañías inglesas explotan las minas en el sur de España.	anbauen; abbauen; ausbeuten Englische Gesellschaften betreiben die Minen im Süden von Spanien.
el **rendimiento** El rendimiento de la cosecha en esta región es bueno.	Ertrag Der Ertrag der Ernte est in dieser Gegend gut.
la **minería**	Bergbau
minero, a La industria minera está en crisis.	Berg-, Gruben-; Montan- Die Montanindustrie ist in der Krise.
la **explotación** La explotación del estaño es muy importante en Bolivia. La explotación de los bosques crea problemas ecológicos.	Abbau; Ausbeutung Der Zinnabbau ist sehr wichtig in Bolivien. Die Ausbeutung der Wälder schafft ökologische Probleme.

Finanzwesen 19

Bank

el **banco**
A Eduardo le gustaría trabajar en un banco o en una caja de ahorros.

la **caja de ahorros**

ahorrar
Felipe está ahorrando para comprarse una bici.

abonar
¿Me pueden abonar este cheque en mi cuenta corriente? – Por supuesto, pero tendremos que cargar los gastos en su cuenta.

el **cheque**
el **eurocheque**
la **cuenta**
el **gasto**
Cargaremos los gastos de transferencia en su cuenta.

gastar
Mucha gente gasta más que gana.

retirar
¿Qué cantidad desea retirar de su cuenta corriente?

la **cantidad**

cobrar
¿En qué banco puedo cobrar el cheque?
Por favor, cóbrese.

cambiar
¿Me puede cambiar mil pesetas en monedas?

el **cajero**, la **cajera**
El cajero del banco robó dos millones.
Este cajero automático no acepta su tarjeta de crédito.

la **tarjeta de crédito**

Bank
Eduardo würde gern bei einer Bank oder einer Sparkasse arbeiten.

Sparkasse

sparen
Felipe spart auf ein Rad.

gutschreiben; einzahlen
Können Sie mir diesen Scheck auf mein Girokonto gutschreiben? – Selbstverständlich, aber wir werden Ihr Konto mit den Kosten belasten müssen.

Scheck
Eurocheque
Konto
Kosten; Ausgaben
Wir werden Ihr Konto mit den Überweisungskosten belasten.

ausgeben
Viele Menschen geben mehr aus, als sie verdienen.

abheben
Welchen Betrag möchten Sie von Ihrem Girokonto abheben?

(Geld)betrag; Summe

einlösen; kassieren
Bei welcher Bank kann ich den Scheck einlösen?
Zahlen, bitte!

wechseln
Können Sie mir tausend Peseten wechseln?

Kassierer(in)
Der Kassierer der Bank stahl zwei Millionen.
Dieser Geldautomat nimmt Ihre Kreditkarte nicht an.

Kreditkarte

Finanzwesen — Bank

en efectivo
¿Paga con tarjeta? – No, en efectivo.

in bar
Zahlen Sie mit Kreditkarte? – Nein, in bar.

la **caja fuerte**
Mi madre guarda las joyas en la caja fuerte.

Tresor
Meine Mutter bewahrt ihren Schmuck im Tresor auf.

el **crédito**
La señora Vázquez ha comprado la casa con un crédito.

Kredit
Frau Vázquez hat das Haus mit einem Kredit gekauft.

la **deuda**
Muchos países latinoaméricanos no pueden pagar los intereses de su deuda externa.

Schuld
Viele lateinamerikanische Länder können die Zinsen ihrer Auslandsschulden nicht bezahlen.

prestar
A ver cuándo me devuelves el disco que te presté.

leihen
Mal sehen, wann du mir die Schallplatte zurückgibst, die ich dir geliehen habe.

el **beneficio**
Los bancos trabajan con un beneficio enorme.

Gewinn
Banken arbeiten mit einem riesigen Gewinn.

---

ahorrador(a)
No soy muy ahorrador, pero es que quiero comprar un piso.

sparsam
Ich bin nicht sehr sparsam, aber ich möchte eine Wohnung kaufen.

la **cartilla de ahorro,** la **libreta de ahorro**

Sparbuch

el, la **titular**
El titular de esta cuenta quiere retirar dos millones de pesetas.

Inhaber(in); Berechtigte(r)
Der Kontoinhaber möchte zwei Millionen Peseten abheben.

la **cuenta corriente**

Girokonto

el **extracto de cuenta**

Kontoauszug

ingresar
Por favor, ingrese el importe total en nuestra cuenta.

einzahlen
Bitte zahlen Sie den Gesamtbetrag auf unser Konto ein.

el **importe**
Le he ingresado el importe de la factura en su cuenta.

Betrag
Ich habe den Rechnungsbetrag auf Ihr Konto eingezahlt.

la **transferencia**

Überweisung

los **ingresos**
El año pasado nuestros ingresos fueron bajos.

Einkünfte; Einkommen
Letztes Jahr waren unsere Einkünfte gering.

el **cheque de viaje**
¿Aceptan ustedes cheques de viaje?

Reisescheck
Nehmen Sie Reiseschecks an?

el **talón** — Scheck
el **talonario de cheques** — Scheckheft
cancelar — sperren
el **fondo** — Fonds; Vermögen; (Geld)mittel
No podemos cobrar este cheque porque no hay fondos en la cuenta. — Wir können diesen Scheck nicht einlösen, weil kein Guthaben auf dem Konto ist.

el **interés** — Zins
la **bolsa** — Börse
Don Ignacio es un corredor de bolsa muy astuto. — Herr Ignacio ist ein sehr schlauer Börsenmakler.

el, la **accionista** — Aktionär(in)
Los accionistas en conjunto son propietarios de una sociedad anónima (S.A.). — Alle Aktionäre zusammen sind Besitzer einer Aktiengesellschaft (AG).

la **acción** — Aktie
el **valor** — Wert
Estas acciones subirán de valor cuando termine la crisis. — Diese Aktien werden steigen, wenn die Krise vorüber ist.
Este anillo es de gran valor. — Dieser Ring ist sehr wertvoll.

el **deudor,** la **deudora** — Schuldner(in)
El deudor debe pagar el préstamo. — Der Schuldner muß das Darlehen zurückzahlen.

el **préstamo** — Darlehen

el **plazo** — Frist
En enero se acaba el plazo para pagar el crédito. — Im Januar läuft die Zahlungsfrist für den Kredit ab.

calcular — (be)rechnen; errechnen
Hemos de calcular los gastos de viaje. — Wir müssen die Reisekosten berechnen.

Geld

el **dinero** — Geld
Los billetes y las monedas son dinero en metálico. — Scheine und Münzen sind Bargeld.

el **billete** — Geldschein

la **moneda** — Münze; Währung
¿Tienes monedas de cinco pesetas para llamar por teléfono? — Hast du Fünfpesetenmünzen zum Telefonieren?

19 Finanzwesen — Geld

Geld Finanzwesen **19**

19 Finanzwesen — Geld

la **peseta**
¿Cuántas pesetas son un duro? –
Cinco pesetas.

Pesete
Wie viele Peseten sind ein "duro"?
– Fünf Peseten.

el **duro**

Fünf Peseten

el **cambio**

Kleingeld; Wechselgeld;
Geldwechsel; (Wechsel)kurs

Perdone, ¿tiene cambio de mil
dólares?
¿Cómo está el cambio del peso
mejicano?

Entschuldigen Sie, können Sie
tausend Dollar wechseln?
Wie ist der Wechselkurs des
mexikanischen Pesos?

la **vuelta**
¡No te olvides de la vuelta!

Wechselgeld
Vergiß das Wechselgeld nicht!

el **resto**

Rest

a plazos
Pablo pagó el piso a plazos porque
no pudo pagarlo al contado.

auf Raten
Pablo bezahlte die Wohnung auf
Raten, weil er sie nicht bar
bezahlen konnte.

al contado
¿Paga usted al contado o con
tarjeta?

bar
Zahlen Sie bar oder mit Kreditkarte?

el **descuento**
¿Cuánto descuento nos da si
pagamos al contado?
¿Hay un descuento para
estudiantes?

Skonto; Ermäßigung
Wieviel Skonto geben Sie uns,
wenn wir bar zahlen?
Gibt es eine Studentenermäßigung?

la **rebaja**
Si se llevan cuatro bicis les hago
una rebaja.

Preisnachlaß, Rabatt
Wenn Sie vier Fahrräder nehmen,
gebe ich Ihnen Rabatt.

valer
¿Cuánto vale este libro?

kosten
Wieviel kostet dieses Buch?

por
He comprado este piso por dos
millones.

für
Ich habe diese Wohnung für zwei
Millionen gekauft.

las **divisas**
Todas las monedas extranjeras son
divisas.

Devisen
Alle ausländischen Währungen
sind Devisen.

el **dólar**
El dólar panameño y el balboa son
las monedas aceptadas en Panamá.

Dollar
Der Panama-Dollar und der
Balboa sind in Panama akzeptierte
Währungen.

el **franco**
el franco suizo

Franc
der Schweizer Franken

| Geld | Finanzwesen |

el **marco alemán** — Deutsche Mark

el **peso**
El peso es la moneda de Bolivia, Colombia, Cuba, Chile, la República Dominicana y México.
Peso
Der Peso ist die Währungseinheit in Bolivien, Kolumbien, Kuba, Chile, der Dominikanischen Republik und Mexiko.

el **quetzal**
En Guatemala la gente paga con quetzales.
Quetzal
In Guatemala zahlen die Menschen mit Quetzales.

el **colón**
El colón es la moneda de El Salvador y Costa Rica.
Colón
Der Colón ist die Währung von El Salvador und Costa Rica.

el **córdoba**
En Nicaragua se llama la moneda córdoba.
Córdoba
In Nicaragua heißt die Währung Córdoba.

el **lempira**
La moneda hondureña es el lempira
Lempira
Die honduranische Währung ist die Lempira.

el **sucre** — Sucre *(Währung in Ecuador)*

el **bolívar** — Bolívar *(Währung in Venezuela)*

el **guaraní** — Guaraní *(Währung in Paraguay)*

el **inti** — Inti *(Währung in Peru)*

el **austral** — Austral *(Währung in Argentinien)*

suelto, a
¿Llevas dinero suelto para llamar por teléfono?
lose, einzeln; Kleingeld
Hast du Kleingeld zum Telefonieren?

invertir
El señor Durruti ha invertido su capital en una fábrica de armas.
investieren
Herr Durruti hat sein Kapital in eine Waffenfabrik investiert.

el **impuesto**
Mañana tengo que presentar mi declaración de impuestos, por eso he de calcular mi renta.
Steuer
Morgen muß ich meine Steuererklärung abgeben, deshalb muß ich mein Einkommen ausrechnen.

la **renta** — Einkommen

la **suma** — Summe

el **recibo**
Aquí tiene su recibo.
Quittung
Hier haben Sie Ihre Quittung.

20 | Arbeitsgeräte und Büroartikel

Arbeitsgeräte

el aparato
El ventilador es un aparato muy práctico en verano.

Gerät, Apparat
Der Ventilator ist ein sehr praktisches Gerät im Sommer.

funcionar
¿Ya funciona la máquina de escribir?

funktionieren
Funktioniert die Schreibmaschine wieder?

la máquina
En esta fábrica las máquinas hacen el trabajo pesado.

Maschine
In dieser Fabrik erledigen Maschinen die schwere Arbeit.

técnico, a
No es necesario ser un especialista técnico para arreglar la bicicleta.

technisch
Es ist nicht notwendig, ein Techniker zu sein, um das Fahrrad zu reparieren.

la pila
Necesito una pila nueva para mi linterna.

Batterie
Ich brauche eine neue Batterie für meine Taschenlampe.

el pico
En las minas se trabaja con pico y pala.

Spitzhacke
Im Bergbau wird mit Spitzhacke und Schaufel gearbeitet.

el saco
Nos trajeron el carbón en sacos de cincuenta kilos.

Sack
Sie brachten uns die Kohle in Zentnersäcken.

la red
El pescador no puede ir a pescar porque tiene que coser la red.

Netz
Der Fischer kann nicht zum Fischen hinausfahren, weil er das Netz nähen muß.

la herramienta
El mecánico no puede trabajar sin herramientas.

Werkzeug
Der Mechaniker kann ohne Werkzeug nicht arbeiten.

la ferretería

Eisenwarenhandlung

el destornillador
Sólo tengo un destornillador.

Schraubenzieher
Ich habe nur einen Schraubenzieher.

la llave
Esta llave no sirve para montar el aparato.

Schlüssel
Dieser Schlüssel ist unbrauchbar, um das Gerät zusammenzubauen.

las tenazas
¿Tiene unas tenazas para cortar cables?

Zange
Haben Sie eine Zange, um Kabel durchzuschneiden?

	Arbeitsgeräte und Büroartikel
la **cola**	Leim
La madera se pega con cola.	Holz klebt man mit Leim.
pegar	kleben
lijar	(ab)schleifen
Antes de pintar las puertas tienes que lijarlas con papel de lija.	Bevor du die Türen streichst, mußt du sie mit Schleifpapier abschleifen.
el **papel de lija**	Schleifpapier
la **cuerda**	Schnur; Leine
Hay que atar este paquete con una cuerda para que no se abra.	Man muß das Paket mit einer Schnur zuschnüren, damit es nicht aufgeht.
el **machete**	Buschmesser, Machete
la **navaja**	Taschenmesser
la **linterna**	Taschenlampe
la **cinta continua**	Fließband
El trabajo en una cinta continua es muy monótono.	Die Arbeit am Fließband ist sehr monoton.
automático, a	automatisch
la **tecnología**	Technologie
la **instalación**	Einrichtung
electrónico, a	elektronisch
Los aparatos electrónicos son muy caros.	Elektronische Geräte sind sehr teuer.

Büroartikel

la **máquina de escribir**
Hay que cambiar la cinta de la máquina de escribir.

Schreibmaschine
Das Farbband der Schreibmaschine muß gewechselt werden.

la **computadora**
En la universidad hay una computadora para los estudiantes de Matemáticas.

Computer; Rechner
In der Universität steht ein Computer für die Mathematikstudenten.

la **fotocopiadora**

Fotokopiergerät

la **fotocopia**

Fotokopie

copiar
Como la secretaria hizo muchas faltas, tuve que copiar la carta otra vez.

kopieren; abschreiben
Da die Sekretärin viele Fehler gemacht hat, mußte ich den Brief noch einmal abschreiben.

20 Arbeitsgeräte und Büroartikel — Büroartikel

la **copia**	Kopie
el **lápiz**	Bleistift
Rosalia escribe sólo con lápiz.	Rosalia schreibt nur mit Bleistift.
el **bolígrafo,** el **boli**	Kugelschreiber, Kuli
Isabel tiene un boli de cuatro colores.	Isabel hat einen Vierfarbenkugelschreiber.
la **pluma**	Füllfederhalter, Füller
Marisa firmó el contrato con la pluma de su marido.	Marisa unterschrieb den Vertrag mit dem Füllfederhalter ihres Ehemannes.
la **tinta**	Tinte
No me gusta escribir con tinta azul.	Ich schreibe nicht gern mit blauer Tinte.
el **papel**	Papier
Ya no quedan ni sobres ni papel de cartas. Tendré que ir a la papelería.	Es sind weder Briefumschläge noch Briefpapier da. Ich muß zum Schreibwarengeschäft gehen.
Haz copias con el papel carbón sobre papel cebolla.	Mach Kopien mit dem Kohlepapier auf Durchschlagpapier.
el **sobre**	Briefumschlag
la **papelería**	Schreibwarengeschäft
el **bloc**	(Papier)block
¿Me das una hoja de tu bloc?	Gibst du mir ein Blatt von deinem Block?
la **hoja (de papel)**	Blatt (Papier)
la **cinta adhesiva**	Klebestreifen
la **cinta**	Farbband
el **ordenador**	Computer; Personalcomputer (PC)
Alejandro trabaja con el ordenador en casa.	Alejandro arbeitet zu Hause am Personalcomputer.
el **programa**	Programm
¿Me puede recomendar un buen programa de texto para mi ordenador?	Können Sie mir ein gutes Textverarbeitungsprogramm für meinen Computer empfehlen?
borrar	löschen; entfernen; (aus)radieren
El lápiz se puede borrar con una goma pero la mancha de bolígrafo no.	Bleistift kann man mit einem Radiergummi ausradieren, aber Kugelschreiberflecken nicht.
la **goma de borrar**	Radiergummi

el **rotulador**
Mi sobrino está dibujando con los rotuladores.

el **compás**

la **agenda**
Remedios se apunta todo en la agenda para no olvidarse de nada.

la **carpeta**

el **archivador**

el **archivo**
Juan ha estado todo el día en el archivo pero no ha encontrado ni la carpeta ni el archivador que se dejó allí.

el **tampón**

el **sello**
Como no hay tinta en el tampón, no te puedo poner un sello.

la **calculadora**
En el colegio ya permiten que utilicemos calculadoras.

Filzstift, Filzschreiber
Mein Neffe malt gerade mit Filzstiften.

Zirkel

Terminkalender; Notizbuch
Remedios notiert alles im Terminkalender, um nichts zu vergessen.

Aktenmappe; Schreibunterlage

Aktenordner; Aktenschrank

Archiv
Juan ist den ganzen Tag im Archiv gewesen, aber er hat weder die Aktenmappe noch den Aktenordner gefunden, die er dort vergessen hatte.

Stempelkissen

Stempel(abdruck)
Da keine Stempelfarbe im Stempelkissen ist, kann ich dir keinen Stempel geben.

Taschenrechner
In der Schule ist es schon erlaubt, Taschenrechner zu benutzen.

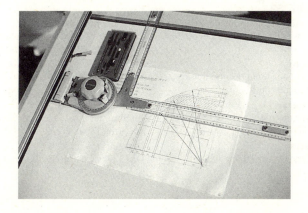

21 | Freizeitgestaltung

Freizeitbeschäftigung

el **movimiento**
En Madrid hay siempre mucho movimiento.

Bewegung; Aktivität
In Madrid ist immer viel los.

la **diversión**
Es una diversión gastar bromas.

Vergnügen; Zeitvertreib
Es ist ein Zeitvertreib, Scherze zu machen.

la **broma**

Scherz, Spaß

divertido, a
¿Cómo fue la fiesta? – Muy divertida.

lustig; unterhaltsam; amüsant
Wie war die Party? – Sehr lustig.

divertirse
¡Que te diviertas!
Raúl no se sabe divertir sin los amigos.

sich vergnügen
Viel Spaß!
Raúl kann sich nicht ohne seine Freunde vergnügen.

la **distracción**
La mejor distracción para ti es salir con los amigos.

Zeitvertreib; Zerstreuung
Die beste Ablenkung für dich ist, mit Freunden auszugehen.

salir

ausgehen

entretenerse

sich unterhalten; sich vergnügen; sich die Zeit vertreiben

Me entretengo con la colección de sellos.

Ich vertreibe mir die Zeit mit Briefmarkensammeln.

la **discoteca**

Diskothek

bailar
¿Quieres ir a bailar?

tanzen
Möchtest du tanzen gehen?

el **baile**
Durante las fiestas habrá todas las noches baile en la plaza del pueblo.

Tanz
Während der Festtage werden jeden Abend auf dem Dorfplatz Tanzveranstaltungen stattfinden.

pasear
Como hace buen tiempo hemos venido paseando.

spazierengehen; spazierenführen
Da schönes Wetter ist, sind wir zu Fuß hergekommen.

pasearse
En verano mucha gente se pasea por la playa.

spazierengehen
Im Sommer gehen viele Menschen am Strand spazieren.

la **feria**
La feria de abril de Sevilla es famosa.

Jahrmarkt, Volksfest
Das Volksfest von Sevilla im April ist berühmt.

Freizeitgestaltung

el tiempo libre — Freizeit
¿Qué hace en su tiempo libre? — Was tun Sie in Ihrer Freizeit?

la pausa — (Ruhe)pause

distraerse — sich die Zeit vertreiben; sich unterhalten
Muchos niños se distraen viendo la tele. — Viele Kinder vertreiben sich mit Fernsehen die Zeit.

animado, a — belebt; munter; angeregt
La discoteca está muy animada esta noche. — Heute abend herrscht eine gute Stimmung in der Diskothek.

el chiste — Witz

la lotería — Lotterie

el cupón — Coupon

el casino — (Spiel)kasino

el pub — (Nacht)bar, Bar
¿Te vienes al pub a tomar una copa? — Kommst du mit in die Bar auf einen Drink?

la danza — (Volks)tanz
Esta noche vamos a ver danzas populares. — Heute abend sehen wir uns Volkstänze an.

el paseo — Spaziergang
¿Vamos a dar un paseo? — Machen wir einen Spaziergang?

la vuelta — Bummel; Spaziergang
Fui a dar una vuelta por el centro y me encontré a Ramona. — Ich machte einen Bummel durch die Innenstadt und traf Ramona.

el parque de atracciones — Vergnügungspark
En Barcelona hay un parque de atracciones en Montjuïc. — In Barcelona ist auf dem Berg Montjuïc ein Vergnügungspark.

el circo — Zirkus
Hace muchos años que fuimos al circo, para ver a los payasos. — Es ist viele Jahre her, daß wir in den Zirkus gegangen sind, um die Clowns zu sehen.

el payaso, la payasa — Clown(in)

la corrida de toros — Stierkampf
Hoy en día a muchos españoles no les gustan las corridas de toros. — Heutzutage mögen viele Spanier keine Stierkämpfe.

Theater

el teatro
Ya he sacado las entradas para el teatro para que luego no tengamos que hacer cola.

Theater
Ich habe schon die Theaterkarten geholt, damit wir nachher nicht Schlange stehen müssen.

la cola
(Warte)schlange

la entrada
Eintrittskarte

la obra
(künstlerisches) Werk

el espectáculo
Vorstellung; Veranstaltung; Schauspiel

¿A qué hora empieza el espectáculo?
Um wieviel Uhr beginnt die Vorstellung?

el programa
¿Tiene el programa de teatro y ópera del mes que viene?

Programm
Haben Sie das Theater- und Opernprogramm für den nächsten Monat?

el público
El público aplaudió mucho en el estreno.

Publikum
Das Publikum klatschte bei der Premiere stürmisch.

aplaudir
(Beifall) klatschen

silbar
(aus)pfeifen

la pieza
A Mercedes le encantó la representación de esta pieza.

(Theater)stück
Mercedes war von der Inszenierung dieses Stücks begeistert.

el escenario
La decoración del escenario era sorprendente.

Bühne
Die Bühnenausstattung war erstaunlich.

la butaca
Déme dos butacas.

Parkettplatz
Geben Sie mir bitte zwei Parkettplätze.

el palco
Loge

la comedia
Lope de Vega escribió muchísimas comedias.

Komödie
Lope de Vega schrieb sehr viele Komödien.

la tragedia
Tragödie

trágico, a
tragisch

Kino   Freizeitgestaltung

el **director,** la **directora**
No nos gustó la interpretación de la obra que ofreció el director.

Regisseur(in)
Uns gefiel die Interpretation des Werkes nicht, die der Regisseur anbot.

interpretar

interpretieren

el **estreno**

Erstaufführung, Uraufführung; Premiere

la **representación**

Aufführung

silencioso, a

leise

el **aplauso**
Al final del tercer acto hubo muchos aplausos para la compañía.

Beifall
Am Ende des dritten Aktes gab es viel Beifall für das Ensemble.

el **acto**

Akt

la **compañía (de teatro)**

Ensemble, Theatertruppe

representar
¿Quién representa el papel de Don Juan Tenorio?

darstellen; spielen
Wer spielt die Rolle des Don Juan Tenorio?

el **papel**

Rolle

el **productor,** la **productora**
Los productores corren a veces con todo el riesgo.

Produzent(in)
Produzenten übernehmen manchmal das ganze Risiko.

el **ensayo**
Como los actores están de vacaciones no habrá ensayos hasta septiembre.

Probe
Da die Schauspieler im Urlaub sind, wird es bis September keine Proben geben.

Kino

el **cine**
¿Qué película ponen en el cine?

Kino
Welcher Film läuft im Kino?

la **película**
Antes nos gustaban mucho las películas de vaqueros.

(Kino-, Fernseh)film
Früher mochten wir Western sehr gern.

el **actor,** la **actriz**
¿Cuál es tu actor preferido?

Schauspieler(in)
Wer ist dein Lieblingsschauspieler?

actuar
¿Te acuerdas del chico que actuó en la película de malo?

auftreten; spielen
Erinnerst du dich an den Jungen, der in dem Film den Bösewicht gespielt hat?

cómico, a
A Tomás le encantan las películas cómicas de los hermanos Marx.

lustig; komisch; witzig
Tomás mag die komischen Filme der Marx-Brothers sehr gern.

la taquilla
Tenemos que estar a tiempo en el cine porque habrá cola en la taquilla como siempre.

(Kino-, Theater)kasse
Wir müssen rechtzeitig im Kino sein, weil, wie immer, an der Kasse eine Schlange sein wird.

la pantalla
En los cines de verano un muro blanco hace de pantalla.

(Kino)leinwand
In den Sommerkinos dient eine weiße Mauer als Leinwand.

la sesión
En los cines de barrio hay sesión continua.

Vorstellung
In den Stadtteilkinos gibt es durchgehende Vorstellungen.

la escena
La última escena de la película fue muy emocionante.

Szene
Die letzte Szene des Films war sehr spannend.

la estrella
¿Conoces alguna estrella del cine español?

Star
Kennst du irgendeinen Star des spanischen Kinos?

la fama
La fama es para quien la gana.

Ruhm
Der Ruhm ist für denjenigen, der ihn verdient.

la función
Esta tarde habrá una función para niños.

(Theater-, Kino)vorstellung
Heute nachmittag gibt es eine Vorstellung für Kinder.

el festival
En San Sebastián se celebra un festival de cine.

Festival
In San Sebastián findet ein Kinofestival statt.

el descanso
En el descanso te compraré caramelos.

Pause; Erholung
In der Pause werde ich dir Bonbons kaufen.

Hobby und Spiel

el aficionado, la aficionada
La próxima semana habrá un concurso para aficionados.

Amateur; Liebhaber, Fan
Nächste Woche wird es einen Wettbewerb für Amateure geben.

la fotografía
La gran afición de mi madre es la fotografía, especialmente sacarles fotos a los gatos.

Fotografie
Das große Hobby meiner Mutter ist die Fotografie, besonders das Fotografieren von Katzen.

Hobby und Spiel — Freizeitgestaltung 21

la **afición**	Hobby; Liebhaberei; Steckenpferd
la **foto**	Foto, Bild
la **cámara (fotográfica)**	Kamera, Fotoapparat
Me robaron la cámara con los carretes que no habíamos revelado todavía.	Man stahl mir meine Kamera mit den Filmen, die wir noch nicht entwickelt hatten.
la **colección**	Sammlung
Mi abuela tenía una colección de joyas muy valiosas.	Meine Großmutter hatte eine sehr wertvolle Juwelensammlung.
coleccionar	sammeln
¿Qué colecciona usted?	Was sammeln Sie?
jugar	spielen
¿A qué vamos a jugar? – Pues, al ajedrez, ¿no?	Was wollen wir spielen? – Schach, oder?
el **juego**	Spiel
¿Conocéis un juego de cartas divertido?	Kennt ihr ein lustiges Kartenspiel?
la **carta**	(Spiel)karte
ganar	gewinnen
el **juguete**	Spielzeug
Para Reyes queremos muchos juguetes y muñecas.	Zum Dreikönigstag möchten wir viele Spielzeuge und Puppen.
la **muñeca**	Puppe
el **palo**	Stock
la **caza**	Jagd
A veces vamos de caza o de pesca para distraernos.	Zum Zeitvertreib gehen wir manchmal auf die Jagd oder zum Fischen.
En las reservas naturales está prohibida la caza.	In den Naturreservaten ist die Jagd verboten.
el **cazador**, la **cazadora**	Jäger(in)
cazar	jagen, fangen
Roberto ha cazado una mosca.	Roberto hat eine Fliege gefangen.
la **riña de gallos**	Hahnenkampf

21 Freizeitgestaltung — Hobby und Spiel

el **ocio**
En muchas revistas y periódicos hay unas páginas de ocio con crucigramas etc.

Freizeitbeschäftigung
In vielen Zeitschriften und Zeitungen gibt es einige Seiten zur Freizeitbeschäftigung mit Kreuzworträtseln usw.

el **crucigrama** — Kreuzworträtsel

el **concurso** — Wettbewerb

el **carrete** — (Foto)film

revelar — entwickeln *(Foto)*

la **diapositiva** — Dia

el **flash** — Blitz

la **copia**
En cuanto podamos te mandaremos las copias que nos pediste.

Abzug
Sobald wir können, werden wir dir die Abzüge schicken, um die du uns gebeten hast.

el, la **coleccionista**
Mi cuñado es un coleccionista profesional de sellos.

Sammler(in)
Mein Schwager ist ein professioneller Briefmarkensammler.

el **ajedrez** — Schach

la **partida**
¿Jugamos una partida de dominó?

Spiel; Partie
Spielen wir eine Partie Domino?

el **dominó** — Domino

el **globo** — Luftballon

apostar
Mucha gente juega a las cartas apostando mucho dinero.

wetten; um Geld spielen
Viele Menschen setzen viel Geld beim Kartenspielen.

el **dado**
Ya los romanos jugaban a los dados.

Würfel
Schon die Römer spielten mit Würfeln.

la **apuesta**
¡Has ganado la apuesta!

Wette
Du hast die Wette gewonnen!

la **trampa**
¡No vale hacer trampas!

Falle
Mogeln gilt nicht!

hacer labores — handarbeiten

hacer punto — stricken

Sport | 22

--- **Allgemeines** ---

el, la **deportista**
Mi abuela era una gran deportista.

Sportler(in)
Meine Großmutter war eine große Sportlerin.

deportivo, a
Durante mis vacaciones me dedico a actividades deportivas.

sportlich
In meinem Urlaub widme ich mich sportlichen Aktivitäten.

el **deporte**
¿Practicas algún deporte? – Sí, juego al tenis, corro y nado.

Sport
Treibst du Sport? – Ja, ich spiele Tennis, laufe und schwimme.

el **jugador,** la **jugadora**
Los jugadores forman un equipo.

Spieler(in)
Die Spieler bilden eine Mannschaft.

el **equipo**
Nuestro equipo no ganó el partido por culpa del árbitro.

Mannschaft; Sportausrüstung
Unsere Mannschaft hat das Spiel wegen des Schiedsrichters nicht gewonnen.

Miguel no participa en el entrenamiento porque se ha olvidado del equipo.

Miguel nimmt am Training nicht teil, weil er seine Sportausrüstung vergessen hat.

el **entrenamiento**
Training

participar
teilnehmen

el **partido**
Spiel

la **competición**
Las competiciones de motos se realizan en Jerez de la Frontera.

Wettkampf; Wettrennen; Wettfahrt
In Jerez de la Frontera werden Motorradrennen ausgetragen.

el **campeonato**
¿Cuándo son los próximos campeonatos de fórmula uno?

Meisterschaft
Wann sind die nächsten Formel-1-Meisterschaften?

el **campeón,** la **campeona**
¿Quién es el actual campeón del mundo de baloncesto?

Meister(in)
Wer ist jetzt Basketballweltmeister?

el **récord**
El nuevo campeón del mundo ha batido el récord por dos segundos.

Rekord
Der neue Weltmeister hat den Rekord um zwei Sekunden überboten.

ganar
gewinnen

perder
Si no hubiésemos perdido este partido hubiéramos ganado la copa.

verlieren
Wenn wir dieses Spiel nicht verloren hätten, hätten wir den Pokal gewonnen.

Sport — Allgemeines

vencer
El entrenador no se explica cómo pudieron vencer a su equipo.

besiegen
Der Trainer konnte sich nicht erklären, wie sie seine Mannschaft besiegen konnten.

la **pelota**
Para jugar al tenis necesitas bastantes pelotas.
No sólo en el País Vasco se juega a la pelota sino también se practica una forma de este juego en Estados Unidos.

Ball; baskisches Pelotaspiel
Um Tennis zu spielen, brauchst du genügend Bälle.
Nicht nur im Baskenland spielt man Pelota, sondern auch in den USA wird eine Art dieses Spieles betrieben.

entrenarse
Los buenos deportistas se entrenan casí todos los días.

trainieren
Gute Sportler trainieren fast täglich.

el **entrenador,** la **entrenadora**

Trainer(in)

el **árbitro**

Schiedsrichter(in)

el **pito**
El árbitro señala el final de un partido con el pito.

Pfeife
Der Schiedsrichter pfiff das Spiel ab.

la **carrera**

Rennen

marcar
¿Cuántos goles habéis marcado?

erzielen
Wie viele Tore habt ihr geschossen?

la **meta**
Pablo no estaba en forma y por eso no llegó a la meta.

Ziel
Pablo war nicht in Form, und deshalb kam er nicht ins Ziel.

empatar
El Real Madrid y el Barcelona empataron a 2.

unentschieden spielen
Real Madrid und der F.C. Barcelona spielten unentschieden, 2:2.

la **Olimpiada**

Olympiade

olímpico, a

olympisch

el **gimnasio**

Sporthalle

el **estadio**

Stadion

el **campo (deportivo)**

Sportplatz

la **pista**
En enero se llenan las pistas de esquí en los Pirineos.

Piste, Bahn
Im Januar füllen sich die Skipisten in den Pyrenäen.

el **telesquí**

Skilift

Sportarten

practicar — üben; ausüben
nadar — schwimmen
la **natación** — Schwimmen
El médico me ha recomendado que vaya a la piscina y practique la natación. — Der Arzt hat mir empfohlen ins Schwimmbad zu gehen, um zu schwimmen.

la **piscina** — Schwimmbad; Schwimmbecken
el, la **atleta** — Sportler(in)
Los atletas no deben fumar. — Sportler sollten nicht rauchen.

correr — laufen; rennen
Juan corrió dos vueltas. — Juan lief zwei Runden.
Carlos corre muy deprisa. — Carlos läuft sehr schnell.

saltar — springen
Jamás creí que pudieras saltar tal altura. — Ich hätte niemals geglaubt, daß du so hoch springen könntest.

el **fútbol** — Fußball
Un partido de fútbol se juega en un estadio y para ganar hay que marcar más goles que el equipo contrario. — Ein Fußballspiel wird in einem Stadion ausgetragen, und um zu gewinnen, muß man mehr Tore schießen, als die gegnerische Mannschaft.

el **balón** — (Fuß)ball; Ballon
Cuando el balón entra en la portería y el portero no lo puede parar se ha marcado un gol. — Wenn der Ball im Tor landet, und der Torwart ihn nicht halten kann, hat man ein Tor geschossen.

montar — reiten
¿Sabes dónde se puede montar a caballo por aquí? — Weißt du, wo man hier reiten kann?

boxear — boxen
Para boxear se necesitan unos guantes especiales. — Zum Boxen braucht man besondere Handschuhe.

esquiar — Ski fahren
En la Sierra Nevada se puede esquiar todo el año. — In der Sierra Nevada kann man das ganze Jahr über Ski fahren.

remar — rudern
¿Cómo quieres remar si no tienes remos? — Wie willst du rudern, wenn du keine Ruder hast?

el **tenis** — Tennis
la **raqueta** — Schläger

Sport — Sportarten

la **disciplina**	Disziplin; Sportart
¿Qué disciplinas de atletismo practicas?	Welche Disziplinen der Leichtathletik betreibst du?
el **nadador,** la **nadadora**	Schwimmer(in)
En los próximos campeonatos van a participar muchos nadadores españoles.	Bei den nächsten Meisterschaften werden viele spanische Schwimmer teilnehmen.
el **atletismo**	Leichtathletik
el **salto**	Sprung
el **ciclismo**	Radsport
La carrera de ciclismo española más importante es la Vuelta a España.	Das wichtigste spanische Radrennen ist die Spanienrundfahrt.
el, la **ciclista**	Radfahrer(in)
el **baloncesto**	Basketball, Korbball
el **balonmano**	Handball
el, la **fútbolista**	Fußballspieler(in)
el **gol**	Tor *(Fußball; Handball)*
el **portero,** la **portera**	Torwart
la **portería**	Tor *(Gehäuse)*
el **hockey**	Hockey
el **boxeo**	Boxen
El boxeo es un deporte muy duro.	Boxen ist eine harte Sportart.
el **boxeador**	Boxer
el **esquí**	Ski
Antes de irnos a la montaña tienes que comprarte unos esquíes.	Bevor wir in die Berge fahren, mußt du dir Skier kaufen.
patinar	Schlittschuh laufen
el **remo**	Ruder
el **golf**	Golf
En España se juega mucho al golf.	In Spanien spielt man viel Golf.
navegar a vela	segeln
En verano navegamos a vela en el velero de mi tío.	Im Sommer segeln wir mit dem Segelboot meines Onkels.
el **velero**	Segelboot
el **surf**	Surfbrett
Angel tiene un surf desde hace dos años pero no sabe llevarlo.	Angel hat seit zwei Jahren ein Surfbrett, aber er kann nicht surfen.
bucear	tauchen

Sport 22 — Sportarten

la equitación
La equitación tiene mucha tradición en España.

Reiten; Reitsport
Der Reitsport hat in Spanien eine lange Tradition.

la gimnasia
Mi mujer va todas las semanas a hacer gimnasia a un gimnasio.

Gymnastik
Meine Frau geht jede Woche zur Gymnastik in eine Sporthalle.

23 | Tourismus

Reisen

las **vacaciones**	Ferien
la **agencia de viajes**	Reisebüro
Mientras haces las maletas voy a recoger los billetes a la agencia de viajes.	Während du die Koffer packst, hole ich die Tickets im Reisebüro ab.
el **prospecto**	Prospekt
¿Tienen nuevos prospectos sobre viajes a la Isla Margarita?	Haben Sie neue Prospekte über Reisen auf die Insel Margarita?
el **viaje**	Reise
¿Adónde nos vamos de viaje este invierno?	Wohin verreisen wir diesen Winter?
¡Buen viaje!	Gute Reise!
viajar	reisen; verreisen
Beatriz ha viajado para conocer otros países.	Beatriz ist gereist, um andere Länder kennenzulernen.
el **viajero**, la **viajera**	Reisende(r)
Señores viajeros del vuelo con destino a Cartagena, diríjanse a la salida B.	Reisende des Fluges nach Cartagena, begeben Sie sich bitte zum Ausgang B.
reservar	reservieren; buchen
Quisiéramos reservar dos habitaciones individuales.	Wir würden gern zwei Einzelzimmer reservieren.
la **oficina de turismo**	Fremdenverkehrsamt
En las oficinas de turismo se podrá informar sobre excursiones interesantes.	Bei den Fremdenverkehrsämtern können Sie sich über interessante Ausflüge informieren.
visitar	besuchen; besichtigen
Me gustaría visitar Panamá.	Ich würde gern Panama sehen.
el, la **guía**	Reiseleiter(in); Fremdenführer(in)
En el Prado una guía nos explicó los cuadros de Velázquez.	Im Prado-Museum erklärte uns die Fremdenführerin die Gemälde von Velázquez.
la **guía**	Reiseführer *(Buch)*; Stadtplan
En esta guía no se dice nada sobre el origen de la Alhambra.	In diesem Reiseführer wird nichts über den Ursprung der Alhambra gesagt.
Juan se ha comprado una guía de Sevilla para no perderse.	Juan hat sich einen Stadtplan von Sevilla gekauft, um sich nicht zu verlaufen.
mostrar	zeigen
Mis amigos chilenos nos mostraron Valparaíso	Meine chilenischen Freunde zeigten uns Vaplaraíso.

la **excursión**	Ausflug
impresionante	beeindruckend, eindrucksvoll
el **equipaje**	Gepäck
Cuando vamos de vacaciones siempre llevamos demasiado equipaje.	Wenn wir in Urlaub fahren, nehmen wir immer zu viel Gepäck mit.
la **maleta**	Koffer
la **frontera**	Grenze
el **control**	Kontrolle
la **llegada**	Ankunft
¿A qué hora esperan la llegada del vuelo de Vigo?	Um wieviel Uhr erwarten Sie die Ankunft des Fluges aus Vigo?
el **recuerdo**	Andenken, Souvenir
Miguel nos trajo un recuerdo de Guatemala.	Miguel brachte uns ein Andenken aus Guatemala mit.
el, la **turista**	Tourist(in)
Hay turistas que no saben comportarse en el extranjero.	Es gibt Touristen, die sich im Ausland nicht benehmen können.
turístico, a	touristisch; Fremdenverkehrs-
Las Islas Canarias son un centro turístico muy importante.	Die Kanarischen Inseln sind ein wichtiges Urlaubszentrum.
el **turismo**	Tourismus, Fremdenverkehr
El turismo ha creado muchos problemas en España.	Der Tourismus hat in Spanien viele Probleme geschaffen.
el, la **visitante**	Besucher(in)
la **visita**	Besuch; Besichtigung
Una visita al museo de Dalí en Figueras es recomendable.	Ein Besuch des Dalí-Museums in Figueras ist zu empfehlen.
recomendable	empfehlenswert
disfrutar	genießen
Los señores Cornello disfrutaron de sus vacaciones.	Das Ehepaar Cornello genoß seinen Urlaub.
perderse	sich verirren
el **folleto**	Prospekt
En este folleto se anuncian viajes muy económicos.	In diesem Prospekt werden sehr preiswerte Reisen angeboten.
el **servicio**	Toilette; Dienst; Dienstleistung
¿Dónde está el servicio para caballeros?	Wo ist die Herrentoilette?
Caballeros	Herren

satisfecho, a	zufrieden
el **preparativo**	Vorbereitung
ocupado, a	beschäftigt; besetzt
El guía está muy ocupado con los preparativos para la excursión.	Der Reiseleiter ist mit den Vorbereitungen für den Ausflug sehr beschäftigt.
Este servicio está ocupado.	Diese Toilette ist besetzt.
el **documento**	Ausweis
el **visado**	Visum
Para algunos países latinoamericanos es necesario tener un visado.	Für einige lateinamerikanische Länder braucht man ein Visum.
la **aduana**	Zoll
declarar	anmelden
¿Tiene algo que declarar?	Haben Sie etwas zu verzollen?
la **ficha**	Formular
controlar	kontrollieren
el **aduanero,** la **aduanera**	Zollbeamte(r), -beamtin
El aduanero registró las maletas para ver si llevábamos armas.	Der Zollbeamte durchsuchte die Koffer, um festzustellen, ob wir Waffen mitführten.
el **mapa**	(Land-, Straßen)karte
¿Nos puede indicar en el mapa si vamos bien para Toledo?	Können Sie uns auf der Karte zeigen, ob wir auf dem richtigen Weg nach Toledo sind?
la **carta verde**	grüne Versicherungskarte
la **mochila**	Rucksack
Franco viaja sólo con una mochila.	Franco verreist nur mit einem Rucksack.
partir	abreisen; abfahren
Antes de partir, no se olviden de despedirse.	Bevor Sie abreisen, vergessen Sie nicht sich zu verabschieden.
recorrer	bereisen
el **autostop**	Autostopp
Viajar en autostop puede ser peligroso.	Per Anhalter fahren kann gefährlich sein.
el **área de servicio** *f*	Rasthof
la **ruta**	Strecke
el **retraso**	Verspätung
El tren llegó con dos horas de retraso.	Der Zug kam mit zwei Stunden Verspätung an.

anular
He anulado el viaje a Quito.

la **aventura**
Nuestro viaje a Cuba fue realmente una aventura.

forastero, a
Como soy forastero no encuentro el camino al hotel.

el **panorama**

exótico, a

contemplar

la **temporada**
La última temporada turística ha sido fatal.

el **regreso**
Al regreso de Cuba me encontré a Ricardo en el aeropuerto.

anullieren; stornieren
Ich habe die Reise nach Quito storniert.

Abenteuer
Unsere Reise nach Cuba war wirklich ein Abenteuer.

fremd; ausländisch
Da ich hier fremd bin, finde ich den Weg zum Hotel nicht.

Panorama

exotisch

betrachten

Saison
Die letzte Fremdenverkehrssaison war miserabel.

Rückkehr
Bei der Rückkehr aus Kuba traf ich Ricardo am Flughafen.

Unterkunft

encontrar

el **hotel**

la **pensión**
Las pensiones son más baratas que los hoteles y los hostales.

el **camping**

el **hostal**

la **recepción**

la **habitación**

completo, a
La recepcionista nos dijo que el hotel estaba completo.
¿Cuánto cuesta una habitación doble con pensión completa?

libre

la **reserva**
¿Los señores tienen reserva?

finden

Hotel

Pension
Pensionen sind billiger als Hotels und Gasthäuser.

Zeltplatz

Gasthaus; günstiges Hotel

Rezeption, Empfang

Zimmer

besetzt, belegt; vollständig
Die Empfangsdame sagte uns, daß das Hotel voll belegt sei.
Was kostet ein Doppelzimmer mit Vollpension?

frei

(Hotel)reservierung
Haben die Herrschaften reserviert?

23 Tourismus — Unterkunft

el **formulario**	Formular
deletrear	buchstabieren

el **alojamiento** — Unterkunft

alojar — beherbergen, unterbringen
La oficina de turismo alojó muy bien a los turistas.
Das Fremdenverkehrsbüro brachte die Touristen sehr gut unter.

alojarse — wohnen, untergebracht sein
¿En qué hotel se aloja usted?
In welchem Hotel wohnen Sie?

la **categoría** — Kategorie; Klasse
Según cuántas estrellas tiene un hotel es de mejor o de peor categoría.
Je nachdem wie viele Sterne ein Hotel hat, ist es besser oder schlechter.

el **confort** — Komfort; Bequemlichkeit

el **Parador Nacional** — *staatliches, spanisches Hotel*

la **fonda** — Gasthof, Gasthaus

el **albergue juvenil** — Jugendherberge
¿Sabes dónde hay un albergue juvenil aquí?
Weißt du, wo hier eine Jugendherberge ist?

acampar — zelten
Todas las primaveras acampamos un fin de semana en la costa.
Jeden Frühling zelten wir ein Wochenende an der Küste.

la **tienda de campaña** — Zelt
En este camping podemos alquilar tiendas de campaña.
Auf diesem Zeltplatz können wir Zelte mieten.

la **caravana** — Wohnwagen

el **saco de dormir** — Schlafsack

el, la **recepcionista** — Portier, Empfangsdame

reservado, a — reserviert; gebucht
Lo sentimos mucho pero todos los apartamentos están reservados.
Es tut uns sehr leid, aber alle Apartments sind ausgebucht.

la **estancia** — Aufenthalt
¿Cuánto tiempo va a durar su estancia aquí?
Wie lange bleiben Sie hier?

rellenar — ausfüllen
Por favor, rellene el formulario.
Bitte füllen Sie das Formular aus.

el **mozo** — Laufbursche; Hotelboy; Gepäckträger
Le he dado una propina al mozo por haberme subido el equipaje a la habitación.
Ich habe dem Hotelboy Trinkgeld gegeben, weil er mir das Gepäck aufs Zimmer gebracht hat.

llamar ¿A qué hora desean que les llamé?	wecken Um wieviel Uhr möchten Sie geweckt werden?
el **huésped**	Gast
hospitalitario, a	gastlich

24 Kommunikationsmittel

Post, Telex, Telefax

Correos
Tengo que ir a Correos a comprar sellos.
En Correos no se puede hablar por teléfono.

Post *(ohne Artikel/Institution)*
Ich muß zur Post, Briefmarken kaufen.
Auf der Post kann man nicht telefonieren.

el **sello**

Briefmarke

el **correo**
¿Ya ha llegado el correo?
En la estafeta de correos he recogido las cartas de lista de correos.

Post
Ist die Post schon gekommen?
Auf dem Postamt habe ich die postlagernden Briefe abgeholt.

recibir
Hace una semana que no recibo correo.

erhalten, bekommen
Ich bekomme seit einer Woche keine Post.

mandar

(zu)schicken, (zu)senden

la **carta**
Le he escrito una carta a Felisa.

Brief
Ich habe Felisa einen Brief geschrieben.

certificado, a
Carlos ha recibido una carta certificada del ayuntamiento.

eingeschrieben
Carlos hat vom Rathaus ein Einschreiben erhalten.

la **(tarjeta) postal**
¿Cuánto cuesta enviar una postal a Uruguay?

Postkarte
Wieviel kostet es, eine Postkarte nach Uruguay zu schicken?

urgente
¿Cuánto vale esta carta urgente y por avión?

Eil-
Wieviel kostet dieser Brief als Eilbrief und per Luftpost?

por avión

per Luftpost

el **paquete**
Mis abuelos me enviaban paquetes para Navidad.

Paket; Päckchen
Meine Großeltern schickten mir Pakete zu Weihnachten.

enviar

schicken

el **telegrama**
¿Dónde puedo poner un telegrama? – En Telégrafos.

Telegramm
Wo kann ich ein Telegramm aufgeben? – Beim Telegrafenamt.

la **dirección**
¿Has escrito bien la dirección y el código postal?

Adresse
Hast du die Adresse und die Postleitzahl richtig geschrieben?

Post, Telex, Telefax — Kommunikationsmittel **24**

el **buzón**
¿A qué hora recogen el buzón?

Voy a echar estas cartas al buzón.

Briefkasten
Um wieviel Uhr wird der Briefkasten geleert?
Ich werfe diese Briefe in den Briefkasten.

el **cartero,** la **cartera**
Nuestra cartera es un poco despistada porque confunde el número de casa con el número de piso.

Briefträger(in)
Unsere Briefträgerin ist etwas zerstreut, denn sie verwechselt die Hausnummer mit der Wohnungsnummer.

el **franqueo**
Esta carta no lleva suficiente franqueo.

Porto
Dieser Brief ist nicht ausreichend frankiert.

la **lista de correos**

postlagernd

la **estafeta de correos**

Postamt

el **apartado (postal)**
Cuando vivíamos en Valladolid teníamos un apartado postal.

Postfach
Als wir in Valladolid lebten, hatten wir ein Postfach.

el **envío**
Los gastos del envío aéreo son aparte.

Versand
Die Luftpostgebühren werden extra berechnet.

el **correo aéreo**
La mejor posibilidad de mandar una carta a América es por correo aéreo.

Luftpost
Die beste Möglichkeit, einen Brief nach Amerika zu schicken, ist per Luftpost.

el **impreso**
Las revistas y los periódicos se mandan como impresos.

Drucksache
Zeitschriften und Zeitungen schickt man als Drucksachen.

telegrafiar
En cuanto lleguemos os telegrafiaremos.

telegrafieren
Sobald wir angekommen sind, werden wir euch telegrafieren.

las **señas**
Si me da sus señas le mandaré los libros que quiera.

Anschrift, Adresse
Wenn Sie mir Ihre Anschrift geben, werde ich Ihnen die Bücher schicken, die Sie wollen.

el **destinatario**
Te han devuelto la carta porque el destinatario es desconocido.

Empfänger
Man hat dir den Brief zurückgeschickt, weil der Empfänger unbekannt ist.

el **remite**
Me he olvidado de poner el remite.

Absender
Ich habe den Absender vergessen.

el **remitente**	Absender
¿Quién es el remitente del paquete?	Wer ist der Absender des Paketes?
el **código postal**	Postleitzahl
el **giro postal**	Postanweisung
¿Prefiere pagar por giro postal o contra rembolso?	Möchten Sie per Postanweisung oder per Nachnahme bezahlen?
contra rembolso	per Nachnahme
Telégrafos	Telegrafenamt
el **télex**	Fernschreiben, Telex
Mi padre nos mandó un télex desde Quito.	Mein Vater schickte uns ein Fernschreiben aus Quito.
el **telefax**, el **fax**	Telefax, Fax
Envíennos los documentos por fax.	Schicken Sie uns die Dokumente per Fax.

Telefon

la **Telefónica**	Fernsprechamt
Perdone, ¿dónde está la central de Telefónica?	Entschuldigen Sie, wo ist die Zentrale des Fernsprechamtes?
En España Telefónica y Correos son dos instituciones diferentes.	In Spanien sind das Fernsprechamt und die Post zwei verschiedene Institutionen.
el **teléfono**	Telefon
Tanto los teléfonos públicos como los privados funcionan mal en España.	Sowohl öffentliche als auch private Telefone funktionieren in Spanien schlecht.
Es mejor llamar desde Teléfonos que desde una cabina telefónica.	Es ist besser, vom Fernmeldeamt zu telefonieren, als von einer Telefonzelle.
la **cabina telefónica**	Telefonzelle
la **ficha**	Telefonmünze
el **número de teléfono**	Telefonnummer
¿Cuál es su número de teléfono?	Wie ist Ihre Telefonnummer?
marcar	wählen
llamar (por teléfono)	anrufen
la **llamada**	Anruf
Estoy toda la mañana esperando una llamada importante.	Ich warte schon den ganzen Vormittag auf einen wichtigen Anruf.

Telefon　　　　　　　　　　　　　　　　　　　　　　　　**Kommunikationsmittel 24**

¡Diga!, ¡Dígame!

¡Dígame! – ¡Oiga! ¿Está Felisa? – ¿De parte de quién? – De Roberto. – ¿Puedo hablar con Felisa? – Sí, un momento.

¡Oiga!, ¡Óigame!
¡Oiga! El señor Fuertes, por favor. – Al habla.

estar comunicando
Te he llamado mil veces y siempre estaba comunicando.

sonar
Baja la música porque si no, no oímos si suena el teléfono.

el **contestador automático**

Hallo!; Ja, bitte? *(vom Angerufenen)*
Hallo! – Hören Sie? Ist Felisa da? – Wer spricht dort, bitte? – Roberto. – Kann ich Felisa sprechen? – Ja, einen Augenblick, bitte.

Hören Sie?; Hallo *(vom Anrufer)*
Hallo? Könnte ich Herrn Fuertes sprechen? – Am Apparat.

besetzt sein
Ich habe dich tausendmal angerufen und immer war besetzt.

klingeln
Stell die Musik leiser, sonst hören wir nicht, ob das Telefon klingelt.

Anrufbeantworter

la **conferencia**
¿Para llamar a Valencia hay que marcar el prefijo? – Sí, porque es conferencia.
Tengo que hacer una llamada urbana y poner una conferencia a Bilbao.

la **llamada urbana**

el **prefijo**
Tanto para una conferencia nacional o internacional hay que marcar un prefijo.

al habla, al aparato

la **línea**
Por favor señorita, ¡déme línea!

la **comunicación**
Es imposible hablar con Teruel porque de momento no hay comunicación.

descolgar
Como el teléfono estaba descolgado no te pude localizar.

localizar

poner
Póngame con la señora Brea, por favor!

Ferngespräch
Muß man die Vorwahl wählen, um nach Valencia zu telefonieren? – Ja, denn es ist ein Ferngespräch.
Ich muß ein Ortsgespräch und ein Ferngespräch nach Bilbao führen.

Ortsgespräch

Vorwahl
Man muß sowohl für ein Ferngespräch im Inland als auch fürs Ausland eine Vorwahl wählen.

am Apparat

Leitung
Fräulein, geben Sie mir bitte eine Leitung!

Verbindung
Es ist unmöglich mit Teruel zu telefonieren, weil zur Zeit keine Verbindung besteht.

abnehmen
Da der Hörer nicht aufgelegt war, konnte ich dich nicht erreichen.

erreichen

verbinden
Verbinden Sie mich bitte mit Frau Brea!

203

colgar
¡Dolores! ¡Cuelga ya de una vez!

la **guía (telefónica)**
En España se puede buscar en la guía el número de teléfono por los apellidos.

auflegen
Dolores! Leg endlich auf!

Telefonbuch
In Spanien kann man im Telefonbuch die Telefonnummer unter den Nachnamen suchen.

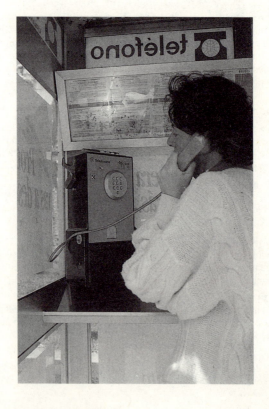

Medien 25

Printmedien

la **prensa**
Ayer leí en la prensa que va a haber huelga general.

Presse
Gestern las ich in der Presse, daß es einen Generalstreik geben wird.

el **periódico**

Zeitung

el **diario**
Hay un diario español que se llama El Periódico.

Tageszeitung
Eine spanische Tageszeitung heißt "Die Zeitung".

la **revista**
En esta revista hay más anuncios que artículos.

Zeitschrift
In dieser Zeitschrift gibt es mehr Werbung als Artikel.

el **anuncio**
En Hispanoamérica los anuncios se llaman avisos.

(Werbe)anzeige; Annonce; Inserat
In Spanisch-Amerika heißen Anzeigen "avisos" (Ankündigungen).

el **artículo**

Artikel

el **editorial**
El País publica un editorial cada día.

Leitartikel
El País veröffentlicht täglich einen Leitartikel.

el **libro**

Buch

el **diccionario**

Wörterbuch

leer

lesen

la **página**

Seite

publicar

veröffentlichen

la **editorial**
Esa editorial no quiso publicar mi serie de artículos.

Verlag
Der Verlag wollte meine Artikelserie nicht veröffentlichen.

la **librería**

Buchhandlung

los **medios de comunicación**
Los medios de comunicación pueden influir en la opinión pública.

Massenmedien
Die Massenmedien können die öffentliche Meinung beeinflussen.

influir

beeinflussen

la **propaganda**
¡Mira! Nos han regalado estos bolígrafos de propaganda.

Werbung
Schau mal, man hat uns die Werbekugelschreiber geschenkt.

25 Medien — Printmedien

semanal
Cambio 16 es una revista semanal.

el **comic**
Los "comics" para niños se llaman en España "tebeos".

la **publicación**
La publicación de esta novela fue un gran éxito.

la **crónica**

el, la **periodista**
Rosa Montero es periodista y autora.

la **redacción**
La redacción de este ensayo ha costado mucho trabajo.

periodístico, a
Mi hermana ha realizado un trabajo periodístico muy atrevido.

atrevido, a

imprimir
Los diarios se imprimen por la noche.

la **imprenta**

el **editor**, la **editora**
¿Quién es el editor de está revista?

la **edición**
¿Qué edición del Quijote tienes?

el **índice**

el **quiosco**
Muchos españoles compran el periódico en al quiosco en lugar de suscribirse.

suscribirse

agotado, a

Wochen-
Cambio 16 ist eine Wochenzeitschrift.

Comic
Die Comics für Kinder heißen in Spanien "tebeos" (Comic strips).

Veröffentlichung, Publikation
Die Veröffentlichung dieses Romans war ein großer Erfolg.

Chronik; Bericht

Journalist(in)
Rosa Montero ist Journalistin und Schriftstellerin.

Redaktion; Ausarbeitung
Die Redaktion des Essays hat viel Arbeit gemacht.

journalistisch; Zeitungs-
Meine Schwester hat eine gewagte journalistische Arbeit gemacht.

gewagt

drucken
Tageszeitungen werden nachts gedruckt.

Druckerei

Verleger(in); Verlagsgesellschaft
Wer ist der Verleger dieser Zeitschrift?

Ausgabe
Welche Ausgabe des Quijote hast du?

Inhaltsverzeichnis

Kiosk
Viele Spanier kaufen die Zeitung am Kiosk, statt sie zu abonnieren.

abonnieren

vergriffen

Audiovisuelle Medien

emitir — senden; ausstrahlen
la **radio** — Radio; Radiogerät
A Marisa le encanta el programa de radio de esta emisora. — Marisa gefällt das Radioprogramm dieses Senders sehr.
Como se han terminado las pilas no podemos oír la radio. — Da die Batterien leer sind, können wir nicht Radio hören.

escuchar — (zu)hören
la **televisión**, la **tele** — Fernsehen
Esta noche ponen una película policíaca en la tele. — Heute abend gibt es einen Krimi im Fernsehen.
En España se interrumpe la emisión para los espacios de publicidad. — In Spanien werden Fernsehsendungen für die Werbung unterbrochen.

el **televisor** — Fernsehgerät
Me parece que el televisor está roto porque la imagen no es clara. – También puede ser la antena o el cable. — Mir scheint der Fernseher ist kaputt, weil das Bild nicht klar ist. – Es kann auch die Antenne oder der Kabelanschluß sein.

la **emisora** — Sender
el **programa** — Programm
las **noticias** — Nachrichten
¿Han dicho algo sobre el robo en las noticias? — Haben sie in den Nachrichten etwas über den Diebstahl berichtet?

la **entrevista** — Interview
¿Oíste la entrevista del presidente del club que emitieron ayer? — Hast du dir das Interview mit dem Präsidenten des Klubs angehört, das gestern gesendet wurde?

entrevistar — interviewen
la **publicidad** — Werbung
Hoy en día se hace muchísima publicidad para cualquier artículo. — Heutzutage wird sehr viel Werbung für jeden x-beliebigen Artikel gemacht.

interrumpir — unterbrechen
En la tele interrumpen las películas para poner publicidad. — Im Fernsehen werden die Filme für die Werbung unterbrochen.

rodar — drehen
En mi barrio están rodando una película. — In meinem Stadtteil wird gerade ein Film gedreht.

el **casete** — Kassettenrecorder
Este casete tiene muy buen sonido. — Dieser Kassettenrecorder hat einen sehr guten Klang.

Audiovisuelle Medien

la **casete,** el **casete**
Angel me ha grabado un casete con tangos.

Kassette
Angel hat mit eine Kassette mit Tangos aufgenommen.

grabar

bespielen, aufnehmen

el **vídeo**
Pepito se ha comprado un vídeo pero no tiene vídeos para ver.

Video; Videorecorder
Pepito hat sich einen Videorecorder gekauft, aber er hat keine Videofilme zum Anschauen.

la **grabación**

Aufnahme

el **disco**

Schallplatte

el **tocadiscos**
Ya hay nuevos aparatos de alta fidelidad que producen mejor sonido que un buen tocadiscos.

Schallplattenspieler
Es gibt bereits neue High-Fidelity-Geräte, die einen besseren Klang produzieren als ein guter Plattenspieler.

---

la **emisión**

(Rundfunk)sendung; (Fernseh)sendung; Ausstrahlung

la **cadena**
En España hay dos cadenas nacionales, diferentes regionales y muchas privadas.

(Fernseh)sender
In Spanien gibt es zwei staatliche Fernsehsender, verschiedene Regionalsender und viele Privatsender.

el **locutor,** la **locutora**
La locutora de esta emisora tiene una voz muy agradable.

Sprecher(in)
Die Sprecherin dieses Senders hat eine sehr angenehme Stimme.

el, la **oyente**

Zuhörer(in)

el **reportero,** la **reportera**
El reportaje del reportero se publicará en la próxima edición.

Reporter(in)
Die Reportage des Reporters wird in der nächsten Ausgabe veröffentlicht.

el **reportaje**

Reportage

el, la **corresponsal**
El corresponsal informa sobre los conflictos internacionales.

Korrespondent(in)
Der Korrespondent informiert über internationale Konflikte.

la **serie**
Las series argentinas se parecen mucho a las telenovelas brasileñas.

Serie
Die argentinischen Serien ähneln den brasilianischen Fernsehserien.

la **telenovela**

Fernsehserie

el **documental**
Algunos documentales son muy interesantes.

Dokumentarfilm; Reportage
Einige Dokumentarfilme sind sehr interessant.

Medien — Audiovisuelle Medien

transmitir
Esta tarde transmiten un concierto en directo por vía satélite.

übertragen
Heute nachmittag wird ein Konzert live per Satellit übertragen.

en directo

Live-; live, direkt

el **espectador,** la **espectadora**
Muchos espectadores no están contentos con el programa de tele.

Zuschauer(in)
Viele Zuschauer sind mit dem Fernsehprogramm nicht zufrieden.

la **antena**
Tenemos antena parabólica.

Antenne
Wir haben eine Parabolantenne.

la **televisión por cable**

Kabelfernsehen

el **satélite**

Satellit

la **pantalla**

(Fernseh)bildschirm; (Computer)bildschirm

Tienes que limpiar la pantalla porque no se ve nada.

Du mußt den Bildschirm putzen, weil man nichts sieht.

la **imagen**

Bild

el **volumen**

Lautstärke

el **altavoz**

Lautsprecher

la **cinta**
En las emisoras de radio se gastan muchas cintas para un programa.

Tonband; Kassette
In den Radiosendern werden viele Tonbänder benutzt, um ein Programm zu erstellen.

Como no tenía ninguna cinta virgen no te pude grabar el disco.

Da ich kein leeres Tonband hatte, konnte ich dir die Schallplatte nicht aufnehmen.

el **magnetófono**
Jorge cambió su magnetófono por un reproductor de discos compactos.

Tonband
Jorge hat sein Tonbandgerät gegen einen CD-Spieler getauscht.

el **reproductor de discos compactos**

CD-Spieler

el **disco compacto (CD)**

CD-Platte

la **videoteca**
Esta videoteca tiene las últimas novedades del cine.

Videothek
Diese Videothek hat die neusten Kinofilme.

Kunst, Kultur und Tradition | 26

Literatur

la **cultura**
La cultura española tiene orígenes romanos.

Kultur
Die spanische Kultur hat römische Ursprünge.

cultural
En Barcelona hay actividades culturales muy importantes.

kulturell
In Barcelona finden sehr wichtige kulturelle Veranstaltungen statt.

la **literatura**
La literatura española empieza en el siglo XII.

Literatur
Die spanische Literatur beginnt im 12. Jahrhundert.

el **estilo**
Cervantes tenía un estilo muy individual.

Stil
Cervantes hatte einen sehr eigenwilligen Stil.

diverso, a

verschieden; anders

el **autor,** la **autora**
¿Cómo se llama la autora de esa novela? – No lo sé. Pero es una novelista conocida.

Schriftsteller(in), Autor(in)
Wie heißt die Autorin dieses Romans? – Ich weiß es nicht. Sie ist aber eine bekannte Romanschriftstellerin.

el **escritor,** la **escritora**

Schriftsteller(in)

escribir
¿Quién escribió "la Colmena"? – La escribió Camilo José Cela.

schreiben
Wer schrieb "Der Bienenkorb"? – Camilo José Cela schrieb ihn.

el **título**

Titel

el **personaje**
A Juan le gustó mucho el personaje del detective.

Figur, Person
Juan gefiel die Figur des Detektivs am besten.

el **cuento**

Erzählung, Novelle; Märchen; Geschichte

el **final**
Esta novela tiene un final feliz.

Ende
Dieser Roman hat ein Happy-End.

el **texto**

Text

la **novela**
¿En qué capítulo vas de esa novela?

Roman
Bei welchem Kapitel des Romans bist du gerade?

el **poema**
Este poema tiene sólo un verso.

Gedicht
Dieses Gedicht hat nur einen Vers.

Kunst, Kultur und Tradition — Literatur

la **crítica**
La crítica no supo apreciar esta obra.

Kritik
Die Kritik wußte dieses Werk nicht zu schätzen.

el **patrimonio**
El patrimonio literario catalán es muy rico.

Erbe
Das literarische Erbe Kataloniens ist sehr reich.

la **poesía**

Poesie, Dichtung

el **verso**

Vers

la **rima**
Los versos que habéis escrito no tienen rima.

Reim
Die Verse, die ihr geschrieben habt, reimen sich nicht.

el **poeta**, la **poetisa**
Antonio Machado fue un gran poeta español.

Dichter(in)
Antonio Machado war ein großer spanischer Dichter.

literario, a
El Quijote es la obra literaria española más conocida.

literarisch
El Quijote ist das bekannteste Werk der spanischen Literatur.

el, la **novelista**

Romanautor(in)

célebre
Unamuno fue un escritor célebre.

berühmt
Unamuno war ein berühmter Schriftsteller.

el **argumento**
Creo que no has entendido el argumento de la novela.

Handlung; Thema
Ich glaube, du hast das Thema dieses Romans nicht verstanden.

el **diálogo**
Franco prefiere cuentos con poco diálogo.

Dialog
Franco zieht Geschichten mit wenig Dialog vor.

la **introducción**
Aún tenemos que escribir la introducción de este libro.

Einleitung; Einführung
Wir müssen noch die Einleitung zu diesem Buch schreiben.

el **párrafo**
¿Puedes traducir el primer párrafo de este texto?

Absatz, Abschnitt
Kannst du den ersten Absatz dieses Textes übersetzen?

el **relato**

Erzählung

policíaco, a
Me encantan las novelas de detectives y las policíacas.

polizeilich; kriminalistisch
Mich faszinieren Detektiv- und Kriminalromane.

la **estructura**
En el examen tuvimos que analizar la estructura de un cuento.

Struktur; Aufbau
In der Prüfung mußten wir den Aufbau einer Erzählung analysieren.

la **interpretación**

Interpretation

el **capítulo**	Kapitel
el **romancero**	Romanzero; (Romanzen)dichtung; (Romanzen)sänger
El romancero es un género literario popular.	Der Romanzero ist eine volkstümliche literarische Gattung.
el **género**	Gattung
la **leyenda**	Sage, Legende
Existen muchas leyendas sobre El Cid.	Es gibt viele Sagen über El Cid.
el **romanticismo**	Romantik
Zorrilla fue un autor del romanticismo español.	Zorrilla war ein Schriftsteller der spanischen Romantik.
la **cita**	Zitat
En este ensayo no has marcado las citas.	In diesem Aufsatz hast du die Zitate nicht gekennzeichnet.

Bildende Kunst

el **arte**	Kunst
En el Centro Reina Sofía de Madrid se organizan exposiciones de arte.	Im Reina Sofía-Zentrum von Madrid finden Kunstausstellungen statt.
la **exposición**	Ausstellung
exponer	ausstellen
la **galería**	Galerie
¿Me acompañas a la exposición en la galería de mi tío?	Begleitest du mich zu der Ausstellung in der Galerie meines Onkels?
el, la **artista**	Künstler(in)
Mi abuelo era artista aficionado.	Mein Großvater war Hobbykünstler.
el **pintor**, la **pintora**	Maler(in)
Nuestro tío es pintor, pero no pinta las casas.	Unser Onkel ist Maler, aber er streicht keine Häuser an.
dibujar	zeichnen
el **cuadro**	Gemälde, Bild
Creo que nunca podré comprar un cuadro de Miró.	Ich glaube, ich werde nie ein Gemälde von Miró kaufen können.

Kunst, Kultur und Tradition — **Bildende Kunst**

el **escultor**, la **escultora**
En Málaga hablamos con una escultora muy interesante.

Bildhauer(in)
In Málaga sprachen wir mit einer sehr interessanten Bildhauerin.

la **escultura**
En el Museo Dalí se pueden ver también algunas esculturas del artista.

Skulptur, Plastik
Im Dalí-Museum kann man auch einige Skulpturen des Künstlers betrachten.

la **estatua**
Al final de las Ramblas está la estatua de Colón.

Statue
Am Ende der Ramblas steht die Kolumbusstatue.

el **crítico**, la **crítica**
A veces los críticos de arte no saben lo que están criticando.

Kritiker(in)
Manchmal wissen Kunstkritiker nicht, was sie kritisieren.

el **monumento**
La ciudad antigua de Toledo es un monumento histórico.

Denkmal
Die Altstadt von Toledo ist ein historisches Denkmal.

barroco, a

barock; Barock-

románico, a
En Barcelona hay una capilla románica en la plaza del Pedró.

romanisch
In Barcelona steht eine romanische Kapelle am Platz Pedró.

estético, a

ästhetisch

el **original**
En El Escorial hay varios originales de El Greco.

Original
In El Escorial befinden sich mehrere Originalgemälde von El Greco.

restaurar

restaurieren

el, la **dibujante**
Los dibujantes trabajan con lápiz y carbón.

Zeichner(in)
Zeichner arbeiten mit Bleistift und Kohle.

la **inspiración**

Inspiration

el **retrato**
¿Habéis visto el retrato de mi primo?

Porträt
Habt ihr das Porträt meines Vetters gesehen?

el **modelo**

Modell

el **cartel**
Muchos pintores han dibujado carteles.
Carteles, no
En el dormitorio tengo un cartel de toros.

Plakat, Poster
Viele Maler haben auch Plakate gezeichnet.
Plakate ankleben verboten!
Im Schlafzimmer habe ich ein Stierkampfposter.

la **gráfica**

Graphik

la **reproducción**	(Nach)druck; Reproduktion
Luisa se ha comprado una reproducción de un cuadro de Goya.	Luisa hat sich einen Nachdruck von einem Gemälde von Goya gekauft.
el **diseño**	Entwurf, Skizze; Zeichnung; Dessin
diseñar	zeichnen; skizzieren; entwerfen
Paco diseña trajes de baño.	Paco entwirft Badeanzüge.
la **pintada**	Graffiti, Wandschmiererei, -kritzelei
He visto unas pintadas antiamericanos.	Ich habe antiamerikanische Graffiti gesehen.
múdejar	Mudejar-
Los musulmanes en territorio cristiano crearon el arte múdejar.	Die Mudejar-Kunst wurde von Moslems geschaffen, die in christlichem Gebiet lebten.
el **Renácimiento**	Renaissance
contemporáneo, a	zeitgenössisch

Musik und Tanz

el **músico,** la **música**	Musiker(in)
El gran músico Miguel De Falla nació en Cádiz.	Der große Musiker Miguel De Falla wurde in Cádiz geboren.
el **bailarín,** la **bailarina**	(Ballet)tänzer(in)
Antonio está enamorado de una bailarina de flamenco.	Antonio ist in eine Flamencotänzerin verliebt.
la **banda (de música)**	(Blas)musikkapelle; Spielmannszug
¿Tocas en la banda de música de tu pueblo?	Spielst du in der Musikkapelle deines Dorfes?
el, la **cantante**	Sänger(in)
¿Habéis oído a la cantante Teresa Berganza?	Habt ihr die Sängerin Teresa Berganza gehört?
la **canción**	Lied
Algunas canciones españolas son muy alegres.	Einige spanische Lieder sind sehr fröhlich.
cantar	singen
Julio no puede cantar porque no tiene voz.	Julio kann nicht singen, weil er heiser ist.
el **tango**	Tango

el **concierto**	Konzert
El verano pasado fuimos a un concierto de música clásica.	Letzten Sommer waren wir in einem klassischen Konzert.
clásico, a	klassisch
tocar	spielen; musizieren
la **música**	Musik
el **sonido**	Klang
Tu guitarra tiene buen sonido.	Deine Gitarre klingt gut.
el **instrumento**	(Musik)instrument
¿Tocas algún instrumento? – Sí, toco la guitarra, el piano, la flauta, el violín, la batería y las castañuelas.	Spielst du ein Instrument? – Ja, ich spiele Gitarre, Klavier, Flöte, Geige, Schlagzeug und Kastagnetten.
la **guitarra**	Gitarre
el **piano**	Klavier
la **ópera**	Oper
Nunca fui a la ópera.	Ich war nie in der Oper.
el **director de orquesta**, la **directora de orquesta**	Dirigent(in)
Muchos directores son también compositores.	Viele Dirigenten sind auch Komponisten.
el **compositor**, la **compositora**	Komponist(in)
la **composición**	Musikstück; Komposition
componer	komponieren
Granados compuso muchos conciertos para piano.	Granados komponierte viele Klavierkonzerte.
el **tono**	Ton; Tonart
Siempre que toco el violín me equivoco de tono.	Immer wenn ich Geige spiele, verwechsle ich die Tonart.
la **nota**	(Musik)note
el **ritmo**	Rhythmus
la **orquesta**	Orchester; Kapelle
Antes todos los domingos tocaba una orquesta en el parque.	Früher spielte jeden Sonntag ein Orchester im Park.
el **conjunto**	(Tanz)gruppe; (Musik)gruppe
¿Sabes qué conjunto tocará esta noche?	Weißt du, welche Gruppe heute abend spielen wird?
el **micrófono**	Mikrophon
el **flamenco**	Flamenco
El flamenco puede ser muy triste.	Der Flamenco kann sehr traurig sein.

la **salsa**	Salsa
la **opereta**	Operette
la **zarzuela**	Zarzuela
La zarzuela es un género de opereta típica española.	Die Zarzuela ist eine typische spanische Operette.
la **jota**	Jota *(traditioneller Tanz in Navarra, Aragón und Valencia)*
el **coro**	Chor
A mi padre le gustan el canto de coros.	Meinem Vater gefällt Chorgesang.
el **canto**	Gesang; Lied
la **melodía**	Melodie
Esa melodía es muy bonita.	Diese Melodie ist sehr schön.
el **musical**	Musical
En el Liceo de Barcelona no representan musicales.	Im Liceo von Barcelona werden keine Musicals aufgeführt.
la **flauta**	Flöte
el **violín**	Geige
el **saxofón**	Saxophon
la **batería**	Schlagzeug
el **órgano**	Orgel
Algunos curas tocan muy bien el órgano.	Einige Pfarrer spielen sehr gut Orgel.
las **castañuelas**	Kastagnetten

Geschichte

la **historia**	Geschichte
"La Historia de España" del historiador Vicens Vives es muy importante.	"Die spanische Geschichte" des Historikers Vicens Vives ist sehr wichtig.
histórico, a	historisch, geschichtlich
ibérico, a	iberisch
el **imperio**	Imperium; (Kaiser)reich
El Imperio Romano fue muy importante en la cultura mediterránea.	Das römische Reich war sehr bedeutend für die Kultur des Mittelmeerraumes.
romano, a	römisch

Kunst, Kultur und Tradition — Geschichte

el **emperador**, la **emperatriz**	Kaiser(in)
la **Edad Media**	Mittelalter
el **moro**, la **mora**	Maure, Maurin
la **Reconquista**	Wiedereroberung
La Reconquista duró desde el 711 hasta 1492.	Die Wiedereroberung Spaniens dauerte von 711 bis 1492.
el **Siglo de Oro**	Goldenes Zeitalter *(16. und 17. Jahrhundert)*
el **rey**, la **reina**	König(in)
Los Reyes Católicos, la reina Isabel y el rey Fernando, enviaron a Colón a América.	Die Katholischen Könige, die Königin Isabel und der König Fernando, schickten Kolumbus nach Amerika.
el, la **noble**	Adlige(r)
el **descubrimiento**	Entdeckung
Con el descubrimiento de América empezó la colonización de las nuevas tierras.	Mit der Entdeckung Amerikas begann die Besiedlung der Neuen Welt.
colonizar	kolonisieren; besiedeln
Los españoles y los portugueses colonizaron Iberoamérica.	Spanier und Portugiesen kolonisierten Lateinamerika.
descubrir	entdecken
Ya no hay continentes por descubrir.	Es gibt keine Kontinente mehr, die noch entdeckt werden können.
conquistar	erobern
Hernán Cortés conquistó México.	Hernán Cortés eroberte Mexiko.
la **conquista**	Eroberung
La conquista de la Península Ibérica por los árabes no llegó hasta la región vasca.	Die Eroberung der Iberischen Halbinsel durch die Araber reichte nicht bis in die baskische Region.
la **civilización**	Zivilisation, Kultur
la **época**	Epoche; Zeit(abschnitt)
La época de mayor pobreza en España fueron los años después de la Guerra Civil.	Die Zeit der größten Armut in Spanien, waren die Jahre nach dem Bürgerkrieg.

Geschichte Kunst, Kultur und Tradition

el **historiador,** la **historiadora**
El historiador Américo Castro escribió las obras más interesantes sobre los judíos en España.

Historiker(in)
Der Historiker Américo Castro schrieb äußerst interessante Werke über die Juden in Spanien.

arqueológico, a

archäologisch

prehistórico, a
En España hay hallazgos prehistóricos.

prähistorisch, vorgeschichtlich
In Spanien gibt es prähistorische Funde.

el **hallazgo**

Fund

primitivo, a

ursprünglich; Ur-; primitiv

la **invasión**

Invasion, Einmarsch

germánico, a

germanisch

el **reino**
La capital del Reino Visigodo en el año 560 era Toledo.

(König)reich
Die Hauptstadt des Westgotenreiches im Jahr 560 war Toledo.

visigodo, a

westgotisch

reinar

regieren, herrschen

el, la **mozárabe**
Los cristianos que permanecieron en territorio no cristiano se llaman mozárabes.

Mozaraber(in)
Die Christen, die in nichtchristlichen Gebieten blieben, heißen Mozaraber.

expulsar

vertreiben

hispánico, a

(hi)spanisch

la **aristocracia**

Aristokratie

el **conde,** la **condesa**

Graf, Gräfin

el **marqués,** la **marquesa**

Marquis, Marquise

el **descubridor**
Los descubridores llegaron a América en tres carabelas.

Entdecker
Die Entdecker kamen in drei Karavellen nach Amerika.

la **carabela**

Karavelle

descubierto, a
América fue descubierta en 1492.

entdeckt
Amerika wurde 1492 entdeckt.

la **colonización**

Kolonisierung

la **colonia**
Después de la Paz de Utrecht España perdió muchas colonias.

Kolonie
Nach dem Friedensvertrag von Utrecht verlor das Königreich Spanien viele Kolonien.

el **esclavo,** la **esclava**
Muchos indios murieron como esclavos.

Sklave, Sklavin
Viele Indianer starben als Sklaven.

Kunst, Kultur und Tradition — Religion

el **conquistador**
Los conquistadores trajeron oro y plata a España.

Eroberer
Die Eroberer brachten Gold und Silber nach Spanien.

la **espada**
Las espadas de Sevilla eran famosas.

Schwert
Die Schwerter aus Sevilla waren berühmt.

la **independencia**

Unabhängigkeit

la **sucesión**

(Erb)folge

Religion

la **religión**
Hay que separar la religión de la política.

Religion
Man muß die Religion von der Politik trennen.

religioso, a
Leopoldo estudió en un instituto religioso, a pesar de que era ateo.

religiös
Leopoldo ging auf ein religiöses (katholisches) Gymnasium, obwohl er Atheist war.

creer
Los católicos creen que el Papa siempre tiene razón.

glauben
Die Katholiken glauben, daß der Papst immer recht hat.

el **cristiano**, la **cristiana**
Neró mató a muchos cristianos.

Christ(in)
Nero tötete viele Christen.

cristiano, a
Las religiones cristianas tienen su origen en Judea.

christlich
Die christlichen Religionen haben ihren Ursprung in Judea.

la **Iglesia**
La Iglesia no permite el uso del condón.

katholische Kirche
Die katholische Kirche erlaubt die Benutzung von Kondomen nicht.

la **iglesia**
La catedral de Granada es una de las iglesias más grandes de Europa.

Kirche
Die Kathedrale von Granada ist eine der größten Kirchen Europas.

la **catedral**

Kathedrale

la **campana**

Glocke

el **monasterio**
¿Conoces el monasterio de Montserrat?

Kloster
Kennst du das Kloster von Montserrat?

la **parroquia**

Pfarrei

Religion — Kunst, Kultur und Tradition

el **cura**	Pfarrer, Geistlicher
el **sacerdote**, la **sacerdotisa**	Priester(in)
Cleopatra fue una sacerdotisa muy guapa.	Cleopatra war eine sehr hübsche Priesterin.
Dios	Gott
la **Biblia**	Bibel
rezar	beten
la **misa**	Messe
En la Edad Media estaba prohibido celebrar misas negras.	Im Mittelalter war es verboten, schwarze Messen abzuhalten.
la **limosna**	Almosen
santo, a	heilig; Sankt
También en las guerras santas mueren muchos inocentes.	Auch in heiligen Kriegen sterben viele Unschuldige.
Hay dos santos que no llevan "san" delante: Santo Tomás y Santo Domingo.	Es gibt zwei Heilige, die im Spanischen nicht mit "san" bezeichnet werden: Santo Tomás und Santo Domingo.
sagrado, a	heilig
el **ángel**	Engel
¿Los ángeles tienen sexo?	Haben Engel ein Geschlecht?
el **alma** *f*	Seele
¡De verdad! ¡Lo siento en el alma!	Wirklich! Das tut mir in der Seele leid!
el **espiritú**	Geist
confesarse	die Beichte ablegen, beichten
Nos confesamos el viernes pasado.	Wir beichteten letzten Freitag.
la **conciencia**	Gewissen
Hay demasiada gente sin conciencia.	Es gibt zu viele gewissenlose Menschen.
pecar	sündigen
Adam y Eva pecaron en el paraíso.	Adam und Eva sündigten im Paradies.
el **paraíso**	Paradies
el **diablo**	Teufel
Leopoldo no cree que el diablo vive en el infierno.	Leopoldo glaubt nicht, daß der Teufel in der Hölle lebt.
el **infierno**	Hölle
el **musulmán**, la **musulmana**	Mohammedaner(in), Moslem
la **mezquita**	Moschee

Kunst, Kultur und Tradition — Religion

islámico, a — islamisch
el **judío**, la **judía** — Jude, Jüdin
hebreo, a — hebräisch

ateo, a — atheistisch

el **cristianismo** — Christentum
En el cristianismo hay diferentes confesiones.
Im Christentum gibt es verschiedene Konfessionen.

el, la **protestante** — Protestant(in)
Los protestantes son minoría en España.
Die Protestanten bilden eine Minderheit in Spanien.

el **católico**, la **católica** — Katholik(in)
No todos los católicos están en contra del aborto.
Nicht alle Katholiken sind gegen Abtreibung.

el **Papa** — Papst
El Papa no permite que se casen los curas.
Der Papst erlaubt nicht, daß Priester heiraten.

la **monja** — Nonne
Mi hermana fue a un colegio de monjas.
Meine Schwester ging auf eine Klosterschule.

el **arzobispo** — Erzbischof
El Papa nombra a los arzobispos.
Der Papst ernennt die Erzbischöfe.

el **obispo** — Bischof
El obispo dirá misa el domingo.
Der Bischof wird am Sonntag die Messe lesen.

la **oración** — Gebet
Antes de clase teníamos que rezar una oración.
Vor dem Unterricht mußten wir ein Gebet sprechen.

Cristo — Christus
Cristo murió en la cruz.
Christus starb am Kreuz.

el **santo**, la **santa** — Heilige(r)

la **Virgen** — Jungfrau Maria
Muchos creyentes rezan a la Virgen o a los Santos.
Viele Gläubige beten zur Jungfrau Maria oder zu den Heiligen.

el **discípulo** — Jünger; Schüler
Los discípulos de Jesús fueron los doce apóstoles.
Die Jünger Jesus waren die zwölf Apostel.

el **apóstol** — Apostel

la **comunión** — Kommunion
Hoy toma mi nieto la primera comunión y le regalaré una Biblia.
Heute hat mein Enkel Erstkommunion, und ich werde ihm eine Bibel schenken.

Religion

Kunst, Kultur und Tradition 26

el **símbolo**
— Symbol

el **evangelio**
El evangelio forma los primeros cuatro libros del Nuevo Testamento.
— Evangelium
Das Evangelium besteht aus den ersten vier Büchern des Neuen Testamentes.

la **creación**
La creación forma el primer libro del Antiguo Testamento.
— Schöpfung
Die Schöpfungsgeschichte steht im ersten Buch des Alten Testamentes.

la **confesión**
El cura oye la confesión.
— Beichte
Der Pfarrer hört die Beichte.

el **pecado**
Marta confiesa sus pecados.
— Sünde
Marta beichtet ihre Sünden.

el, la **creyente**
Los creyentes tienen fe.
— Gläubige(r)
Gläubige haben einen Glauben.

la **fe**
— Glaube

el **crucifijo**, la **cruz**
En todas las iglesias cristianas hay un crucifijo o una cruz.
— Kruzifix; Kreuz
In allen christlichen Kirchen gibt es ein Kruzifix oder ein Kreuz.

la **capilla**
El bautizo de mi hijo fue en una capilla.
— Kapelle
Die Taufe meines Sohnes fand in einer Kapelle statt.

el **bautizo**
— Taufe

el **convento**
En este convento hay una biblioteca extraordinaria.
— Kloster
In diesem Kloster ist eine außergewöhnliche Biliothek vorhanden.

el **milagro**
Cristo hizo muchos milagros.
— Wunder
Christus vollbrachte viele Wunder.

el **dios**, la **diosa**
— Gott, Göttin

el **templo**
Muchos templos aztecas fueron destruídos durante la conquista de México.
— Tempel
Viele aztekische Tempel wurden bei der Eroberung Mexikos zerstört.

el **sacrificio**
— Opfer

la **sinagoga**
— Synagoge

el **hinduismo**
— Hinduismus

Sitten, Gebräuche und Feste

la **costumbre**

Sitte, Brauch

la **fiesta**
Muchas fiestas españolas se celebran el día del Patrono de la ciudad o del pueblo.

Fest
Viele spanische Feste werden am Namenstag des Schutzheiligen der Stadt oder des Dorfes gefeiert.

tradicional

traditionell

popular

volkstümlich

celebrar

feiern

el **santo**
En España se celebra más el santo que los cumpleaños.

Namenstag
In Spanien wird der Namenstag mehr gefeiert als der Geburtstag.

el **cumpleaños**

Geburtstag

el **aniversario**
¿Dónde celebrastéis vuestro aniversario?

Jubiläum
Wo habt ihr euren Hochzeitstag gefeiert?

la **corrida de toros**
Muchas corridas de toros se hacen durante las fiestas de cada ciudad o región.

Stierkampf
Viele Stierkämpfe finden während der Feiertage der Städte oder Gegenden statt.

la **Navidad**
¡Feliz Navidad!, ¡Felices Navidades!

Weihnachten
Fröhliche Weihnachten!

Año Nuevo
¡Feliz Año Nuevo!

Neujahr
Gutes Neues Jahr!

los **Reyes Magos**
En España el día de Reyes se dan los regalos.

Heilige Drei Könige
In Spanien überreicht man am Dreikönigstag die Geschenke.

(la) **Semana Santa**
Las procesiones de Semana Santa en Sevilla son famosas.

Karwoche
Die Prozessionen von Sevilla in der Karwoche sind berühmt.

la **procesión**

Umzug

Sitten, Gebräuche und Feste — Kunst, Kultur und Tradition **26**

la **tradición**	Tradition
el **Patrono**, la **Patrona**	Schutzheilige(r)
el **torero**	Stierkämpfer
Los toreros mueren a veces en las corridas.	Stierkämpfer sterben manchmal bei Stierkämpfen.
el **carnaval**	Fasching, Karneval
el **San Fermín**	Sankt Fermín
Los Sanfermines se celebran del uno al siete de julio en Pamplona.	Sankt Fermín wird vom ersten bis zum siebten Juli in Pamplona gefeiert.
las **Fallas**	Fallas
Las Fallas se celebran en Valencia y terminan el día de San José, 19 de marzo.	Fallas werden in Valencia gefeiert und enden am 19. März, Sankt José.
(la) **Nochebuena**	Heiligabend
Los españoles colocan ahora en Nochebuena el árbol de Navidad.	Spanier stellen jetzt Heiligabend einen Weihnachtsbaum auf.
(la) **Nochevieja**	Silvester
Cuando suenan las doce de la noche en Nochevieja los españoles toman doce uvas para tener suerte en el Año Nuevo.	Wenn es am Silvesterabend 12 Uhr schlägt, essen Spanier zwölf Weintrauben, um im Neuen Jahr Glück zu haben.
(la) **Pascua**	Ostern
Pentecostés	Pfingsten
¿Cuándo es Pentecostés? – No tengo ni idea.	Wann ist Pfingsten? – Ich habe keine Ahnung.

Kontinente, Länder, Völker und Sprachen

Europa

el **continente**	Kontinent, Erdteil
La tierra está dividida en cinco continentes.	Die Erde ist in fünf Kontinente geteilt.
Europa	Europa
europeo, a	europäisch; Europäer(in)
el **país**	Land
Los países miembros de la Comunidad Europea están en Europa.	Die Mitgliedsländer der Europäischen Gemeinschaft liegen in Europa.
limitar	grenzen
España limita con Francia, Portugal, Gran Bretaña y Marruecos.	Spanien grenzt an Frankreich, Portugal, Großbritannien und Marokko.
el **idioma**	Sprache; Fremdsprache
En la tierra se hablan muchos idiomas.	Auf der Erde werden viele Sprachen gesprochen.
Suecia	Schweden
Los coches de Suecia son muy seguros.	Die Autos aus Schweden sind sehr sicher.
sueco, a	schwedisch; Schwedisch; Schwede, Schwedin
Muchos suecos hablan alemán.	Viele Schweden sprechen Deutsch.
(la) **U.R.S.S. (Unión de las Repúblicas Socialistas Soviéticas)**	UdSSR
La U.R.S.S. es un país enorme.	Die Sowjetunion ist ein riesiges Land.
soviético, a	sowjetisch; Sowjetbürger(in)
ruso, a	russisch; Russisch; Russe, Russin
El ruso me parece una lengua muy difícil.	Russisch scheint mir eine sehr schwierige Sprache zu sein.
Inglaterra	England
inglés, inglesa	englisch; Englisch; Engländer(in)
Las universidades inglesas son conocidas.	Die englischen Universitäten sind bekannt.
Alemania	Deutschland
Alemania estuvo dividida casi 40 años en República Federal (RFA) y República Democrática (RDA).	Deutschland war fast 40 Jahre lang in die Bundesrepublik und die Deutsche Demokratische Republik geteilt.

alemán, alemana
Los coches alemanes son caros.

Suiza
En Suiza no sólo hay bancos.

suizo, a
Los relojes suizos son muy buenos.

Francia
Francia limita con Bélgica, Alemania, Suiza, Italia y España.

francés, francesa

Los primeros turistas en España fueron los franceses.

Italia
Carlos se fue a Italia y no quiere volver.

italiano, a
La ópera italiana es muy conocida.

España
En España se hablan cuatro lenguas: el español o castellano, el vasco o euskera, el gallego y el catalán.

español(a)

castellano, a

Portugal
Portugal es un país pequeño con una gran historia.

portugués, portuguesa

Los portugueses y los españoles no han sido siempre muy amigos.

deutsch; Deutsch; Deutsche(r)
Deutsche Autos sind teuer.

Schweiz
In der Schweiz gibt es nicht nur Banken.

schweizerisch; Schweizer(in)
Schweizer Uhren sind sehr gut.

Frankreich
Frankreich grenzt an Belgien, Deutschland, Schweiz, Italien und Spanien.

französisch; Französisch; Franzose, Französin
Die ersten Touristen in Spanien waren Franzosen.

Italien
Carlos ist nach Italien gefahren und möchte nicht zurückkommen.

italienisch; Italienisch; Italiener(in)
Die italienische Oper ist sehr bekannt.

Spanien
In Spanien spricht man vier Sprachen: Spanisch, Baskisch, Galicisch und Katalanisch.

spanisch; Spanisch; Spanier(in)

kastilisch; Spanisch; Kastilier(in)

Portugal
Portugal ist ein kleines Land mit einer großen Geschichte.

portugiesisch; Portugiesisch; Portugiese, Portugiesin
Portugiesen und Spanier waren nicht immer gute Freunde.

Kontinente, Länder, Völker und Sprachen

el **gitano,** la **gitana** — Zigeuner(in)

Irlanda — Irland
Irlanda es desde hace muchos años independiente. — Irland ist seit vielen Jahren unabhängig.

irlandés, irlandesa — irisch; Ire, Irin
¿Te gusta el café irlandés? — Magst du Irish Coffee?

Gran Bretaña — Großbritannien
Gran Bretaña fue un imperio enorme. — Großbritannien war ein riesiges Reich.

británico, a — britisch; Brite, Britin

Noruega — Norwegen
La capital de Noruega es Oslo. — Die Hauptstadt von Norwegen ist Oslo.

noruego, a — norwegisch; Norwegisch; Norweger(in)
No soy noruego pero entiendo muy bien el noruego. — Ich bin kein Norweger, aber ich verstehe Norwegisch sehr gut.

Dinamarca — Dänemark
En Dinamarca se produce mucha leche. — In Dänemark wird viel Milch produziert.

danés, danesa — dänisch; Dänisch; Däne, Dänin
Las playas danesas son muy largas. — Die dänischen Strände sind sehr lang.

Polonia — Polen
En Polonia los inviernos son muy largos. — In Polen sind die Winter sehr lang.

polaco, a — polnisch; Polnisch; Pole, Polin
El polaco se parece al ruso. — Das Polnische ähnelt dem Russischen.

(los) **Países Bajos** — Niederlande
En los Países Bajos no hay casi montañas. — In den Niederlanden gibt es fast keine Berge.

holandés, holandesa — holländisch; Holländisch; Holländer(in)
Las flores holandesas se exportan a muchos países. — Holländische Blumen werden in viele Länder exportiert.

Bélgica — Belgien
En Bélgica está la sede de la Comunidad Europea. — In Belgien ist der Sitz der Europäischen Gemeinschaft.

belga — belgisch; Belgier(in)
Los belgas hablan francés y flamenco. — Belgier sprechen Französisch und Flämisch.

Kontinente, Länder, Völker und Sprachen

Austria
En invierno vamos a esquiar a Austria.

Österreich
Im Winter fahren wir zum Skifahren nach Österreich.

austríaco, a
Vienna es la capital austríaca.

österreichisch; Österreicher(in)
Wien ist die Hauptstadt Österreichs.

Grecia
En Grecia hay muchos templos antiguos.

Griechenland
In Griechenland gibt es viele antike Tempel.

griego, a

griechisch; Griechisch; Grieche, Griechin

Los restaurantes griegos son muy agradables.

Griechische Restaurants sind sehr angenehm.

Turquía
Turquía une el oriente con el occidente.

Türkei
Die Türkei verbindet Orient und Okzident.

turco, a
La comida turca es muy rica.

türkisch; Türkisch; Türke, Türkin
Türkisches Essen schmeckt sehr gut.

Amerika

americano, a
El continente americano está compuesto por América del Norte, América Central o Centroamérica y América del Sur.

amerikanisch; Amerikaner(in)
Der amerikanische Kontinent besteht aus Nordamerika, Mittel- oder Zentralamerika und Südamerika.

América del Norte

Nordamerika

norteamericano, a

nordamerikanisch; Nordamerikaner(in)

(los) Estados Unidos (EE.UU.)
Los Estados Unidos tienen graves problemas económicos.

Vereinigte Staaten (USA)
Die Vereinigten Staaten haben große wirtschaftliche Probleme.

México (Méjico)
De México llegó mucha plata a España.

Mexiko
Aus Mexiko kam viel Silber nach Spanien.

mexicano, a (mejicano, a)
La cocina mexicana es muy picante.

mexikanisch; Mexikaner(in)
Die mexikanische Küche ist sehr scharf.

América Central, Centroamérica

Mittel-, Zentralamerika

Amerika — Kontinente, Länder, Völker und Sprachen

Guatemala
Los países de Centroamérica son Guatemala, Honduras, El Salvador, Nicaragua, Costa Rica y Panamá.

guatemalteco, a

Los guatemaltecos, hondureños, salvadoreños, nicaragüenses, costarricenses, panameños, bolivianos, dominicanos, colombianos, venezolanos y paraguayos hablan español.

América del Sur

Colombia
El café de Colombia se toma también en Europa.

colombiano, a

Venezuela
Venezuela exporta petróleo.

venezolano, a

(el) **Ecuador**
Mi alumno trabaja ahora en Ecuador.

ecuatoriano, a
Las Islas Galápagos son ecuatorianas.

(el) **Perú**
Me gustó mucho Perú y Bolivia.

peruano, a
Muchos peruanos son indios.

Bolivia

boliviano, a
La capital boliviana se llama La Paz.

(el) **Paraguay**
En Paraguay había una dictadura.

paraguayo, a

(la) **Argentina**
En Argentina viven muchos italianos.

argentino, a
El tango argentino es muy famoso.

Chile
Ya no hay una dictadura en Chile.

Guatemala
Die Länder Mittelamerikas sind Guatemala, Honduras, El Salvador, Nicaragua, Costa Rica und Panama.

guatemaltekisch; Guatemalteke, Guatemaltekin

Die Guatemalteken, Honduraner, Salvadorianer, Nicaraguaner, Costaricaner, Panamaer, Bolivianer, Dominikaner, Kolumbianer, Venezolaner und Paraguayer sprechen Spanisch.

Südamerika

Kolumbien
Kaffee aus Kolumbien wird auch in Europa getrunken.

kolumbianisch; Kolumbianer(in)

Venezuela
Venezuela exportiert Erdöl.

venezolanisch; Venezolaner(in)

Ecuador
Mein Schüler arbeitet jetzt in Ecuador.

ecuadorianisch; Ecuadorianer(in)
Die Galapagosinseln gehören zu Ecuador.

Peru
Peru und Bolivien gefielen mir sehr.

peruanisch; Peruaner(in)
Viele Peruaner sind Indianer.

Bolivien

bolivianisch; Bolivianer(in)
Die bolivianische Hauptstadt heißt La Paz.

Paraguay
In Paraguay gab es eine Diktatur.

paraguayisch; Paraguayer(in)

Argentinien
In Argentinien leben viele Italiener.

argentinisch; Argentinier(in)
Der argentinische Tango ist sehr berühmt.

Chile
In Chile gibt es keine Diktatur mehr.

27 Kontinente, Länder, Völker und Sprachen — Amerika

chileno, a
Las madres chilenas de los Desaparecidos son conocidas en todo el país.

chilenisch; Chilene, Chilenin
Die chilenischen Mütter der "Verschwundenen" sind im ganzen Land bekannt.

Hispanoamérica — Spanisch-Amerika

hispanoamericano, a — spanisch-amerikanisch

Latinoamérica — Lateinamerika

hispanohablante — spanischsprachig

el, la **hispanohablante** — Spanischsprechende(r)

sudamericano, a — südamerikanisch; Südamerikaner(in)

el, la **maya** — Mayaindianer(in); Maya(sprache)

el **inca** — Inka

el **quechua** — Ketschua(sprache)

el **indio**, la **india** — Indianer(in)

la **tribu** — Stamm

el **mulato**, la **mulata** — Mulatte, Mulattin

el **mestizo**, la **mestiza** — Mestize, Mestizin
Los mestizos son de padre blanco y madre india.
Mestizen haben einen weißen Vater und eine indianische Mutter.

azteca — aztekisch; Azteke, Aztekin

Honduras — Honduras

hondureño, a — honduranisch; Honduraner(in)

El Salvador
El Salvador es un país pequeño y pobre.
El Salvador ist ein kleines und armes Land.

salvadoreño, a — salvadorianisch; Salvadorianer(in)

Nicaragua
En Nicaragua hay conflictos políticos.
In Nicaragua gibt es politische Konflikte.

nicaragüense — nicaraguanisch; Nicaraguaner(in)

Costa Rica
Costa Rica tiene una costa muy bonita.
Costa Rica hat eine sehr schöne Küste.

costarricense
(**costarriqueño, a**)
costaricanisch; Costaricaner(in)

Panamá
El Canal de Panamá todavía es norteamericano.
Panama
Der Panamakanal gehört noch den USA.

232

panameño, a	panamaisch; Panamaer(in)
Cuba	Kuba
En Cuba hay playas naturales.	Auf Kuba gibt es natürliche Strände.
cubano, a	kubanisch; Kubaner(in)
El tabaco y ron cubanos son famosos en todo el mundo.	Kubanischer Tabak und Rum sind in der ganzen Welt berühmt.
(la) **República Dominicana**	Dominikanische Republik
La República Dominicana está en el Caribe.	Die Dominikanische Republik liegt in der Karibik.
dominicano, a	dominikanisch; Dominikaner(in)
(el) **Uruguay**	Uruguay
uruguayo, a	uruguayisch; Uruguayer(in)
(el) **Brasil**	Brasilien
Brasil es el país más grande de Latinoamérica.	Brasilien ist das größte Land Lateinamerikas.
brasileño, a	brasilianisch; Brasilianer(in)
El carnaval brasileño es más conocido que el cubano.	Der brasilianische Karneval ist bekannter als der kubanische.

Afrika, Asien, Australien

África	Africa
africano, a	afrikanisch; Afrikaner(in)
El continente africano, o sea África, está al sur de Europa.	Der afrikanische Kontinent, also Afrika, liegt südlich von Europa.
Marruecos	Marokko
Marruecos quiere que Ceuta y Melilla sean ciudades marroquíes otra vez.	Marokko möchte, daß Ceuta und Melilla wieder marokkanische Städte werden.
marroquí	marokkanisch; Marokkaner(in)
árabe	arabisch; Arabisch; Araber(in)
Asia	Asien
China	China
En China hay muchos monumentos históricos.	In China gibt es viele historische Denkmäler.
chino, a	chinesisch; Chinesisch; Chinese, Chinesin
Los chinos son un pueblo enorme.	Die Chinesen sind ein riesiges Volk.

27 Kontinente, Länder, Völker und Sprachen — Afrika, Asien, Australien

(el) **Japón**
A Japón pertenecen muchas islas.

Japan
Zu Japan gehören viele Inseln.

japonés, japonesa
Los productos japoneses son de alta calidad.

japanisch; Japanisch; Japaner(in)
Japanische Produkte sind hochwertig.

Australia
Australia junto con otras islas forman un continente que está al sureste de Asia.

Australien
Australien zusammen mit anderen Inseln bildet einen Kontinent, der südöstlich von Asien liegt.

asiático, a
El continente asiático limita con Europa al este.

asiatisch; Asiate, Asiatin
Der asiatische Kontinent grenzt im Osten an Europa.

Israel
En Israel hay muchos conflictos.

Israel
In Israel gibt es viele Konflikte.

israelí
Durante nuestras vacaciones conocimos a unos israelíes.

israelisch; Israeli
In unserem Urlaub haben wir einige Israeli kennengelernt.

(la) **India**
La India ocupa casi un continente.

Indien
Indien nimmt fast einen Kontinent ein.

indio, a
Como Colón se equivocó, viven no sólo en América sino también en la India indios.

indisch; Inder(in)
Da sich Kolumbus irrte, leben nicht nur in Amerika sondern auch in Indien "indios" (Inder/Indianer).

Filipinas

Philippinen

filipino, a

philippinisch; Filipino, Filipina

Guinea Ecuatorial

Äquatorialguinea

guineano, a

Guinea betreffend; aus Guinea

Die staatliche Ordnung | 28

Politische Systeme

(el) **Estado**
Los Jefes de Estado han firmado el acuerdo.
Staat
Die Staatschefs haben die Vereinbarung unterzeichnet.

el **sistema**
Los sistemas políticos no son perfectos.
System
Die politischen Systeme sind nicht perfekt.

la **nación**
El presidente dirigió un mensaje a la nación.
Nation; Volk
Der Präsident richtete eine Botschaft an die Nation.

el **pueblo**
El pueblo paga las consecuencias de una mala política.
Volk
Das Volk trägt die Folgen einer schlechten Politik.

la **república**
En España las primeras repúblicas duraron poco tiempo.
Republik
In Spanien hielten sich die ersten Republiken nur kurze Zeit.

el **régimen**
El régimen franquista era una dictadura.
Regime; Regierungsform
Das Franco-Regime war eine Diktatur.

la **libertad**
No todos los regímenes respetan la libertad individual.
Freiheit
Nicht alle Regime respektieren die individuelle Freiheit.

la **dictadura**
Diktatur

el **dictador**
Diktator

la **democracia**
La democracia española existe desde 1975.
Demokratie
Die spanische Demokratie existiert seit 1975.

el **capitalismo**
El capitalismo no se interesa por los derechos del trabajador.
Kapitalismus
Den Kapitalismus interessieren die Rechte der Arbeiter nicht.

el **comunismo**
Durante cuarenta años el comunismo estuvo prohibido en España.
Kommunismus
40 Jahre lang war der Kommunismus in Spanien verboten.

el **socialismo**
En China hay otra forma de socialismo que en la U.R.S.S.
Sozialismus
In China gibt es eine andere Form des Sozialismus als in der UdSSR.

liberal
El líder liberal fue presidente hace muchos años.
liberal
Der Parteivorsitzende der Liberalen war vor vielen Jahren Präsident.

235

28 Die staatliche Ordnung — Politische Systeme

estatal
staatlich

la constitución
Verfassung
La constitución española es democrática.
Die spanische Verfassung ist demokratisch.

la igualdad
Gleichheit
La Constitución garantiza la igualdad de derechos de los hombres.
Die Verfassung garantiert die Gleichheit der Menschen vor dem Gesetz.

constitucional
Verfassungs-; verfassungsmäßig
Juan Carlos es un rey constitucional.
Juan Carlos ist ein verfassungsmäßiger König.

republicano, a
republikanisch
El gobierno republicano huyó a Francia.
Die republikanische Regierung flüchtete nach Frankreich.

federal
föderativ, föderal
En España no hay Estados federales.
In Spanien gibt es keine Bundesstaaten.

la monarquía
Monarchie
España es una monarquía parlamentaria.
Spanien ist eine parlamentarische Monarchie.

parlamentario, a
parlamentarisch

democrático, a
demokratisch
El gobierno democrático tiene que luchar contra el terrorismo.
Die demokratische Regierung muß gegen den Terrorismus kämpfen.

el, la demócrata
Demokrat(in)
Los demócratas no se van a presentar a las elecciones.
Die Demokraten werden sich nicht zur Wahl stellen.

capitalista
kapitalistisch
El sistema capitalista funciona con la libre competencia.
Das kapitalistische System basiert auf dem freien Wettbewerb.

comunista
kommunistisch
El Partido Comunista Español tiene buenas relaciones con el Partido Comunista Italiano.
Die kommunistische Partei Spaniens hat gute Beziehungen zur kommunistischen Partei Italiens.

socialista
sozialistisch
Los partidos socialistas estuvieron prohibidos en España durante el régimen franquista.
Sozialistische Parteien waren während des Franco-Regimes in Spanien verboten.

el liberalismo
Liberalismus
Los derechos humanos tienen su origen en el liberalismo.
Die Menschenrechte haben ihren Ursprung im Liberalismus.

humano, a
menschlich

la **transición** 1975 es el año de la transición democrática en España.	Übergang 1975 ist das Jahr des demokratischen Übergangs in Spanien.
progresivo, a El presidente ha presentado una reforma progresiva.	fortschrittlich, progressiv Der Präsident hat eine fortschrittliche Reform vorgelegt.
progresista Algunos progresistas se vuelven conservadores cuando ganan mucho dinero.	fortschrittlich, progressiv Einige progressive Personen werden konservativ, wenn sie viel Geld verdienen.
la **junta militar**	Militärjunta
suprimir Franco suprimió los principios democráticos.	unterdrücken Franco unterdrückte die demokratischen Grundsätze.
conservador(a)	konservativ
el **fascismo**	Faschismus
el, la **fascista**	Faschist(in)
franquista	frankistisch, Franco-
el **caudillo** Franco es conocido en España por el nombre caudillo.	Führer Franco ist in Spanien unter dem Namen Führer bekannt.
el **regionalismo**	Regionalismus
el **centralismo**	Zentralismus

Staatliche Institutionen

la **Corona** A la Corona de Aragón pertenecián Cataluña, Aragón, Valencia.	Krone; Königreich Zur Krone von Aragón gehörten Katalonien, Aragón und Valencia.
las **Cortes** Las Cortes de Cádiz se crearon en 1812.	Cortes *(Königshof und beide Kammern des Parlaments)* Die Cortes von Cádiz wurden 1812 geschaffen.
el **Congreso** El Congreso de los Diputados reside en Madrid.	Kongreß Die Abgeordnetenkammer ist in Madrid.
el **presidente**	Präsident

28 Die staatliche Ordnung — Staatliche Institutionen

el **parlamento**
Los diputados discuten en el parlamento.

Parlament
Die Abgeordneten debattieren im Parlament.

el **gobierno**

Regierung

el **ministro,** la **ministra**
Los ministros votaron contra el presidente.

Minister(in)
Die Minister stimmten gegen den Präsidenten.

nombrar
El Presidente del Gobierno no se nombra sino que se elige.

ernennen
Der Regierungspräsident wird nicht ernannt, sondern gewählt.

el **ministerio**
El Ministerio de Asuntos Exteriores no quiso dar una explicación a la prensa.

Ministerium
Das Außenministerium wollte der Presse keine Erklärung abgeben.

el **diputado,** la **diputada**

Abgeordnete(r)

la **diputación**
Las Diputaciones son instituciones que administran las provincias.

Provinzverwaltung
Die Provinzverwaltungen sind Institutionen, die die Provinzen verwalten.

administrar

verwalten

el **gobernador**

Gouverneur

civil
En España hay gobernadores civiles y militares.

zivil; Zivil-
In Spanien gibt es Zivil- und Militärgouverneure.

la **administración**
La administración pública es un mal necesario.

Verwaltung
Die öffentliche Verwaltung ist ein notwendiges Übel.

la **comisión**
El Senado delega funciones en las comisiones.

Kommission
Der Senat überträgt den Ausschüssen Aufgaben.

el **Senado**

Senat

el **senador,** la **senadora**

Senator(in)

gobernar

regieren

Hacienda

Finanzamt; Steuerbehörde; Finanzministerium

Hacienda me tendrá que devolver los impuestos que pague de más.

Das Finanzamt muß mir die Steuern zurückzahlen, die ich zuviel gezahlt habe.

fiscal

steuerlich; Steuer-

ministerial
Por orden ministerial se reducirán las ayudas.

ministeriell
Auf ministerielle Anweisung hin werden die Unterstützungen gekürzt.

las **autoridades**
Las autoridades sanitarias recomiendan la vacunación.

Behörde; Ämter
Die Gesundheitsämter empfehlen die Impfungen.

autorizar
El Gobierno no autorizó la huelga.

genehmigen; bevollmächtigen
Die Regierung genehmigte den Streik nicht.

la **burocracia**

Bürokratie

el **departamento**
El departamento de extranjeros es poco comprensivo.

Ministerium; Amt; Behörde
Die Ausländerbehörde ist nicht sehr verständnisvoll.

administrativo, a

Verwaltungs-

el **registro**
Los matrimonios, nacimientos y muertes se inscriben en el Registro Civil.

Verzeichnis, Register
Ehen, Geburten und Todesfälle werden beim Standesamt eingetragen.

el **boletín**

amtlicher Bericht

el **sector**
Para combatir la inflación debe ahorrar el sector público.

Bereich
Um die Inflation zu bekämpfen, muß die öffentliche Hand sparen.

la **institución**

Institution

delegar

übertragen; delegieren

Polizei und Justiz

la **comisaría**

Kommissariat

la **policía**
La policía debe proteger la seguridad de la población.

Polizei
Die Polizei soll die Sicherheit der Bevölkerung schützen.

el, la **policía**

Polizist(in)

la **sospecha**
Tengo la sospecha que me están engañando.

Verdacht
Ich habe den Verdacht, sie betrügen mich.

escapar

entkommen

esconderse	sich verstecken
denunciar	anzeigen
Me han denunciado injustamente.	Man hat mich ungerechterweise angezeigt.
perseguir	verfolgen
El policía prosiguió al ladrón.	Der Polizist verfolgte den Dieb.
detener	verhaften
La policía detuvo al asesino.	Die Polizei verhaftete den Mörder.
el **acusado**, la **acusada**	Angeklagte(r)
el **fiscal**	Staatsanwalt
el **abogado**, la **abogada**	Rechtsanwalt, Rechtsanwältin
Esta tarde tengo una cita con mi abogado.	Heute nachmittag habe ich einen Termin bei meinem Rechtsanwalt.
la **ley**	Gesetz
el **tribunal**	Gericht
el **juez**, la **jueza**	Richter(in)
Los jueces no lo pueden saber todo.	Richter können nicht alles wissen.
la **justicia**	Gerechtigkeit, Recht; Justiz; Justizbehörde
el **Defensor del Pueblo**	Ombudsmann
acusar	anklagen
La acusaron de asesinato.	Sie wurden wegen Mordes angeklagt.
confesar	gestehen
culpable	schuldig
El fiscal demostró que el acusado era culpable.	Der Staatsanwalt bewies, daß der Angeklagte schuldig war.
inocente	unschuldig
condenar	verurteilen
justo, a	gerecht
La pena fue justa.	Die Strafe war gerecht.
injusto, a	ungerecht
El juez fue injusto al dictar la pena.	Der Richter war ungerecht, als er das Urteil fällte.
castigar	bestrafen
la **cárcel**, la **prisión**	Gefängnis
el **prisionero**, la **prisionera**	Gefangene(r)

Polizei und Justiz — Die staatliche Ordnung

la Guardia Civil
La Guardia Civil opera principalmente en zonas rurales, fronteras y costas.

Guardia Civil *(Landpolizei; Grenzschutz)*
Die Guardia Civil operiert vorwiegend auf dem Lande, an Grenzen und Küsten.

el, la agente (de policía)

(Polizei)beamte(r), (Polizei)beamtin

el comisario, la comisaria
Nuestro vecino es comisario de policía.

Kommissar(in)
Unser Nachbar ist Kommissar bei der Polizei.

amenazado, a
Como el policía se sintió amenazado disparó.

bedroht
Da der Polizist sich bedroht fühlte, schoß er.

amenazar

(be)drohen

la denuncia

Anzeige

sospechar
No sospechamos de nadie.

verdächtigen
Wir verdächtigen niemanden.

la persecución

Verfolgung

observar

beobachten

identificar

identifizieren

el interrogatorio

Verhör

supremo, a
La sede del Tribunal Supremo reside en Madrid.

oberste(r, s)
Der Sitz des Obersten Gerichtshofes befindet sich in Madrid.

el procedimiento
El procedimiento de la justicia es lento.

Verfahren
Gerichtsverfahren sind langwierig.

el juicio

Prozeß

el, la testigo

Zeuge, Zeugin

jurar

schwören

juzgar

aburteilen, verurteilen

la sentencia

Urteil

el vigor
La nueva ley entra en vigor en enero.

Kraft
Das neue Gesetz tritt im Januar in Kraft.

legalizar

legalisieren

la pena
Al preso le redujieron la pena.

Strafe
Der Häftling erhielt Straferlaß.

28 Die staatliche Ordnung — Politisches Leben

el **castigo**	Strafe
legal	gesetzlich
la **inocencia**	Unschuld
la **vigilancia**	Bewachung

Politisches Leben

la **política**
No entiendo la política estatal.

Politik
Ich verstehe die staatliche Politik nicht.

político, a
Las discusiones políticas son a veces muy interesantes.

politisch
Politische Diskussionen sind manchmal sehr interessant.

el **político**, la **política**
Algunos políticos hacen muchas promesas.

Politiker(in)
Einige Politiker versprechen viel.

el **partido**

Partei

la **derecha**
La derecha radical tiene mala fama.

Rechte *(Partei, Politik)*
Die radikale Rechte hat einen schlechten Ruf.

la **izquierda**

Linke *(Partei, Politik)*

radical

radikal

elegir
¿Ya sabes qué candidato elegir?

wählen; auswählen
Weiß du schon, welchen Kandidaten du wählen wirst?

las **elecciones**
¿Cuándo serán las nuevas elecciones?

Wahlen
Wann werden die Neuwahlen stattfinden?

moderado, a
Las fuerzas moderadas del partido obtuvieron la mayoría absoluta.

gemäßigt
Die gemäßigten Kräfte der Partei erhielten die absolute Mehrheit.

la **fuerza**

Kraft

la **mayoría**

Mehrheit

la **minoría**
La minoría de los concejales está en contra del alcalde.

Minderheit
Die Minderheit der Abgeordneten ist gegen den Bürgermeister.

el **alcalde**, la **alcaldesa**

Bürgermeister(in)

el **concejal,** la **concejala**	(Stadt)abgeordnete(r), Gemeinderatsmitglied
obtener	erhalten; erzielen
votar	(ab)stimmen
el **voto**	Stimme
En las últimas elecciones hubo más votos que electores y sólo un candidato.	Bei den letzten Wahlen gab es mehr Stimmen als Wähler und nur einen Kandidaten.
el **elector,** la **electora**	Wähler(in)
el **candidato,** la **candidata**	Kandidat(in)
libre	frei
Todas las personas son libres.	Alle Menschen sind frei.
protestar	protestieren
Protestamos contra las reformas escolares.	Wir protestieren gegen die Schulreformen.
nacional	national; staatlich; Landes-
No se van a aumentar los gastos para la defensa nacional.	Die Verteidigungskosten werden nicht erhöht.
público, a	öffentlich
Los políticos dependen de la opinión pública.	Die Politiker sind von der öffentlichen Meinung abhängig.
la **oposición**	Opposition
La oposición conservadora ganará las próximas elecciones.	Die konservative Opposition wird die nächsten Wahlen gewinnen.
la **reforma**	Reform
El gobierno acordó una reforma fiscal.	Die Regierung beschloß eine Steuerreform.
acordar	beschließen

la **campaña**	Kampagne
¿Quién ha pagado la campaña electoral?	Wer hat den Wahlkampf bezahlt?
electoral	Wahl-
el **censo electoral**	Wählerliste
¿Os habéis inscrito en el censo electoral?	Habt ihr euch in die Wählerliste eingetragen?
prepararse	sich vorbereiten
Las campañas electorales se preparan con tiempo.	Die Wahlkampfveranstaltungen werden frühzeitig vorbereitet.
inscribirse	sich eintragen, sich einschreiben

la **encuesta**	(Meinungs)umfrage
Según las encuestas no hay ningún favorito.	Den Meinungsumfragen zufolge gibt es keinen Favoriten.
el **favorito**, la **favorita**	Favorit(in)
representativo, a	repräsentativ
la **tendencia**	Richtung, Tendenz
partidista	parteiisch
La actitud del Presidente es partidista.	Die Haltung des Präsidenten ist parteiisch.
el **líder**	Parteivorsitzende(r); Spitzenkandidat(in); Führer(in)
la **votación**	Abstimmung; Wahl
Los resultados de las votaciones se publicarán mañana.	Die Abstimmungsergebnisse werden morgen veröffentlicht.
la **papeleta de voto**	Wahlzettel
la **participación**	Beteiligung
La participación electoral disminuye.	Die Wahlbeteiligung nimmt ab.
la **corrupción**	Korruption
la **manifestación**	Demonstration
Durante la manifestación la policía detuvo a varios manifestantes.	Während der Demonstration verhaftete die Polizei mehrere Demonstranten.
el, la **manifestante**	Demonstrant(in)
la **medida**	Maßnahme
Se van a tomar medidas contra el terrorismo.	Es werden Maßnahmen gegen den Terrorismus getroffen.
la **intervención**	Intervention
la **propuesta**	Vorschlag; Antrag
El gobierno no acepta la propuesta de la oposición.	Die Regierung nimmt den Antrag der Opposition nicht an.
el **acuerdo**	Vereinbarung
proponer	vorschlagen; beantragen
¿Sabes qué propuso la oposición?	Weißt du, was die Opposition beantragt hat?
fundamental	wesentlich, grundlegend
La decisión del Parlamento es el tema fudamental.	Die Entscheidung des Parlaments ist das zentrale Thema.
la **unión**	Vereinigung
La Unión General de Trabajadores es un sindicato.	Die Generalunion der Arbeiter ist eine Gewerkschaft.

el, la **patriota** ¡Ten cuidado con los falsos patriotas!	Patriot(in) Hüte dich vor falschen Patrioten!
patriótico, a Los portugueses son más patrióticos que los españoles.	patriotisch Die Portugiesen sind patriotischer als die Spanier.
el **nacionalismo**	Nationalismus
el **racismo**	Rassismus

Politischer Widerstand

pacífico, a

friedlich

la **revolución**
Zapata fue muy importante para la revolución mexicana.

Revolution
Zapata war für die mexikanische Revolution sehr wichtig.

revolucionario, a
En algunos países latinoamericanos hay movimientos revolucionarios.

revolutionär; Revolutions-
In einigen lateinamerikanischen Ländern gibt es revolutionäre Bewegungen.

luchar
Simón Bolívar luchó por la independencia de Hispanoamérica.

kämpfen
Simón Bolívar kämpfte für die Unabhängigkeit Spanisch-Amerikas.

el **enemigo**, la **enemiga**

Feind(in)

el **terror**

Schrecken; Terror

la **guerrilla**

Guerilla, Partisanengruppe

el **guerrillero**, la **guerrillera**, el, la **terrorista**
El Tribunal Supremo condenó a los terroristas.

Terrorist(in)

Der Oberste Gerichtshof verurteilte die Terroristen.

el **terrorismo**

Terrorismus

la **lucha**
La lucha contra las drogas es un grave problema.

Kampf
Der Kampf gegen die Drogen ist ein schwerwiegendes Problem.

la **bomba**
La extrema derecha colocó una bomba.

Bombe
Die Rechtsradikalen legten eine Bombe.

estallar

explodieren

el **fusil**	Gewehr
disparar	schießen
¡No disparen! ¡Somos amigos!	Nicht schießen! Wir sind Freunde!
el **peligro**	Gefahr
la **seguridad**	Sicherheit
la **guerra civil**	Bürgerkrieg
La Guerra Civil española duró desde 1936 hasta 1939.	Der spanische Bürgerkrieg ging von 1936 bis 1939.
la **ideología**	Ideologie
la **resistencia**	Widerstand
La resistencia quiere acabar con la dictadura.	Die Widerstandsbewegung will die Diktatur beseitigen.
la **represión**	Unterdrückung
La represión franquista llevó a mucha gente a la cárcel.	Die frankistische Unterdrückung brachte viele Menschen ins Gefängnis.
la **tortura**	Folter
Muchas personas sufrieron la tortura de la policía.	Viele Menschen wurden von der Polizei gefoltert.
torturar	foltern
En el estadio de Santiago de Chile torturaron a muchos chilenos.	Im Stadion von Santiago de Chile wurden viele Chilenen gefoltert.
el **preso,** la **presa**	Gefangene(r)
Amnesty International ayuda a los presos políticos.	Amnesty International hilft politischen Gefangenen.
el **golpe militar**	(Militär)putsch
el **golpe de Estado**	Staatsstreich
combatir	kämpfen
El Gobierno español combatió contra el golpe militar de Franco.	Die spanische Regierung kämpfte gegen den Militärputsch von Franco.
armado, a	bewaffnet
Los terroristas estaban armados con pistolas y fusiles.	Die Terroristen waren mit Pistolen und Gewehren bewaffnet.
la **pistola**	Pistole
el **tiro**	Schuß
explotar	ausbeuten
Dictadores explotan al pueblo.	Diktatoren beuten das Volk aus.
liberar	befreien
En 1975 el Gobierno liberó a algunos presos políticos.	1975 ließ die Regierung einige politische Gefangene frei.

la **liberación** Los grupos de liberación latinoamericana reciben poca ayuda exterior.	Befreiung Die lateinamerikanischen Befreiungsgruppen erhalten wenig ausländische Unterstützung.

Politische Einteilung Spaniens

la **provincia** Las provincias españolas tienen gobiernos autónomos por lo que son autonomías o comunidades autónomas.	Provinz Die spanischen Provinzen haben selbständige Regierungen, aus diesem Grund sind sie Autonomien oder autonome Regionen.
la **comunidad**	Gemeinschaft; Körperschaft
la **región** Las regiones autónomas españolas son el País Vasco o Euskadi, Cantabria, Asturias, Galicia, Castilla-León, Madrid, Rioja, Navarra, Aragón, Cataluña, Baleares, el País Valenciano, Murcia, Castilla-La Mancha, Andalucía, Extremadura, Canarias, Ceuta y Melilla.	Region Die spanischen autonomen Regionen sind das Baskenland, Kantabrien, Asturien, Galicien, Kastilien-León, Madrid, Rioja, Navarra, Aragonien, Katalonien, Balearen, das Land Valencia, Murcia, Kastilien-La Mancha, Andalusien, Estremadura, die Kanaren, sowie Ceuta und Melilla.
el **País Vasco,** el **Euskadi,** las **Vascongadas**	Baskenland
vasco, a	baskisch; Baskisch; Baske, Baskin
eusquera En las Vascongadas o Euskadi se habla eusquera.	Baskisch Im Baskenland spricht man Baskisch.
Galicia	Galicien
gallego, a	galicisch; Galicisch; Galicier(in)
Castilla	Kastilien
Madrid	Madrid
madrileño, a	Madrider; Madrider(in)
aragonés, aragonesa	aragonisch; Aragonier(in)
Aragón	Aragonien
Cataluña, Catalunya	Katalonien

catalán, catalana	katalanisch; Katalanisch; Katalane, Katalanin
Baleares	Balearen
valenciano, a	valencianisch; Valencianisch; Valencianer(in)
andaluz(a)	andalusisch; Andalusisch; Andalusier(in)
Andalucía	Andalusien
canario, a	kanarisch; Kanarier(in)
Canarias	Kanaren, Kanarische Inseln
el **territorio**	Gebiet
la **autonomía**	Autonomie
autónomo, a	selbständig, autonom
la **bandera**	Fahne; Flagge
Las provincias autónomas tienen una bandera propia.	Die autonomen Provinzen haben ihre eigene Fahne.
regional	regional
Cantabria	Kantabrien
cántabro, a	kantabrisch; Kantabrer(in)
Asturias	Asturien
asturiano, a	asturisch; Asturisch; Asturier(in)
La Rioja	Rioja
navarro, a	aus Navarra; Navarrese, Navarresin
Navarra	Navarra
murciano, a	aus Murcia
Murcia	Murcia
manchego, a	aus der Mancha
la **Mancha**	Mancha
Extremadura	Estremadura
extremeño, a	aus Estremadura

Internationale Beziehungen

internacional
Ayer hubo un encuentro internacional de los Ministros de Economía en Madrid.

international
Gestern fand ein internationales Treffen der Wirtschaftsminister in Madrid statt.

la **unidad**
La unidad política española se consiguió con los Reyes Católicos.

Einheit
Die politische Einheit Spaniens wurde unter den Katholischen Königen vollzogen.

la **organización**
La OTAN es la Organización del Tratado del Atlántico Norte.

Organisation
Die NATO ist das westliche Verteidigungsbündnis, der Nordatlantikpakt.

la **Comunidad Europea**
las **Naciones Unidas**
los **países en vías de desarrollo**

Europäische Gemeinschaft
Vereinte Nationen
Entwicklungsländer

los **países desarrollados**
la **embajada**
La embajada española en Cuba no quiere tener problemas con el gobierno cubano.

Industrieländer
Botschaft
Die spanische Botschaft in Kuba möchte keine Schwierigkeiten mit der kubanischen Regierung haben.

el **embajador,** la **embajadora**
El embajador de España murió a causa de una bomba.

Botschafter(in)
Der spanische Botschafter wurde von einer Bombe getötet.

diplomático, a
la **delegación**
La delegación española firmó el acuerdo secreto.

diplomatisch
Delegation
Die spanische Delegation unterzeichnete die geheime Vereinbarung.

el **delegado,** la **delegada**
negociar
la **negociación**
secreto, a
el **acuerdo**
el **tratado**
el **poder**
El poder debería estar mejor repartido.

Delegierte(r)
verhandeln
Verhandlung
geheim
Vereinbarung, Vertrag
Vertrag; Abkommen
Macht
Die Macht sollte besser verteilt sein.

Internationale Beziehungen

mundial	Welt-
el **pacto**	Pakt; Vertrag
¿Qué países firmaron el Pacto Andino? – No tengo ni idea.	Welche Länder unterzeichneten den Anden-Pakt? – Ich habe keine Ahnung.
la **OTAN**	NATO
la **sede**	Hauptsitz
¿Dónde está la sede de la CEE?	Wo ist der Hauptsitz der EG?
el **comité**	Komitee; Ausschuß
El comité olímpico ha aceptado el catalán para la Olimpiada 1992.	Das olympische Komitee hat Katalanisch für die Olympiade 1992 zugelassen.
cooperar	zusammenarbeiten
la **cooperación**	Zusammenarbeit
La cooperación con la Cruz Roja fue una ayuda importante para Perú.	Die Zusammenarbeit mit dem Roten Kreuz war eine wichtige Hilfe für Peru.
el **consulado**	Konsulat
En Barcelona hay muchos consulados.	In Barcelona gibt es viele Konsulate.
el **cónsul,** la **consulesa**	Konsul
El cónsul nos invitó a la recepción.	Der Konsul lud uns zum Empfang ein.
el **Tercer Mundo**	Dritte Welt
la **dependencia**	Abhängigkeit
la **potencia**	Macht
Las potencias extranjeras han ayudado a solucionar el problema de la guerra.	Die ausländischen Mächte haben geholfen, das Kriegsproblem zu lösen.
independiente	unabhängig
México es un país independiente.	Mexiko ist ein unabhängiges Land.
la **reunión en la cumbre**	Gipfeltreffen
intercambiar	austauschen
Los embajadores intercambiaron opiniones.	Die Botschafter tauschten Meinungen aus.
el **intercambio**	Austausch
el **secreto**	Geheimnis
el, la **espía**	Spion(in)
Los espías saben a veces mucho más que los políticos.	Spione wissen manchmal mehr als Politiker.

el **traidor,** la **traidora**	Verräter(in)
exiliarse	ins Exil gehen
La mayoría de los intelectuales españoles se exilió después de la Guerra Civil.	Die Mehrheit der spanischen Intellektuellen ging nach dem Bürgerkrieg ins Exil.
el **exilio**	Exil

Krieg und Frieden

la **paz**
Es difícil vivir en paz.

Friede(n)
Es ist schwierig, in Frieden zu leben.

la **guerra**
El pueblo es el que más sufre en las guerras.

Krieg
Das Volk leidet am meisten in den Kriegen.

enemigo, a
Este general es enemigo de la democracia.

feindlich
Dieser General ist gegenüber der Demokratie feindlich eingestellt.

atacar
Nos atacaron al amanecer.

angreifen
Sie griffen uns im Morgengrauen an.

defenderse
Manuela se defendió contra el atracador.

sich verteidigen, sich wehren
Manuela verteidigte sich gegen den Angreifer.

defender
El Rey defendió la democracia.

verteidigen
Der König verteidigte die Demokratie.

la **mili**
José tuvo que hacer la mili en Melilla.

Wehrdienst
José mußte seinen Wehrdienst in Melilla ableisten.

el **objetor de conciencia**

Wehrdienstverweigerer

militar

militärisch; Militär-

la **defensa**
El Ministro de Defensa visitó la tropa.

Verteidigung
Der Verteidigungsminister besuchte die Truppe.

el **ejército**
Algunos soldados piensan que el ejército no es necesario.

Armee
Einige Soldaten meinen, daß die Armee nicht notwendig sei.

el **soldado**

Soldat

28 Die staatliche Ordnung — Krieg und Frieden

el **armamento**
El armamento nuclear es un peligro para todo el mundo.

Rüstung
Atomwaffen sind eine Gefahr für die ganze Welt.

nuclear

Atom-

el **arma** *f*
Las armas pueden destruir todo el mundo.

Waffe
Waffen können die ganze Welt zerstören.

destruir

zerstören

el **desarme**
Parece que ya empieza el desarme.

Abrüstung
Es sieht so aus, als ob die Abrüstung schon beginnt.

la **víctima**
Las víctimas de las guerras no son siempre inocentes.

Opfer
Die Opfer der Kriege sind nicht immer unschuldig.

huir
La población huyó ante el peligro de guerra.

fliehen, flüchten
Die Bevölkerung floh vor der Kriegsgefahr.

la **victoria**
Las victorias cuestan vidas.

Sieg
Siege kosten Menschenleben.

la **patria**
En nombre de la patria se hacen guerras absurdas.

Vaterland
Im Namen des Vaterlandes werden absurde Kriege geführt.

el **ataque**
Los enemigos no sobrevivieron nuestros ataques.

Angriff
Die Feinde überlebten unsere Angriffe nicht.

sobrevivir

überleben

el **atracador**, la **atracadora**

Angreifer(in)

la **marina**
Alejandro quiere ir a la marina.

Marine
Alejandro möchte zur Marine gehen.

la **infantería**
A Vicente le tocó hacer la mili en infantería.

Infanterie
Vicente mußte seinen Wehrdienst bei der Infanterie ableisten.

la **aviación**
La aviación alemana destruyó Guernica.

Luftwaffe
Die deutsche Luftwaffe zerstörte Guernica.

la **base**
Los vecinos de Torrejón protestan contra la base norteamericana.

Stützpunkt
Die Einwohner von Torrejón protestieren gegen den nordamerikanischen Stützpunkt.

el **general**
El general murió en la guerra.

General
Der General starb im Krieg.

Krieg und Frieden | Die staatliche Ordnung **28**

el **oficial**
Los oficiales no cumplieron las órdenes.

Offizier
Die Offiziere führten die Befehle nicht aus.

la **orden**

Befehl

ordenar
¿Quién ha ordenado que disparen?

befehlen
Wer hat den Schießbefehl gegeben?

el **cañón**
Estos cañones se utilizaron en la Guerra Civil.

Kanone; Geschütz
Diese Kanonen wurden im spanischen Bürgerkrieg eingesetzt.

utilizar

benutzen, Gebrauch machen von

el **cohete**
Los primeros cohetes se construyeron en Alemania.

Rakete
Die ersten Raketen wurden in Deutschland gebaut.

el **tanque**
Francisco sabe conducir un tanque.

Panzer
Francisco kann Panzer fahren.

la **tropa**

Truppe

avanzar

vorwärtsgehen; vorrücken

ocupar
Los españoles piensan que Inglaterra no debe seguir ocupando Gibraltar.

besetzen
Spanier meinen, daß England nicht länger Gibraltar besetzen sollte.

la **ocupación**
Durante la ocupación árabe se construyó la Alhambra.

Besetzung
Während der arabischen Besetzung wurde die Alhambra erbaut.

la **destrucción**
La destrucción de la tierra se está realizando sin armas.

Zerstörung
Die Zerstörung der Erde vollzieht sich bereits ohne Waffen.

sangriento, a

blutig

la **agresión**
Algunos países están provocando una agresión militar.

Aggression; Übergriff; Angriff
Einige Länder provozieren einen militärischen Angriff.

provocar

provozieren, herausfordern

el **agresor**
Los agresores serán condenados por las Naciones Unidas.

Aggressor, Angreifer
Aggressoren werden von den Vereinten Nationen verurteilt.

invadir

überfallen

la **guardia**

Wache

rechazar — (ab)wehren

el refugio — Zuflucht; Bunker
No hay refugios atómicos para todo el pueblo. — Es gibt keine Atombunker für das ganze Volk.

el héroe, la **heroína** — Held(in)
El Cid es un héroe para muchos españoles. — El Cid ist für viele Spanier ein Held.

heroico, a — heldenhaft
La rendición de Granada fue un acto heroico. — Die Kapitulation von Granada war eine heldenhafte Tat.

la **rendición** — Kapitulation; Übergabe

Geographie

Landschaftsformen

la **tierra**

Erde

el **paisaje**
El paisaje asturiano se parece al suizo.

Landschaft
Die asturische Landschaft ähnelt der schweizerischen.

la **vista**
Desde mi habitación tengo una vista maravillosa.

Aussicht
Von meinem Zimmer aus habe ich eine wunderbare Aussicht.

el **bosque**
En Galicia se quemaron muchos bosques.

Wald
In Galicien verbrannten viele Wälder.

el **campo**
En Castilla hay muchos campos de trigo.

Feld; Land
In Kastilien gibt es viele Weizenfelder.

la **fuente**
En los Pirineos hay muchas fuentes.

Quelle
In den Pyrenäen gibt es viele Quellen.

el **lago**
En España hay más ríos que lagos.

See
In Spanien gibt es mehr Flüsse als Seen.

el **río**

Fluß

desembocar
El Ebro desemboca en el Mediterráneo.

münden
Der Ebro mündet ins Mittelmeer.

el **canal**
El Canal de Panamá une el Océano Atlántico con el Pacífico.

Kanal
Der Panamakanal verbindet den Atlantischen Ozean mit dem Pazifik.

la **orilla**
La Torre del Oro de Sevilla está a orillas del Guadalquivir.

Ufer
Der Goldene Turm von Sevilla steht am Ufer des Guadalquivir.

la **montaña**
La montaña más alta de España es el Teide en Tenerife.

Berg; Gebirge
Der höchste Berg Spaniens ist der Teide auf Teneriffa.

la **sierra**
Este invierno no vamos a esquiar a la sierra.

Bergkette; Gebirge
Diesen Winter fahren wir nicht zum Skifahren ins Gebirge.

la **cordillera**

Bergkette; Gebirge

Geographie — Landschaftsformen

el **monte**
Mi suegro iba al monte de caza.

Berg
Mein Schwiegervater ging in den Bergen auf die Jagd.

el **pico**
¿Habéis subido al pico del Mulhacén?

(Berg)gipfel
Seid ihr auf den Gipfel des Mulhacén gestiegen?

el **valle**
Cerca del Valle Ansó en Navarra se puede esquiar.

Tal
In der Nähe des Ansó-Tales in Navarra kann man Ski fahren.

la **roca**
Nos subimos a las rocas para tomar el sol.

Felsen
Wir stiegen auf die Felsen, um uns zu sonnen.

la **cueva**
Las cuevas de Altamira son muy famosas por sus pinturas prehistóricas.

Höhle
Die Höhlen von Altamira sind wegen ihrer prähistorischen Malereien sehr bekannt.

el **desierto**
El desierto de Sáhara tiene una extensión enorme.

Wüste
Die Sahara erstreckt sich über eine riesige Fläche.

el **volcán**

Vulkan

la **selva**
En Perú hay mucha selva.

Urwald
In Perú gibt es viel Urwald.

pantanoso, a
Algunas partes de la selva son muy pantanosas.

sumpfig, morastig
Einige Teile des Urwaldes sind sehr sumpfig.

el **pantano**
Franco hizo construir muchos pantanos en España.

Stausee
Franco ließ in Spanien viele Stauseen bauen.

la **meseta**
La Meseta Central está en el centro de la Península Ibérica.

Hochebene
Die zentrale Hochebene liegt im Zentrum der Iberischen Halbinsel.

pirenaico, a

pyrenäisch

la **llanura**
En las llanuras andaluzas se crían toros.

Ebene
In den andalusischen Ebenen werden Stiere gezüchtet.

la **pampa**
La pampa se extiende desde los Andes hasta la costa atlántica de Argentina.

Pampa, Grasebene
Die Pampa erstreckt sich von den Anden bis zur Altantikküste Argentiniens.

extenderse

sich erstrecken; sich ausbreiten

montañoso, a	gebirgig
andino, a	Anden-; aus dem Andengebiet
serrano, a	Berg-, Gebirgs-
el **puerto**	(Gebirgs)paß
Cuando nieva se cierran muchos puertos en España.	Wenn es schneit, werden viele Pässe in Spanien gesperrt.
el **glacial**	Gletscher
la **cuesta**	Hang; Anhöhe
Para ir al chalet hay que subir aquella cuesta hasta el final.	Um zum Ferienhaus zu kommen, muß man jene Anhöhe bis zum Ende hinaufgehen.
la **pendiente**	Abhang, Steilhang
Cuando tuvimos el accidente nos caímos por esta pendiente.	Als wir den Unfall hatten, stürzten wir diesen Abhang hinunter.
la **colina**	Hügel
Detrás de esta colina está mi casa.	Hinter diesem Hügel ist mein Haus.
la **peña**	Klippe, Fels
Desde esta peña se tiene una vista única.	Von dieser Klippe aus hat man eine einzigartige Aussicht.
el **peñón**	Fels, Felskuppe
En el peñón de Gibraltar hay muchas monas.	Auf dem Fels von Gibraltar leben viele Affen.
el **polo**	Pol
La región del polo sur aún está por poblar.	Das Südpolgebiet ist noch zu bevölkern.

Meer

el **mar**	Meer
el **océano**	Ozean
Colón cruzó el Océano Atlántico.	Kolumbus überquerte den Atlantischen Ozean.
la **corriente**	Strömung
En el Golfo de Vizcaya hay corrientes peligrosas.	Im Golf von Biskaya gibt es gefährliche Strömungen.
la **ola**	Welle
En las playas cantábricas hay olas muy grandes y peligrosas.	An den kantabrischen Stränden gibt es sehr große und gefährliche Wellen.

Geographie — Meer

la **costa**
La costa mediterránea está muy explotada por el turismo.

Küste
Die Mittelmeerküste wird vom Tourismus sehr ausgebeutet.

mediterráneo, a

Mittelmeer-

la **cala**
A muchas calas de Ibiza sólo se llega en barca.

Bucht
Viele Buchten Ibizas erreicht man nur mit dem Boot.

la **playa**
A las playas cantábricas no van tantos turistas como a las playas del Mediterráneo.

Strand
An die kantabrischen Strände fahren nicht so viele Touristen, wie an die Strände des Mittelmeers.

el **cabo**
El Cabo de la Nao está frente a Ibiza.

Kap
Das Kap Nao liegt gegenüber von Ibiza.

peninsular

Halbinsel-

la **península**
En la península ibérica están España y Portugal.

Halbinsel
Auf der Iberischen Halbinsel liegen Spanien und Portugal.

la **isla**
Las Baleares son las islas Menorca, Mallorca, Cabrera, Ibiza y Formentera.

Insel
Die Balearen bestehen aus den Inseln Menorca, Mallorca, Cabrera, Ibiza und Formentera.

el **oleaje**
Virginia se mareó por el fuerte oleaje.

Seegang, Wellengang
Virginia wurde von dem starken Seegang seekrank.

la **marea**
Una marea negra contaminó la costa gallega.
Sólo podemos salir del puerto con marea alta y no con marea baja.

Gezeiten; Ebbe; Flut
Eine Ölpest verschmutzte die galicische Küste.
Wir können nur bei Flut aus dem Hafen auslaufen, nicht aber bei Ebbe.

el **estrecho**
El Estrecho de Gibraltar separa el Mar Mediterráneo del Océano Atlántico.

Meerenge
Die Meerenge von Gibraltar trennt das Mittelmeer vom Atlantischen Ozean.

el **istmo**

Landenge

el **litoral**
El litoral del Cabo de Gata no está explotado.

Küstengebiet
Das Küstengebiet am Kap Gata ist nicht erschlossen.

atlántico, a

atlantisch

Natürliche Umwelt

Wetter und Klima

el **clima**
El clima de las Canarias es caluroso, en Asturias es fresco y en las Baleares templado.
caluroso, a
fresco, a
frío, a
el **calor**
Como no hace mucho calor me tengo que poner un suéter.
Con este calor no trabja nadie.
Diego tiene siempre mucho calor y su mujer en invierno mucho frío.

el **frío**
el **sol**
Hoy quema el sol de verdad.

el **bochorno**
En verano hace un bochorno increíble en Valencia.
hacer
Hoy hace buen tiempo.
el **tiempo**
seco, a
En Madrid hace un calor muy seco.

húmedo, a
Julián no soporta el calor húmedo.

llover
En Bogotá llueve más que en Caracas.
Está lloviendo a mares.
la **lluvia**
Si cae suficiente lluvia no será necesario regar los campos.

la **gota**
¿Está lloviendo? – No, sólo están cayendo cuatro gotas.

Klima
Das Klima der Kanaren ist sehr warm, in Asturien ist es kühl, und auf den Balearen ist es mild.
warm; heiß
kühl; frisch
kalt
Wärme; Hitze
Da es nicht sehr warm ist, muß ich einen Pullover anziehen.
Bei dieser Hitze arbeitet niemand.
Diego ist es immer sehr heiß, und seiner Frau ist es im Winter immer sehr kalt.

Kälte
Sonne
Heute brennt die Sonne aber wirklich.

Schwüle; heißer Sommerwind
In Valencia ist es im Sommer unglaublich schwül.
sein
Heute ist schönes Wetter.
Wetter
trocken
In Madrid herrscht eine trockene Hitze.

feucht
Julián erträgt die schwüle Hitze nicht.

regnen
In Bogotá regnet es mehr als in Caracas.
Es regnet in Strömen.
Regen
Wenn genügend Regen fällt, ist es nicht notwendig, die Felder zu bewässern.

Tropfen
Regnet es? – Nein, es tröpfelt nur.

mojarse
¡Coged el paraguas para que no os mojéis!

naß werden
Nehmt den Regenschirm mit, damit ihr nicht naß werdet!

nevar
En los Pirineos ya ha nevado.

schneien
In den Pyrenäen hat es schon geschneit.

la **nieve**
¿Crees que tendremos nieve este invierno?

Schnee
Glaubst du, daß wir diesen Winter Schnee bekommen?

helar
En invierno se hiela ese lago.

(zu)frieren
Im Winter friert der See zu.

helado, a
Sara llegó helada a casa.

gefroren; eiskalt, eisig
Sara kam durchgefroren heim.

el **granizo**
El granizo ha destruido la cosecha.

Hagel
Der Hagel hat die Ernte zerstört.

el **hielo**

Eis

el **viento**
Aquí sopla un viento helado.

Wind
Hier bläst ein eisiger Wind.

espléndido, a
En San Sebastián tuvimos un tiempo espléndido.

herrlich, prächtig
In San Sebastián hatten wir herrliches Wetter.

la **nube**
Esta noche se ven todas las estrellas porque no hay nubes.

Wolke
Heute nacht sieht man alle Sterne, weil es nicht bewölkt ist.

la **niebla**

Nebel

nublado, a
Esta mañana el cielo estaba nublado pero por la tarde se despejó.

bewölkt, bedeckt
Morgens war der Himmel bedeckt, aber am Nachmittag klarte es auf.

cubierto, a
Para mañana se espera en el Pirineo de Navarra cielo cubierto con algunas nevadas y formación de hielo por encima de 800 metros.

bedeckt, bewölkt
Für morgen ist in den Pyrenäen von Navarra bedeckter Himmel mit vereinzelten Schneefällen und Eisbildung oberhalb 800 Meter zu erwarten.

el **cielo**

Himmel

despejado, a
En el norte de Mallorca habrá cielo despejado, con vientos moderados.

heiter, wolkenlos
Im Norden von Mallorca wird es heiter mit mäßigen Winden.

moderado, a

mäßig, ruhig

la **tormenta**

Gewitter; Sturm

Wetter und Klima — Natürliche Umwelt

templado, a — lauwarm, mild

sereno, a — heiter, wolkenlos

la **temperatura** — Temperatur
La temperatura media de Logroño en noviembre es de unos cinco grados sobre cero.
Die Durchschnittstemperatur von Logroño beträgt im November etwa plus 5 Grad.

el **grado** — Grad

el **termómetro** — Thermometer
El termómetro marca dos grados bajo cero.
Das Thermometer zeigt minus zwei Grad an.

marcar — anzeigen; kennzeichnen

máximo, a — Höchst-; maximal
Las temperaturas máximas de mañana serán de 24 grados en Tenerife y Las Palmas.
Morgen werden die Höchsttemperaturen auf Teneriffa und Las Palmas 24 Grad betragen.

mínimo, a — Tiefst-, minimal
La temperatura mínima en Ávila fue el sábado de seis grados bajo cero.
Die Tiefsttemperatur in Ávila betrug am Samstag sechs Grad unter Null.

soleado, a — sonnig

la **sombra** — Schatten
Si tienes mucho calor ven aquí a la sombra.
Wenn dir sehr heiß ist, komm hierher in den Schatten.

el **parte meteorológico** — Wetterbericht
Ya no me fío de los partes meteorológicos.
Ich traue den Wetterberichten nicht mehr.

constante — (be)ständig
En Canarias el clima es bastante constante.
Auf den Kanaren ist das Wetter ziemlich beständig.

la **sequía** — Trockenheit
La sequía en Cataluña causó muchos daños en la agricultura.
Die Trockenheit in Katalonien verursachte große Schäden in der Landwirtschaft.

la **humedad** — Feuchtigkeit
Con esta humedad se nos ha oxidado el coche en poco tiempo.
Bei dieser Feuchtigkeit ist unser Auto in kurzer Zeit gerostet.

el **chubasco** — Regenschauer; Platzregen
En las Canarias habrá el domingo chubascos que pasarán a llovizna durante la noche.
Auf den Kanaren wird es am Sonntag Regenschauer geben, die im Laufe der Nacht in Nieselregen übergehen.

inundar — überschwemmen

la **llovizna** — Nieselregen

despejarse — sich aufhellen, sich aufklären

el **claro** — Aufheiterung
En todo el Cantábrico habrá niebla que durante el día pasará a claros con algunas nubosidades.
In ganz Kantabrien wird es Nebel geben, der im Laufe des Tages zu Aufheiterung mit vereinzelter Wolkenbildung übergeht.

nevado, a — verschneit
Nos gusta pasear por los campos nevados.
Es gefällt uns, über die verschneiten Felder spazierenzugehen.

resbalar — ausrutschen
Como había nevado la gente resbalaba por las calles.
Da es geschneit hatte, rutschten die Menschen auf der Staße aus.

la **nevada** — Schneefall

la **helada** — Frost
Ayer por la noche hubo la primera helada de este año.
Gestern nacht gab es den ersten Frost in diesem Jahr.

la **tempestad** — Sturm; Gewitter
Los barcos no pudieron salir del puerto por causa de la tempestad.
Die Schiffe konnten den Hafen wegen des Sturmes nicht verlassen.

el **ciclón** — Zyklon, Wirbelsturm
El ciclón produjo grandes catástrofes.
Der Wirbelsturm verursachte große Katastrophen.

la **calma** — Windstille
Como hay calma no podemos salir con el velero.
Da es windstill ist, können wir mit dem Segelboot nicht hinausfahren.

soplar — blasen; wehen
Hoy sopla un viento muy frío.
Heute bläst ein kalter Wind.

el **temporal** — Sturm
Durante el temporal se hundieron todas las barcas.
Während des Sturms gingen alle Boote unter.

la **nubosidad** — Bewölkung; Wolkenbildung

el **relámpago** — Blitz
A lo lejos se veían los relámpagos y se oían los truenos de la tormenta.
In der Ferne sah man die Blitze und hörte den Donner des Gewitters.

el **trueno** — Donner

el **rayo** — Blitz
Ayer cayó un rayo en nuestra casa. ¡Menos mal que tenemos un pararrayos!
Gestern schlug der Blitz in unser Haus ein. Zum Glück haben wir einen Blitzableiter!

Umweltprobleme

ecológico, a
Los ecologistas han presentado un programa ecológico para disminuir la contaminación del aire, del agua y de la tierra.

ökologisch
Ökologen haben ein Programm vorgelegt, um die Luft-, Wasser- und Bodenverschmutzung zu verringern.

el **aire**

Luft

el **agua** *f*

Wasser

puro, a
En el campo el aire es más puro que en la ciudad.

rein
Auf dem Land ist die Luft reiner als in der Stadt.

la **tierra**

(Erd)boden

el **(medio) ambiente**
La contaminación del medio ambiente es un problema cada vez más grave.

Umwelt; Umgebung
Die Umweltverschmutzung wird zu einem immer größeren Problem.

la **contaminación**
La contaminación de los mares ha dañado la pesca.

Verschmutzung
Die Verschmutzung der Meere hat dem Fischfang geschadet.

el **daño**

Schaden

la **naturaleza**
Hay que proteger mucho más la naturaleza.

Natur
Man muß die Natur viel mehr schützen.

la **catástrofe (natural)**

(Natur)katastrophe

proteger

schützen

natural
Los bosques son el ambiente natural de muchos animales.

natürlich
Wälder sind die natürliche Umgebung vieler Tiere.

conservar
Se debe conservar la selva para las próximas generaciones.

erhalten; schonen
Man muß den Urwald für die nächsten Generationen erhalten.

la **energía**
La gente no debe malgastar la energía.

Energie
Die Menschen sollten keine Energie verschwenden.

30 Natürliche Umwelt — Umweltprobleme

el **terremoto**
Los terremotos producen grandes catástrofes.

Erdbeben
Erdbeben führen zu großen Katastrophen.

el, la **ecologista**

Ökologe, Ökologin

la **protección**
La protección de animales y plantas que están condenadas a desaparecer es una tarea de los parques naturales.

Schutz
Der Schutz der vom Aussterben bedrohten Tiere und Pflanzen ist eine Aufgabe der Naturparks.

desaparecer
Los animales desaparecen cuando no pueden sobrevivir.

aussterben; verschwinden
Tiere sterben aus, wenn sie nicht überleben können.

perjudicar
Los productos químicos pueden perjudicar la naturaleza.

schädigen
Chemische Produkte können für die Natur schädlich sein.

contaminado, a

verschmutzt

contaminar
El tráfico contamina el aire.

verschmutzen
Der Verkehr verschmutzt die Luft.

dañado, a
La naturaleza está dañada por la contaminación del medio ambiente.

geschädigt
Die Natur ist durch die Umweltverschmutzung geschädigt.

el **efecto de invernadero**

Treibhauseffekt

el **ozono**
El agujero del ozono es una consecuencia de la contaminación del aire.

Ozon
Das Ozonloch ist eine Folge der Luftverschmutzung.

malgastar

verschwenden

la **energía nuclear**
La energía nuclear supone un peligro para la tierra.

Kern-, Atomenergie
Die Kernenergie stellt eine Gefahr für die Erde dar.

la **energía solar**
La energía solar se tiene que desarrollar todavía más.

Sonnenenergie
Die Sonnenenergie muß noch weiterentwickelt werden.

reciclar
El papel y el cristal se pueden reciclar.

wiederverwerten
Papier und Glas kann man wiederverwerten.

el **reciclaje**
Con el reciclaje de algunos productos se pueden ahorrar materias primas.

Wiederverwertung, Recycling
Mit der Wiederverwertung einiger Produkte kann man Rohstoffe sparen.

Tierwelt | 31

Grundbegriffe

el **animal**
Tier

la **raza**
Rasse
Tefolio tiene un perro de raza.
Tefolio hat einen Rassehund.

la **pata**
Bein; Pfote; Tatze; Pranke; Klaue
Los pájaros tienen dos patas.
Vögel haben zwei Beine.

la **cola**
Schweif, Schwanz
Los caballos tienen cola pero las vacas tienen rabo.
Pferde haben einen Schweif, aber Kühe haben einen Schwanz.

el **rabo**
Schwanz

el **ala** *f*
Flügel
Algunos pájaros no utilizan las alas para volar.
Manche Vögel benutzen die Flügel nicht zum Fliegen.

picar
picken; stechen
Los pollos pican los granos de maíz cuando comen.
Die Hühner picken die Maiskörner auf, wenn sie fressen.
Esta noche me han picado los mosquitos.
Heute nacht haben mich die Mücken gestochen.

el **pico**
Schnabel
Los gallos luchan en las riñas de gallos con el pico y las uñas.
Hähne kämpfen bei Hahnenkämpfen mit dem Schnabel und den Krallen.

morder
beißen
Este perro no muerde.
Dieser Hund beißt nicht.

la **pluma**
Feder
Esta paloma debe estar enferma porque pierde muchas plumas.
Diese Taube muß wohl krank sein, weil sie viele Federn verliert.

el **cuerno**
Horn
El ciervo macho tiene cuernos pero no las hembras.
Die Hirsche haben ein Geweih, nicht aber die Weibchen.

la **fauna**
Fauna

la **res**
Stück Wild; Stück Vieh
El cazador mató una res hermosa.
Der Jäger hat ein prächtiges Stück Wild erlegt.

el **rebaño**
Herde
El pastor ha vendido su rebaño.
Der Hirte hat seine Herde verkauft.

31 Tierwelt — Haustiere

la **cría** Los leones protegen a sus crías.	Jungtiere; Wurf Löwen schützen ihre Jungtiere.
el **nido**	Nest
el **lomo** He venido a lomos de una mula.	Rücken Ich bin auf einem Maultierrücken hergeritten.
la **uña** Esta mula tiene una uña herida. Los osos tienen uñas muy fuertes.	Kralle, Klaue; Huf Dieses Maultier hat einen verletzten Huf. Bären haben kräftige Klauen.
la **espina** No me gusta comer pescado por las espinas.	(Fisch)gräte Ich mag keinen Fisch, wegen der Gräten.
el **macho**	Männchen, männliches Tier
la **hembra**	Weibchen, weibliches Tier
echar de comer, dar de comer Por favor, no echen de comer a los peces.	füttern Bitte die Fische nicht füttern.
comer	fressen
manso, a Mis amigos tuvieron un lobo manso.	zahm Meine Freunde hatten einen zahmen Wolf.
la **huella** Los perros perdieron la huella de la liebre.	Spur, Fährte Die Hunde verloren die Fährte des Hasen.
el **olfato** Los perros policías tienen un olfato muy educado.	Spür-, Geruchssinn Polizeihunde haben ein sehr geschulten Spürsinn.

Haustiere

el **ganado** En esta finca hay suficiente ganado para alimentar a todo el pueblo.	Vieh Auf diesem Gut gibt es genügend Vieh, um das ganze Dorf zu ernähren.
el **caballo**	Pferd; Hengst
el **cerdo,** la **cerda** Del cerdo se aprovecha todo.	Schwein; Sau Vom Schwein wird alles verarbeitet.

Haustiere — Tierwelt

el **cordero**
La carne de cordero tiene un gusto especial.

Lamm
Lammfleisch hat einen besonderen Geschmack.

la **cabra**
La leche de cabra es muy sana.

Ziege
Ziegenmilch ist sehr gesund.

la **oveja**
Con la lana de tus ovejas nos podemos hacer dos suéteres.

Schaf
Aus der Wolle deiner Schafe können wir uns zwei Pullover machen.

la **vaca**

Kuh

la **ternera**
Esta ternera va a ser un toro bravo.

(Kuh)kalb, (Stier)kalb
Dieses Stierkalb wird noch ein wilder Stier werden.

el **toro**
Después de las corridas se puede comprar la carne de toro.

Stier
Nach den Stierkämpfen kann man das Stierfleisch kaufen.

la **mula**
La mula es un cruce de caballo y burra.

Maulesel
Der Maulesel ist eine Kreuzung von einem Pferd mit einem Esel.

el **burro**, la **burra**

Esel(in)

el **pollo**
Los pollos se crían en granjas.

Huhn
Hühner werden in Hühnerfarmen gezüchtet.

el **pájaro**

Vogel

el **conejo**, la **coneja**

Kaninchen

el **perro**, la **perra**

Hund, Hündin

el **gato**, la **gata**
La gata está en celo.

Kater, Katze
Die Katze ist läufig.

---

doméstico, a
Los animales domésticos pueden volverse peligrosos.

Haus-
Haustiere können gefährlich werden.

inofensivo, a

harmlos

bravo, a

wild; ungezähmt

la **bestia**
La mula y el burro eran tradicionalmente en España las bestias de carga.

Vieh, Tier
Der Maulesel und der Esel waren die traditionellen Lasttiere in Spanien.

el **asno**, la **asna**

Esel(in)

el **buey**
El buey hacía el trabajo más pesado en el campo.

Ochse
Ochsen verrichteten die schwerste Arbeit auf dem Lande.

Tierwelt — Wilde Tiere

el **ave** *f*	Geflügel; Vogel
No todas las aves cantan en primavera.	Nicht alle Vögel singen im Frühling.
el **gallo**	Hahn
la **gallina**	Huhn, Henne
Estas gallinas ponen unos huevos enormes.	Diese Hennen legen riesige Eier.
cantar	krähen; singen
el **pavo**	Puter, Truthahn
El pavo real no vuela casi.	Der Pfau fliegt fast überhaupt nicht.
ladrar	bellen
No hemos dormido porque el perro de Curro ha estado ladrando toda la noche.	Wir haben nicht geschlafen, weil Curros Hund die ganze Nacht gebellt hat.
en celo	brunftig; brunstig; läufig
maullar	miauen
Este gato sólo maúlla cuando quiere salir a la calle.	Dieser Kater miaut nur, wenn er auf die Straße will.

Wilde Tiere

el **águila** *f*	Adler
la **mariposa**	Schmetterling
la **paloma**	Taube
el **pato**	Ente
Hemos echado de comer a los patos y a los cisnes en el lago.	Wir haben am See die Enten und Schwäne gefüttert.
el **león**, la **leona**	Löwe, Löwin
el, la **elefante**	Elefantenbulle, Elefantenkuh
el **mono**, la **mona**	Affe, Äffin
el **cocodrilo**	Krokodil
En Latinoamérica hay bastantes cocodrilos en regiones húmedas.	In feuchten Gebieten in Lateinamerika gibt es ziemlich viele Krokodile.
la **serpiente**	Schlange
Las serpientes son muy silenciosas.	Schlangen sind sehr leise.

Wilde Tiere — Tierwelt

venenoso, a	giftig
el **mosquito**	Mücke
la **mosca**	Fliege
la **araña**	Spinne
el **oso**, la **osa**	Bär(in)
el **lobo**, la **loba**	Wolf, Wölfin
el **zorro**, la **zorra**	Fuchs, Füchsin
el **ratón**	Maus
Vuestro gato ya no caza ratones sino ratas.	Euer Kater fängt keine Mäuse mehr, sondern Ratten.
la **rata**	Ratte
el **pez**	Fisch
el **tiburón**	Hai
Dónde hay delfines no hay tiburones.	Wo Delphine sind, gibt es keine Haie.
el **delfín**	Delphin

---

salvaje — wild, freilebend
Muchos animales salvajes están desapareciendo. — Viele freilebende Tiere sterben aus.

la **jaula** — Käfig
En el zoológico viven los lobos y los zorros en jaulas igual que las águilas. — Im Zoo leben Wölfe und Füchse in Käfigen, wie auch die Adler.

la **cigüeña** — Storch

el **cisne** — Schwan

el **loro** — Papagei
Muchos loros se mueren si no están libres. — Viele Papageien sterben, wenn sie nicht frei sind.

el **ruiseñor** — Nachtigall

el **insecto** — Insekt
Los insectos han estropeado la cosecha. — Insekten haben die Ernte zerstört.

el **bicho** — Tier; Ungeziefer
La pulga y la hormiga son bichos que no pican pero muerden. — Flöhe und Ameisen sind Tiere, die nicht stechen, sondern beißen.

la **hormiga** — Ameise

la **pulga** — Floh

31 Tierwelt — Wilde Tiere

la abeja
Las abejas producen miel y cera.

Biene
Bienen produzieren Honig und Wachs.

el caracol
Maruja sabe cocinar unos caracoles muy ricos.

Schnecke
Maruja kann ausgezeichnete Schnecken zubereiten.

la rana
Las cigüeñas se alimentan de ranas y gusanos.

Frosch
Störche ernähren sich von Fröschen und Würmern.

el gusano

Wurm

la ostra
Las ostras son un tipo de concha.

Auster
Austern sind eine Art Muscheln.

la concha

Muschel

el pulpo

Polyp, Oktopus

la piraña

Piranha

aullar
Cuando estuvimos en los Pirineos oímos aullar a los lobos.

heulen
Als wir in den Pyrenäen waren, haben wir Wölfe heulen gehört.

la liebre
Las liebres viven salvajes pero los conejos se crían en granjas.

(Feld)hase
Hasen leben in freier Wildbahn, während Kaninchen in Farmen gezüchtet werden.

el ciervo, la cierva

Hirsch, Hirschkuh

Pflanzenwelt

Grundbegriffe

la **vegetación**
En los Andes se encuentra una vegetación muy variada.

Pflanzenwuchs, Vegetation
In den Anden findet man eine vielfältige Vegetation vor.

variado, a

vielfältig

plantar
Todos los años plantamos un limonero.

pflanzen
Wir pflanzen jedes Jahr einen Zitronenbaum.

la **raíz**

Wurzel

la **semilla**
Muchas semillas son comestibles.

Samen(korn)
Viele Samenkörner sind eßbar.

secar
Las raíces del pino han secado el pozo.

austrocknen
Die Wurzeln der Pinie haben den Brunnen austrocknen lassen.

la **rama**
¡No te subas a esa rama que te vas a caer!

Zweig
Klettere nicht auf den Zweig da, du fällst noch herunter!

el **ramo**

Blumenstrauß

el **fruto**
El fruto del olivo es la oliva.

Frucht
Die Frucht des Ölbaumes ist die Olive.

la **hoja**
En otoño los árboles pierden las hojas.

Blatt
Im Herbst verlieren die Bäume ihre Blätter.

la **flora**
Hay que proteger más la flora y fauna en todo el mundo.

Flora
Man muß Flora und Fauna auf der ganzen Welt mehr schützen.

vegetal
El aceite vegetal es mucho más sano que la grasa animal.

pflanzlich
Pflanzliches Öl ist wesentlich gesünder als tierisches Fett.

el **grano**

(Samen)korn

la **cáscara**

Schale

el **hueso**

Kern *(Steinobst)*

la **pepita**

Kern

la **corteza**
De la corteza del alcornoque se saca el corcho.
La corteza de la naranja no se come.

Rinde; Schale
Aus der Rinde der Korkeiche gewinnt man Kork.
Apfelsinenschalen ißt man nicht.

el **tronco**	Stamm
Cuando cortaron el pino vieron que el tronco estaba hueco.	Als sie die Pinie fällten, sahen sie, daß der Stamm hohl war.
hueco, a	hohl
la **ramificación**	Verästelung, Verzweigung
En el interior de la selva la ramificación de los árboles casi no deja pasar la luz.	Im Innern des Urwaldes läßt die Verästelung der Bäume kaum das Licht hindurch.

Blumen, Pflanzen und Bäume

la **flor**
El clavel es la flor preferida por Marisa.
Los almendros ya están en flor.

Blume; Blüte
Nelken sind Marisas Lieblingsblumen.
Die Mandelbäume blühen schon.

la **rosa**
Para su cumpleaños le enviaron un ramo de rosas.

Rose
Zu ihrem Geburtstag schickten sie ihr einen Rosenstrauß.

la **planta**
A María le gusta mucho tener plantas en casa.

Pflanze
María hat sehr gern Pflanzen im Haus.

comestible

eßbar

el **trigo**
En Castilla se cultiva mucho el trigo.

Weizen
In Kastilien wird viel Weizen angebaut.

los **cereales**
¿Ya habéis terminado la cosecha de cereales?

Getreide
Seid ihr schon mit der Getreideernte fertig?

la **hierba**
Con hierbas se pueden curar muchas enfermedades.

Kraut; Gras
Mit Kräutern kann man viele Krankheiten heilen.

la **mata**
Las moras crecen en matas.

Busch; Strauch
Brombeeren wachsen auf Sträuchern.

la **mora**

Maulbeere; Brombeere

el **árbol**
Tenemos que cortar unas ramas de este árbol para que crezca mejor.

Baum
Wir müssen einige Äste dieses Baumes absägen, damit er besser wächst.

frutal
En Castellón también hay muchos árboles frutales.

Obst-
In Castellón gibt es auch viele Obstbäume.

Blumen, Pflanzen und Bäume | **Pflanzenwelt 32**

el **limonero** — Zitronenbaum

el **almendro** — Mandelbaum

el **higo** — Feige
El higo es la fruta de la higuera. — Die Feige ist die Frucht des Feigenbaums.

la **higuera** — Feigenbaum

el **olivo** — Ölbaum

el **pino** — Pinie; Kiefer
En verano los bosques de pinos se incendian fácilmente. — Im Sommer geraten Pinienwälder sehr leicht in Brand.

la **palmera** — Palme
¡Mira, esa palmera tiene cocos! — Sieh mal! Auf der Palme sind Kokosnüsse.

el **coco** — Kokosnuß

---

el **clavel** — Nelke

el **rosal** — Rosenstrauch, Rosenstock
El rosal ha crecido tanto que ya no se ve el muro del jardín. — Der Rosenstrauch ist so sehr gewachsen, daß man die Gartenmauer nicht mehr sieht.

el **geranio** — Geranie
En nuestro chalet teníamos geranios muy bonitos. — In unserem Ferienhaus hatten wir sehr schöne Geranien.

silvestre — wild, Wild-
En la montaña crecen muchas plantas silvestres. — In den Bergen wachsen viele wilde Pflanzen.

el **girasol** — Sonnenblume
El aceite de girasol es más barato que el de oliva. — Sonnenblumenöl ist preiswerter als Olivenöl.

la **cebada** — Gerste

el **centeno** — Roggen

la **avena** — Hafer

la **seta** — Pilz
Hay que tener mucho cuidado cuando se recogen setas porque algunas son muy venenosas. — Man muß sehr vorsichtig sein, wenn man Pilze sammelt, weil einige sehr giftig sind.

la **remolacha** — Rübe

el **manzano** — Apfelbaum

el **platanero** — Bananenbaum
La fruta del platanero es el plátano. — Die Frucht des Bananenbaums ist die Banane.

Pflanzenwelt — Blumen, Pflanzen und Bäume

el **banano**	Bananenstaude
el **mango**	Mangobaum; Mango(frucht)
el **cacao**	Kakao(strauch)
la **caña de azúcar**	Zuckerrohr
el **cactus** Juan se pinchó con el cactus.	Kaktus Juan stach sich an dem Kaktus.
el **laurel** Una hoja de laurel da un sabor especial a la comida.	Lorbeer Ein Lorbeerblatt gibt dem Essen einen besonderen Geschmack.
el **romero**	Rosmarin
la **paja** La paja aún está en el campo para que se seque.	Stroh Das Stroh liegt noch auf dem Feld, damit es trocknet.
el **prado** En el prado hay muchos tréboles.	Wiese Auf der Wiese gibt es viel Klee.
el **trébol**	Klee, Kleeblatt
el **césped** Cuesta mucho trabajo y mucha agua para que crezca el césped en el sur de España.	Rasen Es kostet viel Arbeit und viel Wasser, damit im Süden Spaniens Rasen wächst.
el **alcornoque**	Korkeiche
el **pinar** El verano pasado se limpió el pinar.	Pinienwald; Kiefernwald Letzten Sommer wurde der Pinienwald gesäubert.

Vom Menschen geschaffene Umwelt | 33

Stadt, Dorf

la **ciudad**
Pamplona es una ciudad conocida por sus fiestas.

Stadt
Pamplona ist eine Stadt, die durch ihre Feste bekannt ist.

la **capital**
Lérida es una capital catalana.

Hauptstadt; Provinzhauptstadt
Lérida ist eine katalanische Provinzhauptstadt.

el **pueblo**
Algunas capitales parecen más bien pueblos.

Dorf
Einige Hauptstädte sehen eher wie Dörfer aus.

los **alrededores**
En los alrededores de Barcelona hay ciudades-dormitorios.

Umgebung
In der Umgebung von Barcelona gibt es Trabantenstädte.

el **suburbio**
Las empresas industriales están en los suburbios de Valencia.

Vorort; Stadtrand
Die Industrieunternehmen befinden sich in den Vororten von Valencia.

el **barrio**
Los vecinos de este barrio han formado una comunidad.

Stadtteil, Viertel
Die Bewohner dieses Viertels haben eine Interessengemeinschaft gegründet.

local
Llegaré a Canarias a las tres y media hora local.

Orts-, lokal
Ich werde um halb vier Ortszeit auf den Kanaren ankommen.

situado, a
San Sebastián está situada en la costa cantábrica.

gelegen, liegend
San Sebastián liegt an der kantabrischen Küste.

el **habitante**
¿Cuántos habitantes tiene Salamanca?

Einwohner
Wie viele Einwohner hat Salamanca?

el **ciudadano,** la **ciudadana**
Los ciudadanos tienen que mantener limpia la ciudad.

Bürger(in)
Die Bürger müssen ihre Stadt sauber halten.

el **vecino,** la **vecina**

Bewohner(in), Einwohner(in)

el **centro**
En el centro de Barcelona están las fachadas de Gaudí.

Zentrum, Innenstadt
Im Zentrum von Barcelona sind die Fassaden von Gaudí.

la **zona**

Gebiet

33 Vom Menschen geschaffene Umwelt — Stadt, Dorf

municipal
Los policías municipales llevan generalmente uniformes azules.

Gemeinde-, Stadt-, städtisch
Die Polizisten der Gemeinden tragen im allgemeinen blaue Uniformen.

la **villa**
Algunas villas españolas mantienen relaciones con aldeas extranjeras.

Kleinstadt
Einige Kleinstädte unterhalten Beziehungen zu ausländischen Dörfern.

la **aldea**
En Bolivia algunas aldeas sólo tienen diez casas.

kleines Dorf
In Bolivien bestehen einige kleine Dörfer nur aus zehn Häusern.

rural
La vida rural es muy tranquila.

ländlich, Land-
Das Leben auf dem Land ist sehr ruhig.

rústico, a

ländlich

la **finca**
Aquello era una finca o una hacienda, hoy sólo es una ruina.

Bauernhaus; Landgut
Das dort war ein Bauernhaus oder eine Farm, heute ist es nur noch eine Ruine.

la **hacienda**

Landgut; Farm

las **afueras**

Randgebiet, nähere Umgebung einer Stadt

Mucha gente vive en las afueras de la ciudad porque es más tranquilo.

Viele Menschen wohnen außerhalb der Stadt, weil es dort ruhiger ist.

urbano, a
El alcalde ha presentado un proyecto de limpieza urbana.

städtisch; Orts-; Stadt-
Der Bürgermeister hat ein Stadtreinigungskonzept vorgestellt.

la **barriada de chabolas**

Elendsviertel

la **población**
Madrid y Barcelona son las ciudades de mayor población de España.

Bevölkerung
Madrid und Barcelona sind die Städte mit der größten Bevölkerungsdichte in Spanien.

poblar
Los españoles poblaron parte de América.

bevölkern
Spanier bevölkerten einen Teil Amerikas.

residir
En verano residen en Benidorm más turistas que habitantes nativos.

wohnen
Im Sommer wohnen in Benidorm mehr Touristen als Einheimische.

nativo, a

einheimisch

residente
¿Es usted residente en Cuba?

wohnhaft
Wohnen Sie in Kuba?

la **urbanización**
Enrique vive en esa urbanización.

Siedlung
Enrique wohnt in der Siedlung da.

Gebäude

el **edificio**
Estos edificios modernos son horribles.

Gebäude
Diese modernen Gebäude sind schrecklich.

el **ayuntamiento**
El alcalde ha inaugurado el nuevo ayuntamiento.

Rathaus
Der Bürgermeister hat das neue Rathaus eingeweiht.

la **biblioteca**
¿A qué hora abre la biblioteca?

Bibliothek
Um wieviel Uhr öffnet die Bibliothek?

la **central**
La manifestación de hoy ha sido contra las centrales nucleares.

Zentrale, Hauptstelle
Die heutige Demostration richtete sich gegen Atomkraftwerke.

la **torre**
En Toledo hay muchas torres por eso se dice que es la ciudad de las torres.

Turm; Wolkenkratzer
In Toledo gibt es viele Türme, deshalb sagt man, daß Toledo die Stadt der Türme sei.

el **museo**
En Madrid hay muchos museos muy importantes.

Museum
In Madrid gibt es sehr viele wichtige Museen.

el **castillo**
En España hay muchos castillos de diferentes épocas.

Burg; Schloß
In Spanien gibt es viele Burgen aus verschiedenen Epochen.

el **cementerio**
En los pueblos los cementerios están cerca de la iglesia.

Friedhof
In den Dörfern sind die Friedhöfe in der Nähe der Kirche.

la **manzana**
Al volver la manzana está el ayuntamiento.

Häuserblock
Hier um den Häuserblock herum ist das Rathaus.

inaugurar
El alcalde inauguró el nuevo ayuntamiento.

einweihen; eröffnen
Der Bürgermeister weihte das neue Rathaus ein.

el **palacio**
¿En qué palacio viven los Reyes ahora?

Palast
In welchem Palast wohnen die Könige jetzt?

33 Vom Menschen geschaffene Umwelt — Infrastruktur

el **rascacielos**
Madrid se parece a Nueva York en los rascacielos.

Wolkenkratzer, Hochhaus
Madrid ist New York wegen der Wolkenkratzer ähnlich.

la **ruina**

Ruine

habitado, a
Estas ruinas fueron habitadas por los romanos.

bewohnt
Diese Ruinen wurden von den Römern bewohnt.

el **acueducto**

Aquädukt

el **molino de viento**

Windmühle

el **alcázar**
El Alcázar de Toledo fue destruido durante la guerra.

Festung, Burg
Die Festung von Toledo wurde während des Krieges zerstört.

la **muralla**

Festungsmauern; Stadtmauern

el **(jardín) zoológico**

Zoo

Infrastruktur

la **infraestructura**

Infrastruktur

el **camino**
Este parque es tan nuevo que todavía no han hecho los caminos.

Weg
Dieser Park ist so neu, daß die Wege noch nicht angelegt wurden.

la **plaza**
En esta plaza siempre hay mucha suciedad.

Platz
Auf diesem Platz ist immer viel Dreck.

el **pozo**
El agua del pozo es muy pura.

Brunnen
Das Brunnenwasser ist sehr rein.

la **piscina**
En Valverde han hecho una piscina pública muy moderna.

Schwimmbad
In Valverde hat man ein modernes öffentliches Schwimmbad gebaut.

el **puente**
¿Cuántos puentes hay en Sevilla sobre el Guadalquivir?

Brücke
Wie viele Brücken gibt es in Sevilla über den Guadalquivir?

el **parque**

Park

el **sitio**
En esta ciudad no hubo sitio para más casas.

Platz, Ort
In dieser Stadt gab es keinen Platz für weitere Häuser.

la **planificación territorial**	Raumordnung
el **callejón**	enge Gasse
el **farol**	Staßenlaterne
la **fuente**	Springbrunnen
La Plaza de la Cibeles tiene una fuente muy grande.	Der Springbrunnen am Cibeles-Platz ist sehr groß.
el **estanque**	Teich
El estanque del Retiro es muy bonito.	Der Teich im Retiro-Park ist sehr schön.
el **centro comercial**	Einkaufszentrum
A las afueras de Sabadell hay un centro comercial enorme.	Außerhalb von Sabadell gibt es ein riesiges Einkaufszentrum.
el **bombero**	Feuerwehr(mann)
¡Llama a los bomberos que hay un incendio en la montaña!	Ruf die Feuerwehr an! In den Bergen brennt es!
el **incendio**	Brand, Feuer
el **reactor (nuclear)**	(Kern)reaktor
el **paso subterráneo**	Unterführung
el **túnel**	Tunnel

34 | Transport und Verkehr

Allgemeines

el tráfico
En Bogotá el tráfico es un problema.

Verkehr
In Bogotá ist der Verkehr ein Problem.

registrar
La policía registró un aumento de tráfico en los últimos años.

feststellen
Die Polizei stellte in den letzten Jahren ein höheres Verkehrsaufkommen fest.

el accidente
En la autopista se produjo un accidente muy grave por exceso de velocidad.

Unfall
Auf der Autobahn kam es wegen überhöhter Geschwindigkeit zu einem schweren Unfall.

el riesgo
No vale la pena el riesgo de correr tanto.

Risiko; Gefahr
Das Risiko, so schnell zu fahren, lohnt sich nicht.

chocar
Delante del bar chocaron dos coches pero no hubo heridos.

zusammenstoßen
Vor der Kneipe stießen zwei Autos zusammen, aber es gab keine Verletzte.

el taller
Como tengo el coche en el taller, no puedo ir a recogerte a la estación.

Werkstatt
Da das Auto in der Werkstatt ist, kann ich dich nicht vom Bahnhof abholen.

reparar
Miguel sabe reparar cualquier motor.

reparieren
Miguel kann jeden Motor reparieren.

conducir
A pesar de saber conducir muy bien no pudo evitar el accidente.

(Auto) fahren
Obwohl er sehr gut Auto fahren kann, konnte er den Unfall nicht vermeiden.

el conductor, la conductora
Raimundo es un conductor prudente.

(Auto)fahrer(in)
Raimundo ist ein vorsichtiger Autofahrer.

el peatón
En las carreteras españolas una señal recuerda a los peatones que circulen por su izquierda.

Fußgänger
Auf spanischen Landstraßen erinnert ein Schild die Fußgänger daran, auf der linken Straßenseite zu gehen.

atropellar
El siete de julio, San Fermín, me atropelló un toro en Pamplona.

überfahren; umrennen
Am siebten Juli, San Fermín, rannte mich in Pamplona ein Stier um.

Allgemeines — Transport und Verkehr

circular
A las ocho de la mañana es casi imposible circular por Barcelona.

fahren
Um acht Uhr morgens ist es fast unmöglich, in Barcelona durchzukommen.

adelantar
Ahora podemos adelantar a ese camión porque no hay tráfico de frente.

überholen
Jetzt können wir diesen Lastwagen überholen, weil kein Gegenverkehr ist.

girar
Antes de girar tienes que esperar a que pasen los peatones.

abbiegen
Bevor du abbiegst, mußt du warten, bis die Fußgänger vorbeigegangen sind.

---

la **circulación**
Por las tardes la circulación en Quito es imposible.

Verkehr
Nachmittags ist der Verkehr in Quito unmöglich.

la **desviación**

Umleitung

el **transporte**
Para el transporte de los muebles alquilamos un camión.

Transport, Beförderung
Für den Möbeltransport mieteten wir einen Lastwagen.

transportar
En mi coche puedo transportar el armario.

transportieren
Ich kann den Schrank in meinem Auto transportieren.

la **señal de tráfico**
Hay que respetar tanto las señales de tráfico como los semáforos.

Verkehrszeichen
Verkehrszeichen sind ebenso wie Ampeln zu beachten.

el **semáforo**

Ampel

el **disco**
Alberto cruzó la calle a pesar de que el disco estaba rojo.

Ampel(phase)
Alberto ging über die Straße, obwohl die Ampel rot war.

la **velocidad**

Geschwindigkeit

la **limitación de velocidad**

Geschwindigkeitsbegrenzung

la **auto-escuela**

Fahrschule

el **carnet de conducir**
Si se conduce un coche hay que llevar el carnet de conducir.

Führerschein
Wenn man ein Auto fährt, ist der Führerschein mitzuführen.

el, la **automovilista**

Autofahrer(in)

Straßenverkehr

la **bici,** la **bicicleta**
Perico aún no sabe montar en bicicleta porque es demasiado pequeño.

Fahrrad
Perico kann noch nicht radfahren, weil er zu klein ist.

el, la **ciclista**
En España muchos conductores no respetan a los ciclistas.

Fahrradfahrer(in)
In Spanien nehmen viele Autofahrer keine Rücksicht auf Radfahrer.

la **moto**
En Jerez se organizan carreras de motos.

Motorrad
In Jerez werden Motorradrennen organisiert.

el **coche**
Después del accidente llevé el coche al taller.

Auto; Wagen
Nach dem Unfall brachte ich den Wagen in die Werkstatt.

usado, a
¿Has comprado un coche nuevo o usado?

gebraucht
Hast du ein neues oder ein gebrauchtes Auto gekauft?

el **auto(móvil)**
En Hispanoamérica, excepto en Chile y Argentina, se llama al automóvil "carro".

Auto
In Spanisch-Amerika, außer in Chile und Argentinien, wird das Auto "carro" (Karre; Fuhrwerk) genannt.

el **camión**
Los domingos hay muy pocos camiones por las carreteras.

Lastwagen
Sonntags sind sehr wenige Lastwagen auf der Landstraße.

el **motor**
Enriqueta entiende mucho de motores.

Motor
Enriqueta versteht viel von Motoren.

la **gasolinera**
Ya hay en muchas gasolineras españolas gasolina sin plomo.

Tankstelle
Viele spanische Tankstellen führen schon bleifreies Benzin.

la **gasolina**
el **gasóleo**
Generalmente la gasolina es más cara que el gasóleo.

Benzin
Diesel
Generell ist Benzin teurer als Diesel.

arrancar
Como arranca mal el coche, le cambiaré las bujías.

anfahren, starten
Da der Wagen schlecht anspringt, werde ich die Zündkerzen wechseln.

frenar
Tuvimos que frenar en seco para no atropellar el burro.

bremsen
Wir mußten eine Vollbremsung machen, um den Esel nicht zu überfahren.

Straßenverkehr — Transport und Verkehr

el freno
Los frenos de tu moto funcionan muy mal.

Bremse
Die Bremsen deines Motorrades funktionieren sehr schlecht.

la rueda
Me han pinchado las cuatro ruedas.

Rad; Reifen
Man hat mir alle vier Reifen zerstochen.

derecho
Para ir a la playa siga por aquí todo derecho.

geradeaus
Um zum Strand zu kommen, fahren Sie hier weiter geradeaus.

seguir

weitergehen, weiterfahren

torcer
Perdone, ¿cómo voy a la Sagrada Familia? – Tuerza aquí a la derecha y continúe todo derecho hasta el final de la calle.

abbiegen
Entschuldigen Sie bitte, wie komme ich zu der Kirche "Sagrada Familia"? – Biegen Sie hier rechts ab, und fahren Sie weiter geradeaus bis zum Ende der Straße.

parar
El autobús para Gerona, ¿para aquí?

halten, anhalten
Hält der Bus nach Gerona hier?

el taxi

Taxi

el, la taxista

Taxifahrer(in)

el autobús
Para ir a las Ramblas puede tomar el autobús o ir en metro.

Bus
Zur Ramblas können sie den Bus nehmen oder mit der U-Bahn fahren.

la parada
Para ir al centro, ¿es esta parada?

Haltestelle
Ist das die richtige Haltestelle in die Innenstadt?

pasar
¿A qué hora pasa el próximo autobús para Guadalajara?

vorbeifahren
Um wieviel Uhr fährt der nächste Bus nach Guadalajara?

---

acelerar

beschleunigen; Gas geben

la póliza del seguro
¿Lleva usted la póliza del seguro?

Versicherungsschein
Haben Sie den Versicherungsschein dabei?

el cinturón de seguridad
En carreteras y autopistas españolas es obligatorio llevar el cinturón de seguridad.

Sicherheitsgurt
Auf Landstraßen und Autobahnen ist es in Spanien Pflicht, sich anzuschnallen.

aparcar, estacionar
¡Aquí no puede aparcar!

parken
Hier können Sie nicht parken!

el estacionamiento
Estacionamiento prohibido.

Parken
Parken verboten.

Transport und Verkehr — Straßenverkehr

la **multa** — Geldstrafe, Bußgeld

la **avería** — Panne
La Guardia Civil le ayudará si tiene una avería. — Die Guardia Civil wird Ihnen helfen, wenn Sie eine Panne haben.

la **grúa** — Abschleppwagen
La grúa se llevó mi coche porque estaba mal aparcado. — Mein Auto wurde abgeschleppt, weil es falsch geparkt war.

estropeado, a — defekt, beschädigt
El embrague de mi coche está estropeado, por eso no le entran bien las marchas. — Die Kupplung meines Autos ist defekt, deshalb gehen die Gänge schlecht rein.

la **marcha** — Gang

la **matrícula** — polizeiliches Kennzeichen
El coche tiene matrícula de Barcelona. — Das Auto hat ein Kennzeichen aus Barcelona.

la **placa** — Nummernschild
La placa de tu moto está sucia. — Das Nummernschild deines Motorrads ist schmutzig.

cegar — blenden
De noche me ciegan los faros de los coches. — Nachts blenden mich die Autoscheinwerfer.

el **faro** — Scheinwerfer

el **embrague** — Kupplung

la **bujía** — Zündkerze

el **depósito** — Tank
Por favor, lléneme el depósito y míreme el aceite. — Machen Sie mir bitte den Tank voll, und schauen Sie bitte nach dem Öl.

el **bidón (de gasolina)** — (Benzin)kanister

el **neumático** — Reifen
Lleváis los neumáticos muy gastados. Será mejor que los cambiéis antes del viaje. — Eure Reifen sind sehr abgefahren. Es ist wohl besser, ihr wechselt sie vor der Reise.

la **presión** — Druck

el **volante** — Lenkrad
No coja el volante si ha bebido. — Setzen Sie sich nicht ans Steuer, wenn Sie getrunken haben.

el **maletero** — Kofferraum

el **claxon** — Hupe

el **velo(motor)** — Mofa

el **casco**	(Sturz)helm

▬▬▬ Schienenverkehr ▬▬▬

el **metro**
Lo más rápido para ir al centro es el metro.

U-Bahn
Am schnellsten kommt man mit der U-Bahn in die Innenstadt.

el **ferrocarril**
En Ibiza no hay ferrocarril.

Eisenbahn
Auf Ibiza gibt es keine Eisenbahn.

el **tren**
El tren procedente de Málaga entra en la vía cuatro.

Zug
Der Zug aus Málaga fährt auf Gleis vier ein.

la **estación**
¿Dónde está la estación central? – Al lado del ayuntamiento.

Bahnhof
Wo ist der Hauptbahnhof? – Neben dem Rathaus.

el **billete**
Los billetes de diez viajes para el autobús se venden en los estancos.

Fahrkarte
Zehnerfahrkarten für den Bus werden in Tabakwarengeschäften verkauft.

la **ida**
Como a la vuelta Pedro me lleva en su coche, sólo tengo que tomar el tren de ida.

Hinfahrt
Da mich Pedro in seinem Wagen auf der Rückfahrt mitnimmt, muß ich nur auf der Hinfahrt den Zug nehmen.

la **vuelta**
Déme un billete de ida y vuelta para Córdoba.

Rückfahrt
Geben Sie mir bitte eine Rückfahrkarte nach Córdoba.

hacer transbordo
¿Hay que hacer transbordo para ir de Segovia a Cáceres?

umsteigen
Muß man umsteigen, um von Segovia nach Cáceres zu fahren?

el **horario**
Hemos estado mirando el horario de trenes pero no hemos entendido nada.

Fahrplan
Wir haben auf den Fahrplan geschaut, aber nichts verstanden.

la **vía**
Ahora entra el tren para Aranjuez por la vía tres.

Gleis
Jetzt fährt der Zug nach Aranjuez auf Gleis drei ein.

el **andén**
¿De qué andén sale el tren para Irún?

Bahnsteig
Von welchem Bahnsteig fährt der Zug nach Irún ab?

la **reserva**
¿Cuánto es la reserva de asiento? – No lo sé, pregunte en la ventanilla dos.

Platzreservierung
Was kostet die Sitzplatzreservierung? – Ich weiß es nicht. Fragen Sie am Schalter zwei.

la **ventanilla** — Schalter

el **asiento** — Sitzplatz

el **tranvía**
Desde hace muchos años ya no existen tranvías en Valencia.

Straßenbahn
In Valencia gibt es schon seit vielen Jahren keine Straßenbahn mehr.

el **enlace** — Verbindung

la **correspondencia**
Este tren no tiene correspondencia con el expreso de Santander.

Anschluß
Dieser Zug hat keinen Anschluß an den Schnellzug nach Santander.

procedente
El tren procedente de Bilbao llegará con una hora de retraso.

aus
Der Zug aus Bilbao wird mit einer Stunde Verspätung ankommen.

el **expreso** — Schnellzug

el **rápido** — D-Zug

el **Talgo** — Intercity

las **cercanías**
el tren de cercanías

nähere Umgebung
der Nahverkehrszug

el **suplemento** — Zuschlag

el **vagón**
¿Qué vagones lleva el rápido a Vigo? – Lleva un coche-restaurante y coches-literas.

Waggon, Wagen
Welche Wagen hat der D-Zug nach Vigo? – Einen Speisewagen und Liegewagen.

el **coche-restaurante** — Speisewagen

el **coche-litera** — Liegewagen

el **coche-cama**
¿Puedo sacar reserva para el coche-cama?

Schlafwagen
Kann ich einen Schlafwagenplatz reservieren?

el **compartimento** — Abteil

la **Renfe**
Renfe significa "red nacional de ferrocarriles españoles".

Spanische Staatseisenbahn
Renfe bedeutet "spanisches nationales Eisenbahnnetz"

el **revisor,** la **revisora** — Schaffner(in)

la **consigna** — Gepäckaufbewahrung

Luft- und Schiffahrt

el avión
En Latinoamérica el avión muchas veces es la única posibilidad de trasladarse.

Flugzeug
In Lateinamerika ist das Flugzeug oft die einzige Möglichkeit zu reisen.

aéreo, a
Algunas compañías aéreas son famosas por sus retrasos.

Flug-, Luft-
Einige Fluggesellschaften sind bekannt für ihre Verspätungen.

el aeropuerto
En el aeropuerto de Zaragoza hay problemas con la aviación militar norteamericana.

Flughafen
Auf dem Flughafen von Saragossa gibt es Probleme mit der nordamerikanischen Luftwaffe.

el vuelo
El vuelo de Mallorca a Valencia es muy corto.

Flug
Der Flug von Mallorca nach Valencia ist sehr kurz.

volar
Cuando se vuela sobre las nubes, se puede ver el sol.

fliegen
Wenn man über den Wolken fliegt, kann man die Sonne sehen.

aterrizar
¿Ya ha aterrizado el avión de Acapulco?

landen
Ist das Flugzeug aus Acapulco schon gelandet?

despegar
Antes de despegar las azafatas explican las instrucciones de seguridad.

abheben, starten
Vor dem Start erklären die Stewardessen die Sicherheitsvorschriften.

la azafata

Stewardeß

el auxiliar de vuelo

Steward

el capitán
En nombre del capitán les damos la bienvenida a bordo.

Kapitän
Im Namen des Kapitäns heißen wir Sie herzlich willkommen an Bord.

a bordo

an Bord *(Schiff, Flugzeug)*

el pasajero, la pasajera

Los pasajeros con destino a Cádiz diríjanse a la puerta número trece.

Passagier, Fahrgast; Schiffsreisende(r); Fluggast
Die Fluggäste nach Cádiz werden gebeten, sich zum Ausgang Nummer 13 zu begeben.

embarcarse

¿A qué hora os tenéis que embarcar?

sich abfertigen lassen, einchecken; an Bord gehen *(Schiff)*
Um wieviel Uhr müßt ihr einchecken?

desembarcar
Los pasajeros acaban de desembarcar en Palma.

el **barco**
Un viaje en barco es muy agradable si no hay tempestad.

el **puerto**
El transbordador de Ibiza acaba de llegar al puerto de Barcelona.

el **pasaje**
¿Has sacado ya el pasaje?

el **transbordador**
De Melilla sale un transbordador para Málaga.

marítimo, a
Muchos transportes de Latinoamérica se realizan por vía marítima.

ausschiffen
Die Passagiere sind gerade in Palma an Land gegangen.

Schiff
Eine Schiffsreise kann sehr angenehm sein, wenn kein Sturm aufkommt.

Hafen
Die Fähre von Ibiza ist gerade im Hafen von Barcelona eingelaufen.

Flugschein; Schiffskarte
Hast du die Schiffskarte schon gelöst?

Fähre
Von Melilla fährt eine Fähre nach Málaga.

Meer-, See-
Viele Transporte aus Lateinamerika werden auf dem Seeweg durchgeführt.

---

la **aviación**

la **navegación**
La navegación aérea ha aumentado en los últimos años.
Es necesario para la navegación por alta mar una brújula.

la **brújula**
Los marineros se orientan con la brújula.

orientarse

la **escala**
¿Este vuelo a Buenos Aires es directo o hace escala en Asunción?

directo, a
¿Hay combinación de metro directa al Paseo de la Castellana?

el **destino**
El vuelo con destino a Santa Cruz se retrasa media hora.

retrasarse

Luftfahrt; Flugwesen

Luftfahrt; Schiffahrt
Der Luftverkehr hat in den letzten Jahren zugenommen.
Für die Hochseeschiffahrt ist ein Kompaß notwendig.

(Schiffs)kompaß
Matrosen orientieren sich mit Hilfe des Kompasses.

sich orientieren

Zwischenlandung
Ist dieser Flug nach Buenos Aires direkt oder wird in Asunción zwischengelandet?

direkt
Gibt es eine direkte U-Bahnverbindung zum Paseo de la Castellana?

Flugziel
Der Flug nach Santa Cruz verspätet sich um eine halbe Stunde.

sich verspäten

Luft- und Schiffahrt — Transport und Verkehr **34**

el **helicóptero**
Nunca he subido a un helicóptero.

Hubschrauber
Ich bin niemals in einen Hubschrauber eingestiegen.

la **nave**
Los aviones se reparan en naves enormes.

Halle
Flugzeuge werden in riesigen Hallen repariert.

el **marinero**
Los marineros están en todos los puertos en casa.

Matrose, Seemann
Seeleute sind in allen Häfen zu Hause.

marino, a
Su abuelo era capitán de barco y siempre llevaba un uniforme marino.

See-; Seemanns-, Matrosen-
Sein Großvater war Schiffskapitän und trug immer eine Seemannsuniform.

la **proa** — Bug

la **popa** — Heck

la **cubierta** — Deck

navegar
Es difícil navegar por aguas desconocidas.

zur See fahren; fahren; segeln
Es ist schwierig, durch unbekannte Gewässer zu fahren.

la **barca**
En el Retiro de Madrid hay barcas para pasear por el estanque.

Boot
Im Madrider Retiro-Park kann man in Booten auf dem Teich spazierenfahren.

el **ancla** *f* — Anker

el **nudo** — Knoten

el **yate**
Este verano hemos pasado las vacaciones a bordo de un yate.

Jacht
Diesen Sommer haben wir Urlaub an Bord einer Jacht gemacht.

el **naufragio**
El naufragio de muchos barcos es debido al desconocimiento de las aguas.

Schiffbruch
Der Schiffbruch vieler Schiffe ist auf die Unkenntnis der Gewässer zurückzuführen.

el **náufrago**, la **náufraga**
Los náufragos fueron rescatados por la marina de guerra.

Schiffbrüchige(r)
Die Schiffbrüchigen wurden von der Marine gerettet.

rescatar — retten

Verkehrswege

la **calle**
En esta calle a todas horas hay mucho tráfico.

Straße
Auf dieser Straße ist immer viel Verkehr.

la **avenida**
La Diagonal es la avenida que cruza Barcelona.

Allee
Die Diagonal ist die Allee, die Barcelona durchquert.

atravesar
¡Nunca atraviese la avenida cuando el semáforo esté en rojo!

überqueren; durchqueren
Überqueren Sie niemals die Allee, wenn die Ampel rot ist!

el **cruce**
Este cruce fue peligroso porque no había semáforo.

Kreuzung
Diese Kreuzung war gefährlich, weil es keine Ampel gab.

cruzar
Vamos a cruzar la calle por el paso de peatones.

überqueren; kreuzen
Wir wollen beim Fußgängerüberweg die Straße überqueren.

la **carretera**
En las carreteras españolas hay una limitación de velocidad.

Landstraße
Auf spanischen Landstraßen gibt es eine Geschwindigkeitsbeschränkung.

la **autopista**
En España hay que pagar peaje en las autopistas.

Autobahn
In Spanien muß man auf Autobahnen Maut bezahlen.

la **curva**
¡Cuidado con esta curva! Es muy peligrosa.

Kurve
Vorsicht! Diese Kurve ist sehr gefährlich.

las **obras**

La carretera está cortada por obras.

Bauarbeiten; Baustelle *(immer im Plural in dieser Bedeutung)*
Die Landstraße ist wegen Bauarbeiten gesperrt.

cortar
Han cortado la calle de Alcalá por una manifestación.

sperren
Die Straße Alcalá ist wegen einer Demonstration gesperrt worden.

la **entrada**
¿Dónde está la entrada al garaje del hotel?

Einfahrt
Wo ist die Einfahrt zur Hotelgarage?

la **salida**
Venimos tarde porque nos equivocamos en la salida de la autopista.

Ausfahrt
Wir kommen zu spät, weil wir uns in der Autobahnausfahrt geirrt haben.

Verkehrswege — Transport und Verkehr

la **acera**
En verano las aceras de los pueblos están ocupadas por señoras que hacen labores.

Gehsteig
Im Sommer sitzen in den Dörfern Frauen auf dem Gehsteig, die Handarbeiten machen.

el **aparcamiento**
He estado buscando dos horas aparcamiento y al final he aparcado mal.

Parkplatz
Ich habe zwei Stunden lang einen Parkplatz gesucht, und letztendlich stehe ich im Parkverbot.

el **paso de peatones**
Casi me atropellan en el paso de peatones.

Fußgängerüberweg
Fast bin ich auf dem Fußgängerüberweg überfahren worden.

la **zona azul**
Cuando se aparca en la zona azul hay que comprar un billete en un automático y dejarlo visible en el coche.

Kurzparkzone
Wenn man in der Kurzparkzone parkt, muß man einen Parkschein an einem Automaten kaufen und ihn sichtbar im Auto liegenlassen.

el **automático**

Automat

el **peaje**
A veces no merece la pena utilizar la autopista porque el peaje es muy caro.

Autobahngebühr, Maut
Es lohnt sich manchmal nicht, die Autobahn zu benutzen, weil die Gebühren sehr hoch sind.

el **tránsito**
El tránsito de Valencia ha mejorado con la autopista.

Transit, Durchfahrt, Durchreise
Die Durchfahrt durch Valencia ist mit der Autobahn besser geworden.

35 Weltall

el **planeta** — Planet

la **estrella** — Stern
Las estrellas brillan en noches claras. — In klaren Nächten funkeln die Sterne.

brillar — leuchten, glänzen

el **espacio** — Weltraum
El espacio aún no se conoce bien. — Man kennt den Weltraum noch nicht gut.

el **mundo** — Welt
Todavía no hemos descubierto otros mundos habitados. — Wir haben noch keine anderen bewohnten Welten entdeckt.

la **tierra** — Erde
La tierra es el planeta azul. — Die Erde ist der blaue Planet.

solar — Sonnen-
En nuestro sistema solar hay un sol. — In unserem Sonnensystem gibt es eine Sonne.

el **sol** — Sonne

la **luna** — Mond
Esta noche hay luna llena. — Heute nacht ist Vollmond.

el **elemento** — Element

el **origen** — Ursprung; Herkunft

el, la **astronauta** — Astronaut(in)
¿Quiénes fueron los primeros astronautas que fueron a la luna? — Wer waren die ersten Astronauten, die auf den Mond flogen?

espacial — Weltraum-; räumlich
Las naves espaciales no son perfectas. — Die Raumschiffe sind nicht perfekt.

el **satélite** — Satellit
El partido de fútbol será transmitido vía satélite. — Das Fußballspiel wird über Satellit übertragen.

---

el **universo** — Weltall
En el universo todos los planetas parecen igual de pequeños. — Im Weltall scheinen alle Planeten gleich klein zu sein.

terrestre — irdisch
El agua cubre la mayor parte de la superficie terrestre. — Wasser bedeckt den größten Teil der Erdoberfläche.

la **astronomía** — Astronomie

Weltall 35

la **puesta de sol**
¿Sabes a qué hora es la puesta de sol y la puesta de luna?

Sonnenuntergang
Weißt du, um wieviel Uhr der Sonnen- und der Monduntergang sind?

la **puesta de luna**

Monduntergang

la **salida del sol**
Nos levantamos a la salida del sol para ir a pescar.

Sonnenaufgang
Wir sind bei Sonnenaufgang aufgestanden, um fischen zu gehen.

el **crepúsculo**
Estuvimos trabajando en el campo hasta el crepúsculo.

Dämmerung, Sonnenuntergang
Wir arbeiteten bis zum Sonnenuntergang auf dem Feld.

la **oscuridad**
Las noches que no hay luna, la oscuridad da miedo.

Dunkelheit
In den Nächten, in denen der Mond nicht scheint, ist die Dunkelheit zum Fürchten.

la **atmósfera**
La contaminación del aire daña la atmósfera.

Atmosphäre
Die Luftverschmutzung schadet der Atmosphäre.

atmosférico, a
Un cambio atmosférico puede destruir la tierra.

atmosphärisch
Eine atmosphärische Veränderung kann die Welt zerstören.

la **cosmografía**
En la cosmografía se estudian diferentes modelos del origen del universo, los elementos y las materias cósmicas.

Kosmographie
In der Kosmographie werden unterschiedliche Modelle des Ursprungs des Universums, der Elemente und der kosmischen Materien untersucht.

cósmico, a

kosmisch

la **nave espacial**

Raumschiff

la **estación espacial**

Raumstation

36 Farben und Formen

Farben

el color
¿De qué color vas a pintar tu coche?

Farbe
In welcher Farbe willst du dein Auto lackieren?

en colores

bunt

claro, a
¿Te gustan más los colores claros o los oscuros?

hell
Magst du lieber helle oder dunkle Farben?

oscuro, a

dunkel

gris
En casa tengo una alfombra gris clara.

grau
Zu Hause habe ich einen hellgrauen Teppich.

azul
Hay andaluces con pelo negro y ojos azules.

blau
Es gibt Andalusier mit schwarzen Haaren und blauen Augen.

lila
Carmen tiene una blusa y un pantalón lila muy bonitos.

lila
Carmen hat eine sehr hübsche lila Bluse und Hose.

violeta
Margarita quiere teñirse el pelo color violeta.

violett
Margarita will sich die Haare violett färben.

marrón
Virginia tiene un suéter marrón.

braun
Virginia hat einen braunen Pullover.

amarillo, a

gelb

verde
Catalina se ha comprado unos zapatos verde oscuro.

grün
Catalina hat sich ein Paar dunkelgrüne Schuhe gekauft.

negro, a
El negro está de moda.

schwarz
Schwarz ist modern.

blanco, a
José quiere vender su coche blanco.

weiß
José möchte sein weißes Auto verkaufen.

rojo, a
¿Te gustan las rosas rojas? – No, prefiero los claveles rosas.

rot
Magst du rote Rosen? – Nein, ich ziehe rosa Nelken vor.

Farben und Formen

incoloro, a
¿Tiene crema para zapatos incolora?

farblos
Haben Sie farblose Schuhcreme?

el brillo
Antes esta estantería estaba mate pero ahora tiene mucho brillo.

Glanz
Früher war dieses Bücherregal matt, aber jetzt glänzt es.

mate

matt

beige
A Emilio no le gusta el beige.

beige; sandfarben
Emilio mag kein Beige.

pardo, a
Por las noches no todos los gatos son pardos.

(grau-; stumpf)braun
Nachts sind nicht alle Katzen grau.

rosa

rosa

encarnado, a
Ofelia lleva un pendiente encarnado.

rot; fleischfarben
Ofelia trägt einen roten Ohrring.

color naranja
Tomás tenía una boina color naranja.

orangenfarbig
Tomás hatte eine orangenfarbene Baskenmütze.

dorado, a

golden

plateado, a

silbern

Formen

el círculo
¿Sabes dibujar un círculo sin compás?

Kreis
Kannst du ohne Zirkel einen Kreis zeichnen?

cuadrado, a
Como no teníamos sitio hemos cambiado la mesa ovalada por una cuadrada.

viereckig
Da wir nicht genügend Platz hatten, haben wir den ovalen Tisch gegen einen viereckigen ausgetauscht.

ovalado, a

oval

la línea
El juez de línea estaba ciego durante el partido.

Linie
Der Linienrichter war während des Spiels blind.

la raya
Tengo un pijama a rayas.

Streifen
Ich habe einen gestreiften Schlafanzug.

Farben und Formen — Formen

la punta
Se ha partido la punta del lápiz.

Spitze
Die Bleistiftspitze ist abgebrochen.

puntiagudo, a
¡Ten cuidado con ese cuchillo puntiagudo!

spitz
Sei vorsichtig mit dem spitzen Messer!

redondo, a
Los discos son redondos y planos.

rund
Schallplatten sind rund und flach.

plano, a

flach

la esquina
Pablo te está esperando en la esquina.

Ecke
Pablo wartet auf dich an der Ecke.

la forma
Estas tazas tienen una forma horrible.

Form
Diese Tassen haben eine schreckliche Form.

formar
En el cabo las rocas forman una cueva.

bilden, formen
Am Kap bilden die Felsen eine Höhle.

la cruz
Las personas que no saben escribir firman con una cruz.

Kreuz
Menschen die nicht schreiben können, unterschreiben mit einem Kreuz.

---

la bola
Nuestro profesor siempre juega con una bola de cristal.

Kugel
Unser Lehrer spielt immer mit einer Glaskugel.

la esfera
Desde la tierra la luna tiene forma de esfera.

Kugel; Ball
Von der Erde aus, sieht der Mond kugelförmig aus.

la pirámide
Julián tiene altavoces en forma de pirámide.

Pyramide
Julián hat pyramidenförmige Lautsprecher.

recto, a
Esta pared no está recta.

gerade
Diese Wand ist nicht gerade.

el rectángulo

Rechteck

el triángulo
Luis se ha hecho una mesa en forma de triángulo, o sea triangular.

Dreieck
Luis hat sich einen Tisch in Dreiecksform gebaut, also einen dreieckigen Tisch.

triangular

dreieckig

el tamaño
¿De qué tamaño desea los sobres?

Größe
In welcher Größe möchten Sie die Umschläge?

Farben und Formen

el **arco**
En esta iglesia hay unos arcos románicos.

(Tor-, Portal)bogen
Diese Kirche hat romanische Bögen.

la **columna**
En la entrada de mi casa han puesto dos columnas.

Säule, Pfeiler
In meinem Hauseingang sind zwei Säulen aufgestellt worden.

la **cúpula**

Kuppel

el **cubo**
¿Cuántas esquinas tiene un cubo?

Würfel
Wie viele Ecken hat ein Würfel?

el **cilindro**

Zylinder

llano, a
Este campo es tan llano como para construir una casa.

flach, eben
Dieses Land ist eben genug, um ein Haus zu bauen.

37 | Stoffe und Materialien

Allgemeine Begriffe

la **cosa** — Ding, Sache

la **materia prima** — Rohstoff
México es un país rico en materias primas.
Mexiko ist ein an Rohstoffen reiches Land.

el **material** — Material
¿De qué material está hecho ese puente?
Aus welchem Material ist die Brücke da gebaut?

auténtico, a — echt
Marisa tiene una blusa de seda china auténtica.
Marisa hat eine Bluse aus echter chinesischer Seide.

líquido, a — flüssig
La gasolina está compuesta por diferentes productos líquidos.
Benzin besteht aus verschiedenen flüssigen Stoffen.

frágil — zerbrechlich
¿Hay materiales más frágiles que el cristal?
Gibt es zerbrechlichere Materialien als Glas?

---

la **materia** — Stoff, Substanz

estar compuesto, a — bestehen

el **combustible** — Brennstoff

inflamable — brennbar, entzündbar
La pólvora no sólo es inflamable sino que explota.
Schießpulver ist nicht nur leicht entzündbar, sondern es explodiert auch.

arder — brennen
Algunas sustancias orgánicas arden con poca llama y mucho humo.
Einige organische Substanzen brennen bei kleiner Flamme und entwickeln viel Rauch.

la **llama** — Flamme

el **humo** — Rauch

la **sustancia** — Substanz

orgánico, a — organisch

la **fibra** — Faser

el **líquido** — Flüssigkeit

turbio, a — trüb

transparente	durchsichtig
visible	sichtbar
delicado, a	zart, fein
sólido, a	fest, dicht
eléctrico, a	elektrisch

■ Stoffe pflanzlichen und tierischen Ursprungs ■

el **cuero**
Juan se ha comprado una chaqueta de cuero.

Leder
Juan hat sich eine Lederjacke gekauft.

la **piel**

Leder; Pelz

la **seda**
La seda y el terciopelo son muy difíciles de limpiar.

Seide
Seide und Samt sind sehr schwer zu reinigen.

el **algodón**
Me gusta llevar ropa de lana o algodón.

Baumwolle
Ich trage gern Kleidung aus Wolle oder aus Baumwolle.

la **lana**

Wolle

la **grasa**
Tienes que ponerle grasa a esta puerta para que no haga ruido.

Fett
Du mußt diese Tür schmieren, damit sie nicht quietscht.

la **madera**
De madera se hacen muchas cosas como por ejemplo papel.

Holz
Aus Holz macht man viele Dinge, z.B. Papier.

el **barro**

Ton; Schlamm

el **corcho**

Kork

el **papel**

Papier

biológico, a

biologisch

el **ante**

Wildleder

el **caucho**
Las primeras ruedas eran de caucho.

Kautschuk
Die ersten Reifen waren aus Kautschuk.

la **caña de bambú**

Bambus(holz)

la **leña**
La madera del pino es demasiado buena como para hacer sólo leña.

Brennholz
Das Pinienholz ist zu gut, um nur Brennholz daraus zu machen.

la **franela**
No sé si ponerme el traje de franela.

Flanell
Ich weiß nicht, ob ich den Flanellanzug anziehen soll.

el **terciopelo**

Samt

el **marfil**
Se han matado muchos elefantes por causa del marfil.

Elfenbein
Viele Elefanten sind wegen des Elfenbeins getötet worden.

la **cera**

Wachs

el **cartón**
Es mejor que envíes los regalos en una caja de cartón.

Pappe; Karton
Es ist besser, du schickst die Geschenke in einem Pappkarton.

el **vapor**

Dampf

Mineralische und chemische Stoffe

la **goma**
La goma es un producto artificial y elástico.

Gummi
Gummi ist ein künstliches und elastisches Material.

elástico, a

elastisch

artificial

künstlich

el **diamante**
El cristal se corta con un diamante.

Diamant
Glas schneidet man mit einem Diamanten.

la **piedra**
¡No tires piedras a los perros!

Stein
Bewerfe die Hunde nicht mit Steinen!

el **oro**
He cambiado la cadena de oro por una de plata.

Gold
Ich habe die Goldkette gegen eine Silberkette umgetauscht.

la **plata**

Silber

el **metal**
El hierro, el cobre y el estaño son metales.

Metall
Eisen, Kupfer und Zinn sind Metalle.

el **acero**
El acero de Toledo es famoso.

Stahl
Stahl aus Toledo ist berühmt.

el **hierro**
El hierro se funde en hornos.

Eisen
Eisen wird in Hochöfen gegossen.

Mineralische und chemische Stoffe **Stoffe und Materialien 37**

el **carbón**	Kohle
En Asturias hay importantes minas de carbón.	In Asturien gibt es bedeutende Kohlenbergwerke.
el **cemento**	Zement
Para construir una casa se necesita cemento, hormigón, arena, yeso, grava, mármol, y cristal.	Um ein Haus zu bauen braucht man Zement, Beton, Sand, Gips, Kies, Marmor und Glas.
la **arena**	Sand
el **cristal**	Glas
el **gas**	Gas
La cocina de gas es a veces mejor para cocinar.	Der Gasherd ist manchmal besser zum Kochen.
el **petróleo**	Erdöl
Como ha subido el precio del petróleo también ha subido el gasóleo y la gasolina.	Da der Erdölpreis gestiegen ist, sind auch Diesel und Benzin teurer geworden.
el **plástico**	Plastik
sintético, a	synthetisch
químico, a	chemisch

el **mineral**	Mineral
Algunos minerales son importantes para la industria.	Einige Mineralien sind für die Industrie wichtig.
atómico, a	atomar
oxidado, a	oxydiert
oxidarse	oxydieren, verrosten
la **esmeralda**	Smaragd
el **brillante**	Brillant
Este brillante es un diamante de mucho valor.	Dieser Brillant ist ein sehr wertvoller Diamant.
el **aluminio**	Aluminium
el **plomo**	Blei
En mi casa hay tubos de plomo.	In meinem Haus gibt es Bleirohre.
el **bronce**	Bronze
Han hecho un monumento de bronce al Rey.	Man hat dem König ein Bronzedenkmal errichtet.
plateado, a	versilbert
el **hormigón**	Beton
Este hormigón tiene más arena que cemento.	Dieser Beton besteht aus mehr Sand als Zement.

Stoffe und Materialien — Mineralische und chemische Stoffe

el **yeso**	Gips
Tape los agujeros con yeso.	Gipsen Sie die Löcher zu.
la **grava**	Kies
el **mármol**	Marmor
El baño es de mármol.	Das Badezimmer ist aus Marmor.
el **cobre**	Kupfer
el **estaño**	Zinn
el **azufre**	Schwefel
el **fósforo**	Phosphor
En Hispanoamérica se llama los fósforos a las cerillas.	In Spanisch-Amerika nennt man Streichhölzer "fósforos" (Phosphor).
el **arsenio**	Arsen
la **pólvora**	(Schieß)pulver
la **porcelana**	Porzellan
el **vidrio**	Glas
¡Cuidado con este paquete que contiene vidrio!	Vorsicht mit diesem Paket! Es enthält Glas.
el **alambre**	Draht
la **chapa**	Blech
la **laca**	Lack
La laca y el plástico son productos químicos.	Lack und Plastik sind chemische Produkte.
el **nylón**	Nylon
el **butano**	Butan
el **oxígeno**	Sauerstoff
El agua se compone de oxígeno e hidrógeno.	Wasser setzt sich aus Sauerstoff und Wasserstoff zusammen.
el **hidrógeno**	Wasserstoff
el **nitrógeno**	Stickstoff
El nitrógeno es importante para el abono de las plantas.	Stickstoff ist wichtiger Düngestoff für Pflanzen.
el **cloro**	Chlor
El agua de la piscina tiene cloro.	Das Wasser des Schwimmbads ist gechlort.
el **mercurio**	Quecksilber
España es el productor de mercurio más importante de Europa.	Spanien ist Europas wichtigster Quecksilberlieferant.

Mengenangaben 38

Zahlen

el **número**
Todavía no me sé tu número.
Nummer; Zahl
Ich kann deine Nummer noch nicht auswendig.

cero
null

uno, un, una
eins, eine(r)

dos
zwei

tres
drei

cuatro
Es tan cierto como dos y dos son cuatro.
vier
Das ist so sicher wie zwei und zwei vier sind.

cinco
No cojas los huevos de cinco en cinco.
fünf
Nimm nicht fünf Eier gleichzeitig.

seis
sechs

siete
sieben

ocho
Ocho y ocho son dieciséis.
acht
Acht und acht sind sechzehn.

nueve
neun

diez
zehn

once
elf

doce
zwölf

trece
dreizehn

catorce
vierzehn

quince
fünfzehn

dieciséis, diez y seis
sechzehn

diecisiete
siebzehn

dieciocho
achtzehn

diecinueve
neunzehn

veinte
zwanzig

veintiuno, veintiún, veintiuna
Nací el día 21 de Mayo, tengo veintiún años y me han regalado veintiuna rosas.
einundzwanzig
Ich bin am 21. Mai geboren, bin 21 Jahre alt und habe 21 Rosen geschenkt bekommen.

veintidós
zweiundzwanzig

veintitrés	dreiundzwanzig
veinticuatro	vierundzwanzig
veinticinco	fünfundzwanzig
veintiséis	sechsundzwanzig
veintisiete	siebenundzwanzig
veintiocho	achtundzwanzig
veintinueve	neunundzwanzig
treinta	dreißig
treinta y uno, treinta y un, treinta y una	einunddreißig
treinta y dos	zweiunddreißig
cuarenta	vierzig
cincuenta	fünfzig
sesenta	sechzig
setenta	siebzig
ochenta	achtzig
noventa	neunzig

cien, ciento — hundert
De ciento uno a ciento noventa y nueve se usa "ciento".
Von 101 bis 199 benutzt man "ciento".
He comprado cien conejos y cien gallinas.
Ich habe hundert Kaninchen und hundert Hühner gekauft.

ciento uno, un, una — (ein)hundert eins

doscientos, as — zweihundert
¡Imagínate, tengo doscientos libros!
Stell dir vor, ich habe 200 Bücher!

trescientos, as	dreihundert
cuatrocientos, as	vierhundert
quinientos, as	fünfhundert
seiscientos, as	sechshundert
setecientos, as	siebenhundert
ochocientos, as	achthundert

novecientos, as — neunhundert
¿Cuántos marcos te dan por novecientas pesetas?
Wieviel Mark bekommst du für 900 Peseten?

mil — (ein)tausend
En mil novecientos noventa y uno me tocó la lotería.
1991 habe ich im Lotto gewonnen.

Allgemeine Begriffe — Mengenangaben **38**

dos mil	zweitausend
un millón	eine Million
mil millones	eine Milliarde

1º, 1ª, primer, primero, a
En primer curso fui el primero.

La primera vez me entusiasmé
pero al segundo día me desilusioné.

erste(r, s); erstens
In der ersten Klasse war ich der
Erste.
Das erste Mal war ich begeistert,
aber am zweiten Tag war ich
enttäuscht.

2º, 2ª, segundo, a — zweite(r, s); zweitens

3º, 3ª, tercer, tercero, a — dritte(r, s); drittens

4º, 4ª, cuarto, a — vierte(r, s); viertens

5º, 5ª, quinto, a — fünfte(r, s); fünftens

6º, 6ª, sexto, a — sechste(r, s); sechstens

7º, 7ª, séptimo, a — siebte(r, s); siebtens

8º, 8ª, octavo, a — achte(r, s); achtens

9º, 9ª, noveno, a — neunte(r, s); neuntens

10º, 10ª, décimo, a — zehnte(r, s); zehntens

11º, 11ª, undécimo, a — elfte(r, s); elftens

12º, 12ª, duodécimo, a — zwölfte(r, s); zwölftens

13º, 13ª, décimotercer, décimotercero, a — dreizehnte(r, s); dreizehntens

Allgemeine Begriffe

dividir
9 dividido por 3 son 3.

teilen, dividieren
9 geteilt durch 3 sind 3.

multiplicar
2 multiplicado por 3 son 6.

multiplizieren, malnehmen
2 mal 3 sind 6.

sumar
¿Quién sabe sumar 2 más 2?

addieren
Wer kann 2 plus 2 addieren?

restar
Clara sabe restar muy bien.

subtrahieren, abziehen
Clara kann sehr gut subtrahieren.

ser
11 más 2 son 13.

machen, sein
11 plus 2 sind 13.

Mengenangaben

último, a
A última hora vienen las prisas.

letzte(r, s)
In der letzten Minute muß alles schnell gehen.

siguiente

folgende(r, s)

sucesivo, a
Al día siguiente y los sucesivos dormí mal.

folgend
Am nächsten Tag und den folgenden schlief ich schlecht.

la **cifra**
De lejos no puedo leer estas cifras.

Ziffer
Von weitem kann ich diese Ziffern nicht lesen.

la **numeración**
No entiendo esta numeración.

Zählung, Numerierung
Ich verstehe diese Numerierung nicht.

numerar
¿Has numerado las cajas?

numerieren, beziffern
Hast du die Kisten numeriert?

penúltimo, a
No se bebe nunca la última copa sino siempre la penúltima.

vorletzte(r, s)
Man trinkt nie das letzte Glas, sondern immer nur das vorletzte.

precedente

vorige(r, s)

seguido, a

aufeinanderfolgend; ununterbrochen

posterior
El Siglo de Oro es posterior al Renacimiento.

spätere(r, s)
Das Goldene Zeitalter kommt nach der Rennaissance.

Maße und Gewichte

el **milímetro**
¿Cuántos milímetros mide un centímetro?

Millimeter
Wie viele Millimeter hat ein Zentimeter?

el **centímetro**

Zentimeter

el **metro**
Esta casa tiene cien metros cuadrados. – ¿Lo has medido con el metro?

Meter; Maßband; Zollstock
Dieses Haus hat 100 m². – Hast du es mit dem Zollstock ausgemessen?

el **kilómetro**
¿Faltan muchos kilómetros para Granada?

Kilometer
Sind es noch viele Kilometer bis Granada?

Maße und Gewichte — Mengenangaben

el **cuarto**
Déme un pan de cuarto.

Viertel
Geben Sie mir ein 250 Gramm Brot.

la **mitad**
¿Quieres la mitad de mi bocadillo?

Hälfte
Möchtest du die Hälfte meines belegten Brotes?

medio, a

halb

el **par**
Julio se ha comprado un par de pantalones.

Paar
Julio hat sich eine Hose gekauft.

pesar
¿Cuánto pesa este melón?

wiegen
Wieviel wiegt diese Melone?

el **peso**
Vamos a comprarnos un peso para controlar mejor nuestro peso.

Gewicht; Waage
Wir werden uns eine Waage kaufen, um unser Gewicht besser zu kontrollieren.

el **gramo**
Déme doscientos gramos de queso.

Gramm
Geben Sie mir bitte 200 Gramm Käse.

el **kilo(gramo)**
Pónganos medio kilo de patatas.

Kilo(gramm)
Geben Sie uns bitte ein Pfund Kartoffeln.

la **tonelada**
Este coche pesa casi una tonelada.

Tonne
Dieses Auto wiegt fast eine Tonne.

el **litro**
Ayer nos tomamos dos litros de vino comiendo.

Liter
Gestern haben wir zwei Liter Wein zum Essen getrunken.

el **pedazo**

Stück

el **trozo**

Stück

medir

messen

la **milla**
En el mar se miden las millas.

Meile
Auf See mißt man in Meilen.

la **medida**
¿Tomasteis las medidas de la cocina?

Maß
Habt ihr die Küche ausgemessen?

el **metro cúbico**

Kubikmeter

la **hectárea**
¿Cuántas hectáreas miden sus campos?

Hektar
Wieviel Hektar haben Ihre Felder?

la **docena**
¡Póngame una docena de langostinos!

Dutzend
Geben Sie mir ein Dutzend Langusten!

38 Mengenangaben — Mengenbegriffe

el **barril**
pesado, a
Esta caja es demasiado pesada para tí.
ligero, a
Este vino es muy ligero.
el **volumen**

Faß
schwer
Diese Kiste ist viel zu schwer für dich.
leicht
Dieser Wein ist sehr leicht.
Rauminhalt

Mengenbegriffe

más
Lucas es el más listo, por lo menos tanto como su hermana.
más que, de
Braulio come más que todos nosotros juntos.
Este coche es más caro que el vuestro.
Fidadelfo tiene más de 60 años.
demasiado, a
mucho, a
A mis fiestas vienen siempre muchos amigos.
mucho
Aquí no trabajamos mucho.
tanto, a
No esperábamos tanta gente.

tanto ... como
Luis no es tan alto como Carlos.
bastante
¿Has comido bastante o quieres más? – Gracias, creo que ya he comido demasiado.

menos
Este invierno es menos frío que el anterior.
menos que, de
Luisa tiene menos libros que Carlos.
¿Tienes más de 30 años? – Sí, pero menos de 40.

mehr
Lucas ist der Klügste, wenigsten so klug wie seine Schwester.
mehr als
Braulio ißt mehr als wir alle zusammen.
Dieses Auto ist teurer als eures.
Fidadelfo ist über 60 Jahre alt.
zuviel
viel
Zu meinen Festen kommen immer viele Freunde.
sehr; viel
Hier arbeiten wir nicht viel.
soviel, so viel
Wir haben nicht so viele Leute erwartet.

so viel ... wie
Luis ist nicht so groß wie Carlos.
genügend
Hast du genug gegessen oder möchtest du mehr? – Danke, ich glaube, ich habe schon zuviel gegessen.

weniger
Dieser Winter ist weniger kalt als der vorhergehende.
weniger als
Luisa hat weniger Bücher als Carlos.
Bist du älter als 30? – Ja, aber jünger als 40.

Mengenbegriffe | Mengenangaben 38

poco, a
Fernando tiene pocas ganas de trabajar.
¿Me da un poco de queso?

wenig
Fernando hat wenig Lust zu arbeiten.
Geben Sie mir ein wenig Käse?

poco
Los profesores ganan poco en Perú.

wenig
Lehrer verdienen in Peru wenig.

más o menos
Arreglar el coche me va a costar más o menos un sueldo.

ungefähr, etwa, mehr oder weniger
Das Auto zu reparieren wird mich ungefähr einen Monatslohn kosten.

solo, a

einzig, allein

juntos, as
Los hijos y los padres juntos forman una familia.

zusammen
Zusammen bilden Eltern und Kinder eine Familie.

la **parte**
La tercera parte de la novela es muy emocionante.

Teil
Der dritte Teil des Romans ist sehr spannend.

todo
Entiendo todo lo que me has explicado.

alles
Ich verstehe alles, was du mir erklärt hast.

todo, a
Beatriz se ha comido todo el chocolate.
Todos estos niños son mis hijos.

ganz, alle
Beatriz hat die ganze Schokolade gegessen.
All diese Jungen sind meine Kinder.

entero, a
¿Os habéis comido el melón entero? – No, aún queda medio.

ganz
Habt ihr die ganze Melone gegessen? – Nein, es ist noch die Hälfte da.

el **doble**
Este trabajo me ha costado el doble de tiempo y esfuerzo de lo que esperaba.

Doppelte
Diese Arbeit hat mich doppelt soviel Zeit und Mühe gekostet, als ich dachte.

doble
Déme un brandy doble.

doppelt
Geben Sie mir einen doppelten Weinbrand.

incluso, a

eingeschlossen

el **total**
¿Cuánto es en total?

Ganze
Wieviel macht es insgesamt?

lleno, a
No pudimos entrar porque la discoteca estaba llena.

voll
Wir konnten nicht hinein, weil die Diskothek voll war.

Mengenangaben — Mengenbegriffe

el **por ciento**
Prozent

vacío, a
Esta botella está vacía; tendré que abrir otra.
leer
Diese Flasche ist leer, ich werde wohl noch eine öffnen müssen.

quedar
übrigbleiben

faltar
Nos faltan mil pesetas para poder pagar la cuenta.
fehlen
Uns fehlen tausend Peseten, um die Rechnung bezahlen zu können.

algo
¿Quieres tomar algo? – No, no quiero nada.
etwas
Möchtest du etwas trinken oder essen? – Nein, ich möchte nichts.

la **cantidad**
¡Qué cantidad de arroz has hecho!
Menge
Was für eine riesige Menge Reis hast du gekocht!

bastar
Dos kilos me bastan.
genügen
Zwei Kilo genügen mir.

suficiente
Tenemos suficiente trabajo para todo el año.
genügend
Wir haben genügend Arbeit für das ganze Jahr.

insuficiente
Este trabajo ha resultado insuficiente.
ungenügend
Diese Arbeit ist unzureichend.

ambos, as
beide

numeroso, a
Numerosas personas vieron el accidente.
zahlreich
Zahlreiche Personen sahen den Unfall.

por lo menos
wenigstens, mindestens

al menos
Al menos me podrías ayudar.
wenigstens
Du könntest mir wenigstens helfen.

a lo sumo
Vinieron pocos amigos, a lo sumo quince.
höchstens
Es kamen wenige Freunde, höchstens 15.

incluir
einschließen

excluir
ausschließen

reducido, a
Sólo hemos invitado a un grupo reducido.
begrenzt, beschränkt
Wir haben nur eine begrenzte Gruppe eingeladen.

Mengenbegriffe / Mengenangaben

excepto
ausgenommen

escaso, a
knapp
Este mes voy escaso de dinero.
Diesen Monat bin ich knapp bei Kasse.

contener
enthalten
Este paquete contiene veinte cigarrillos.
Diese Schachtel enthält 20 Zigaretten.

el contenido
Inhalt
¡Cuidado! El contenido de ese bidón es inflamable.
Vorsicht! Der Inhalt dieses Behälters ist brennbar.

el montón
Haufen, Menge
Tengo un montón de cosas por hacer.
Ich habe einen Haufen Dinge zu tun.
Hay un montón de ropa que lavar.
Eine Menge Wäsche ist zu waschen.

en parte
zum Teil
Reconozco que en parte tienes razón.
Ich gebe zu, du hast zum Teil recht.

aparte de
außerdem; abgesehen von
Aparte de lo que me has pedido, ¿te mando algo más?
Zusätzlich zu dem, worum du mich gebeten hast, soll ich dir noch etwas schicken?

el promedio
Durchschnitt

el todo
Ganze
No comprendimos del todo lo que querías decir.
Wir verstanden überhaupt nicht, was du sagen wolltest.

el porcentaje
Prozentsatz
¿Qué porcentaje de alemanes vienen todos los años a España? – No sé, ¿un dos por ciento?
Wie hoch ist der Prozentsatz der Deutschen, die jedes Jahr nach Spanien kommen? – Ich weiß nicht, ungefähr zwei Prozent, oder?

el exceso
Überschuß

excesivo, a
übermäßig, maßlos

sobrar
übrig sein, zuviel sein
¿Ha sobrado mucha comida?
Ist viel Essen übriggeblieben?

completar
vervollständigen, ergänzen

cargar
(be)laden; (be)lasten; aufladen; anfüllen
¿Cuántos litros carga tu coche?
Wieviel Liter faßt der Tank deines Autos?

la masa
Masse; Menge
Al fútbol van masas de espectadores.
Zum Fußball gehen Massen von Zuschauern.

relleno, a	voll
vaciar	entleeren
¡No vacíes el cenicero en la calle!	Leere den Aschenbecher nicht auf die Straße!

Raum und Zeit

Länge und Umfang

la altura
El Teide mide 3.718 metros de altura.

Höhe
Der Teide ist 3.718 Meter hoch.

alto, a
¿Cuál es la montaña más alta de España?

hoch
Welcher ist der höchste Berg Spaniens?

bajo, a
Las antiguas casas de campo son muy bajas.

niedrig
Die alten Bauernhäuser sind sehr niedrig.

profundo, a
El Mar Mediterráneo no es tan profundo como el Océano Pacífico.

tief
Das Mittelmeer ist nicht so tief wie der Pazifische Ozean.

grande
El tío Paco no compraba helados muy grandes.
Verónica me ha regalado un gran libro.

groß
Onkel Paco kaufte uns kein sehr großes Eis.
Verónica hat mir ein tolles Buch geschenkt.

pequeño, a
Esta casa es pequeña para tanta gente.

klein
Dieses Haus ist zu klein für so viele Leute.

el ancho
El armario tiene dos metros de ancho.

Breite
Der Schrank ist zwei Meter breit.

el largo
Clara quiere cambiar el largo del vestido.

Länge
Clara möchte die Länge ihres Kleides ändern.

estrecho, a
En los pueblos hay calles muy estrechas.

eng; schmal
Auf den Dörfern gibt es sehr schmale Straßen.

enorme
La Sagrada Familia es una iglesia enorme.

riesig; enorm
Die Sagrada Familia ist eine riesige Kirche.

39 Raum und Zeit

la **profundidad**
¿Cuánta profundidad tiene esta cueva?
Tiefe
Wie tief ist diese Höhle?

hondo, a
Algunos pozos de petróleo son muy hondos.
tief
Einige Erdölquellen sind sehr tief.

la **longitud**
Länge

el, la **gigante**
Aurelio es un gigante en comparación con sus padres.
Riese, Riesin
Aurelio ist ein Riese im Vergleich zu seinen Eltern.

el **nivel**
Valencia está al nivel del mar.
Höhe; (Meeres)spiegel
Valencia liegt auf dem Meeresspiegel.

fino, a
Esta cuerda es demasiado fina para atar el paquete.
dünn, fein
Dieses Band ist zu dünn, um das Paket zuzubinden.

la **extensión**
España tiene una extensión de casi medio millón de kilómetros cuadrados.
Ausdehnung; Fläche; Umfang
Spanien hat eine Oberfläche von fast einer halben Million Quadratkilometer.

extenderse
Los Pirineos se extienden del Cantábrico hasta el Mediterráneo.
sich erstrecken
Die Pyrenäen erstrecken sich vom Kantabrischen Meer bis zum Mittelmeer.

la **superficie**
La menor parte de la superficie de la tierra la ocupan los continentes.
Fläche
Der kleinere Teil der Erdoberfläche wird von den Kontinenten eingenommen.

Ort

el **lugar**
Todavía no conocía este lugar tan bonito.
Ort; Stelle
Ich kannte diese sehr schöne Stelle noch nicht.

¿dónde?
¿Dónde estarán mis papeles?
wo?
Wo sind wohl meine Papiere geblieben?

donde
Ésta es la casa donde nació Velázquez.
En esta casa es donde vivió Dalí.
wo
Dies ist das Haus, wo Velázquez geboren wurde.
Das ist das Haus, in dem Dalí gelebt hat.

Ort

estar
el **lado**
Al otro lado de la calle hay una farmacia.

al lado (de)
El mercado central está al lado del ayuntamiento.

junto a
Hemos dejado el coche junto al tuyo para luego no tener que buscarlo.

enfrente (de)
Enfrente de la escuela hay una parada de autobús.

frente a
Frente a la oficina hay un bar muy barato.

en
En la mesa sólo hay dos tazas.

El regalo está en el paquete.

encima de
¡No pongas los pies encima de la mesa!

sobre
Gerardo te ha dejado las llaves sobre la mesa.
Los pájaros volaban sobre nuestras cabezas.

debajo de
El gato está debajo del coche.

derecho, a
Carolina se ha roto la mano derecha.

a la derecha
Vamos a correr la mesa un poco a la derecha.

izquierdo, a
Tomás sólo sabe escribir con la izquierda.

a la izquierda
Para ir al ayuntamiento tiene que torcer la siguiente calle a la izquierda.

Raum und Zeit 39

sich befinden
Seite
Auf der anderen Straßenseite ist eine Apotheke.

daneben, nebenan
Der Zentralmarkt ist neben dem Rathaus.

neben, bei
Wir haben das Auto neben deinem abgestellt, damit wir es später nicht suchen müssen.

gegenüber
Gegenüber der Schule ist eine Bushaltestelle.

(unmittelbar) gegenüber von
Unmittelbar gegenüber des Büros ist eine sehr preiswerte Kneipe.

in; auf
Auf dem Tisch sind nur zwei Tassen.

Das Geschenk ist in dem Paket.

auf
Leg die Füße nicht auf den Tisch!

auf; über
Gerardo hat dir die Schlüssel auf den Tisch gelegt.
Die Vögel flogen über unsere Köpfe.

unter
Der Kater ist unter dem Auto.

rechte(r, s)
Carolina hat sich die rechte Hand gebrochen.

rechts
Wir werden den Tisch etwas nach rechts rücken.

linke(r, s)
Tomás kann nur mit links schreiben.

links
Zum Rathaus müssen Sie an der nächsten Straße links abbiegen.

delante (de)
Delante del cine hay una cola enorme.

vor; vorn
Vor dem Kino ist eine riesige (Warte)schlange.

atrás
Deja la maleta atrás, en el coche.

zurück; hinten
Laß den Koffer hinten im Auto liegen.

detrás (de)
Detrás de aquellas montañas está el mar.

(da)hinter; hinten
Hinter jenen Bergen liegt das Meer.

alrededor de
Alrededor de la casa hemos plantado pinos.

ringsherum um
Rings um das Haus herum haben wir Pinien gepflanzt.

por
¡Vamos a tomar algo por aquí!

Lisa pasea por la calle sola.

durch; um; in
Laßt uns etwas hier in der Nähe trinken!
Lisa schlendert alleine durch die Straße.

aquí, acá
Aquí en la costa el clima es muy agradable.
¡Miguel, ven acá!

hier
Hier an der Küste ist das Wetter sehr angenehm.
Miguel, komm hierher!

ahí
Ahí está Correos.

da
Da ist das Postamt.

allí, allá
¿Conoces la señora que está allí? – ¿Cuál? – Ésa que está allá.

dort
Kennst du die Frau, die dort ist? – Welche? – Die da, die dort ist.

---

hallarse
Madrid se halla en Castilla.

sich befinden
Madrid liegt in Kastilien.

instalarse

sich niederlassen

central
Miguel vive en un barrio central.

zentral
Miguel wohnt in einem zentral gelegenen Stadtteil.

céntrico, a
Las Ramblas están en una zona céntrica de Barcelona.

Zentral-, Mittel-
Die Ramblas sind in einer zentralen Gegend von Barcelona.

horizontal

horizontal, waagerecht

vertical
Es mejor guardar los discos en posición vertical.

vertikal, senkrecht
Es ist besser, Schallplatten senkrecht aufzubewahren.

paralelo, a

parallel

Ort Raum und Zeit

la posición
¡Poned el tocadiscos en posición horizontal!

Stellung, Lage
Stellt den Plattenspieler horizontal auf!

depositar
He depositado las joyas en la caja fuerte del hotel.

deponieren
Ich habe den Schmuck im Safe des Hotels deponiert.

la mitad
¿Corto el pan por la mitad?

Mitte
Soll ich das Brot in der Mitte durchschneiden?

el rincón
He buscado los libros por todos los rincones y no los he encontrado.

Ecke
Ich habe die Bücher überall gesucht, sie aber nicht gefunden.

fuera (de)
Fuera está haciendo un frío terrible.
Jorge vive fuera de la ciudad.

draußen; außerhalb von
Draußen ist es fürchterlich kalt.

Jorge wohnt außerhalb der Stadt.

exterior
Hay que pintar las paredes exteriores de la casa.

äußere(r, s), Außen-
Die Außenmauern des Hauses müssen gestrichen werden.

interior
La reforma interior del piso ha sido muy barata.

innere(r, s), Innen-
Die Innenrenovierung der Wohnung war sehr günstig.

superficial
La herida de Ventura es sólo superficial.

oberflächlich
Venturas Wunde ist nur oberflächlich.

superior
En el piso superior viven mis abuelos.

obere(r, s), Ober-
In der oberen Wohnung leben meine Großeltern.

inferior
Las camisas están en el cajón inferior.

untere(r, s)
Die Hemden sind in der unteren Schublade.

aparte
¡Pon este libro aparte!

beiseite, abseits
Stell dieses Buch beiseite!

el fondo
Al fondo de la foto se ven los padres de Mayte.

Hintergrund
Im Hintergrund des Fotos sieht man Maytes Eltern.

separar
El Estrecho de Gibraltar separa a España de África.

trennen
Die Meerenge von Gibraltar trennt Spanien von Afrika.

unir
El Peñón de Ifach y el de Calpe están unidos por un istmo.

verbinden
Die Klippe von Ifach und Calpe verbindet eine Landenge.

por todas partes
Por todas partes vimos carteles de la Olimpiada.

überall
Überall sahen wir Plakate der Olympiade.

39 Raum und Zeit — Richtung

en todas partes
En verano hay mucha gente en todas partes.
überall
Im Sommer sind überall viele Menschen.

en ningunas partes
No encuentro en ninguna parte mis gafas y ya he buscado por todas partes.
nirgends
Ich finde nirgends meine Brille, und ich habe schon überall gesucht.

el agujero
Loch

Richtung

la **dirección**
Richtung

¿adónde?
wohin?
¿Adónde vas de vacaciones?
Wohin fährst du in den Ferien?

adonde
wohin

hasta
bis
Continúen hasta el final de esta calle, allí verán el monumento.
Gehen Sie bis ans Ende der Straße, dort werden Sie das Denkmal sehen.

a
zu; nach; an; in
Dolores va a comprar.
Dolores geht zum Einkaufen.
Leopoldo hizo un viaje a Chile.
Leopoldo machte eine Reise nach Chile.
A la salida de la autopista hay una gasolinera.
An der Autobahnausfahrt ist eine Tankstelle.
Marisa fue al cine con Quique.
Marisa ging mit Quique ins Kino.

hacia
nach, in Richtung
Este autobús va hacia León.
Dieser Bus fährt nach León.

para
nach
El tren para Huelva sale a la una de la tarde.
Der Zug nach Huelva fährt um 13 Uhr ab.

¿de dónde?
woher?
¿De dónde venís a estas horas?
Woher kommt ihr um diese Zeit?

de
von; aus
Mi amiga viene de Sevilla.
Meine Freundin kommt aus Sevilla.

desde
von
Desde nuestras ventanas veíamos la montaña.
Von unseren Fenstern aus sahen wir die Berge.

adelante
vorwärts
Por este camino no podemos seguir adelante; hay que volver atrás.
Auf diesem Weg können wir nicht weitergehen; wir müssen umkehren.

derecho
Perdón, el cine Rialto está cerca de aquí? – Sí, muy cerca. Siga esta calle todo derecho, gire la primera a la derecha y, luego, la segunda a la izquierda.

geradeaus
Entschuldigung, ist das Kino Rialto hier in der Nähe? – Ja, ganz in der Nähe. Fahren Sie diese Straße immer geradeaus, biegen Sie die erste Straße nach rechts und dann die zweite nach links ab.

contra
El camión chocó contra un autobús.

gegen, an
Der Lastwagen stieß mit einem Autobus zusammen.

el **norte**
Al norte de España está la cordillera cantábrica y al noreste la pirenaica.

Norden
Im Norden Spaniens liegt das Kantabrische Gebirge und im Nordosten das Pyrenäische.

el **sur**
Al sur de Galicia está Portugal.

Süden
Portugal liegt südlich von Galicien.

el **este**
Navarra está al este del País Vasco.

Osten
Navarra liegt östlich vom Baskenland.

el **oeste**
Al oeste de Cataluña está Aragón.

Westen
Aragón liegt westlich von Katalonien.

occidental
Alemania estaba dividida hasta 1990 en Alemania Occidental y Alemania Oriental.

West-
Deutschland war bis 1990 in West- und Ostdeutschland geteilt.

el **occidente**
El sol sale por oriente y se pone por occidente.

Westen
Die Sonne geht im Osten auf und im Westen unter.

oriental
Ost-

el **oriente**
Osten

Entfernung

la **distancia**
¿Qué distancia hay entre Tarragona y Huesca?

Entfernung
Wie groß ist die Entfernung zwischen Tarragona und Huesca?

cerca (de)
Perdone, ¿está cerca de aquí el Palacio de la Moncloa? – No, está lejos.

nah; bei; in der Nähe von
Entschuldigen Sie bitte, ist der Moncloa-Palast hier in der Nähe? – Nein, er ist weit entfernt von hier.

39 Raum und Zeit — Entfernung

lejos (de) — weit (von), entfernt (von)

acercar a — näherbringen
La cultura acerca a los pueblos.
Kultur bringt Völker näher zusammen.

alejarse — sich entfernen
¡No te alejes de la orilla!
Geh nicht vom Ufer weg!

entre — zwischen
Entre tú y yo hay una confianza absoluta.
Zwischen dir und mir gibt es absolutes Vertrauen.

a través de — über
Marcos consiguió trabajo a través de un amigo.
Marcos hat durch einen Freund Arbeit gefunden.

próximo, a — nächste(r, s)
El chalet próximo al nuestro es de mi prima.
Das nächste Ferienhaus neben unserem gehört meiner Cousine.

marcharse — weggehen

---

cercano, a — nahe
Aranjuez es un pueblo cercano de Madrid.
Aranjuez ist ein Dorf nahe bei Madrid.

lejano, a — entfernt
Tengo una casa en un rincón lejano.
Ich habe ein Haus in einer entlegenen Gegend.

apartarse — sich entfernen
¡Apártese, por favor, aquí hay sitio para dos coches!
Fahren Sie bitte etwas zur Seite, hier ist Platz für zwei Autos.

la **proximidad** — Nähe
Antes de llegar al mar se siente su proximidad.
Bevor man ans Meer kommt, spürt man seine Nähe.

el **extremo** — äußerstes Ende
Marisa se sentó a un extremo de la mesa.
Marisa setzte sich ans äußerste Ende des Tisches.

el **horizonte** — Horizont
Cuando los barcos desaparecieron en el horizonte las madres y mujeres de los pescadores volvieron a casa.
Als die Schiffe am Horizont verschwunden waren, kehrten die Mütter und Frauen der Fischer heim.

Uhrzeit

a
¿A qué hora empieza el teatro? – El teatro empieza a las ocho y media.

Se levantan al amanecer.
medio, a
La conferencia duró media hora.

el **cuarto**
¿Qué hora es? – Es la una y cuarto.

¡Son ya las diez y cuarto! A las cinco menos cuarto tengo una cita.

dentro de
Dentro de dos días acabaré este trabajo.
de ... a
Julio trabaja de ocho a tres en verano.
desde ... hasta
La biblioteca está cerrada desde las dos hasta las cinco.
desde
Pablo está esperándote desde la una.
entre
Podemos vernos entre las seis y las siete.
hasta
Hoy trabajamos hasta las nueve y media.
la **hora**
¿A qué hora llegáis?
¿Qué hora es? – Son las ocho menos cinco.
Perdone, ¿tiene hora? – No, lo siento.

menos
Tengo que tomar el autobús a las ocho menos veinte para no llegar tarde.

um; bei
Um wieviel Uhr beginnt die Theatervorstellung? – Die Theatervorstellung beginnt um halb neun.
Sie stehen bei Tagesanbruch auf.
halb
Der Vortrag dauerte eine halbe Stunde.
Viertel
Wie spät ist es? – Es ist Viertel nach eins.
Es ist schon Viertel nach vier! Um Viertel vor fünf habe ich eine Verabredung.
in, innerhalb von
Ich werde diese Arbeit in zwei Tagen beenden.
von ... bis
Im Sommer arbeitet Julio von acht bis drei.
von ... bis
Die Bibliothek ist von zwei bis fünf Uhr geschlossen.
seit
Pablo wartet auf dich seit ein Uhr.
zwischen
Wir können uns zwischen sechs und sieben Uhr sehen.
bis
Heute arbeiten wir bis halb zehn.
Uhr; Stunde
Um wieviel Uhr kommt ihr an?
Wieviel Uhr ist es? – Es ist fünf vor acht.
Entschuldigen Sie, wissen Sie wieviel Uhr es ist? – Es tut mir leid, nein.
vor
Ich muß den Bus um zwanzig vor acht nehmen, um nicht zu spät zu kommen.

39 Raum und Zeit — Uhrzeit

y
El avión para Mallorca sale a las diez y cinco, o sea que tenemos que estar en el aeropuerto a las nueve y pico.

nach
Das Flugzeug nach Mallorca fliegt um fünf nach zehn ab. Also müssen wir um kurz nach neun am Flughafen sein.

el cuarto de hora
Laura saldrá dentro de un cuarto de hora de la oficina.

Viertelstunde
In einer Viertelstunde kommt Laura aus dem Büro.

hacia
Te recogeré hacia las ocho.

gegen
Ich werde dich gegen acht Uhr abholen.

hasta que
Mi abuela me guarda una pipa hasta que sea mayor.

bis
Meine Großmutter bewahrt, bis ich groß bin, eine Pfeife für mich auf.

para
¿Para cuándo necesita el coche?

bis
Bis wann brauchen Sie das Auto?

por
José se ha ido por un año a Argentina.

für
José ist für ein Jahr nach Argentinien gegangen.

el minuto
Esto está hecho en cinco minutos.

Minute
Das ist in fünf Minuten erledigt.

el segundo
Mi reloj se atrasa cinco segundos cada día.

Sekunde
Meine Uhr geht jeden Tag fünf Sekunden nach.

el punto
Son las tres en punto.

Punkt
Es ist Punkt drei Uhr.

atrasarse

sich verspäten; nachgehen

ir atrasado, a
Tu reloj va atrasado.

nachgehen
Deine Uhr geht nach.

atrasado, a
Tenemos mucho trabajo atrasado.

rückständig
Wir haben viel liegengebliebene Arbeit.

ir adelantado, a

vorgehen

Tag

el día
En invierno los días son muy cortos porque hasta las nueve no es de día.

Tag
Im Winter sind die Tage sehr kurz, weil es vor neun Uhr nicht hell wird.

Algún día os acordaréis de mis consejos.
Eines Tages werdet ihr euch an meine Ratschläge erinnern.

El verano pasado estuvimos quince días en Lima.
Letzten Sommer waren wir 14 Tage in Lima.

diario, a
El trabajo diario puede ser muy aburrido.

täglich
Die tägliche Arbeit kann sehr langweilig sein.

Soledad tiene que tomar dos pastillas a diario.
Soledad muß täglich zwei Tabletten einnehmen.

mañana
Esta mañana ha nevado un poco.

morgen
Heute morgen hat es etwas geschneit.

la **mañana**
Mañana por la mañana tendré que ir al médico.

Morgen
Morgen früh muß ich zum Arzt gehen.

el **mediodía**
No cerramos a mediodía.

Mittag
Mittags schließen wir nicht.

la **tarde**
Te llamé por la tarde pero no estuviste en casa.

Nachmittag
Ich habe dich am Nachmittag angerufen, aber du warst nicht zu Hause.

la **noche**
Los vecinos han estado de fiesta toda la noche.

Nacht
Die Nachbarn haben die ganze Nacht lang gefeiert.

A las cinco ya es de noche en invierno.
Im Winter ist es um 5 Uhr schon dunkel.

anoche
Anoche vi una película muy emocionante en el cine.

gestern abend
Gestern abend habe ich einen sehr spannenden Film im Kino gesehen.

la **medianoche**
En verano las terrazas de los cafés están llenas a medianoche.

Mitternacht
Im Sommer sind die Terrassen der Cafés um Mitternacht voll.

ayer
gestern

hoy
heute

nocturno, a | Nacht-, nächtlich
anteayer | vorgestern
Anteayer estuvo lloviendo todo el día y ayer empezó a hacer frío. | Vorgestern regnete es den ganzen Tag, und gestern wurde es kalt.
la **víspera** | Vorabend
pasado mañana | übermorgen
Pasado mañana podré recoger el reloj. | Übermorgen kann ich die Uhr abholen.
la **madrugada** | Tagesanbruch
De madrugada salimos de Vigo y llegamos a mediodía a Madrid. | Bei Tagesanbruch sind wir von Vigo losgefahren und erreichten mittags Madrid.
el **amanecer** | Tagesanbruch
cotidiano, a | täglich

Wochentage und Datumsangaben

la **semana** | Woche
La semana pasada invitamos a Nicolás y Rosa a cenar. | Letzte Woche haben wir Nicolás und Rosa zum Abendessen eingeladen.

el **lunes** | Montag
Trabajo los lunes, martes y miércoles. | Ich arbeite montags, dienstags und mittwochs.
el **martes** | Dienstag
el **miércoles** | Mittwoch
el **jueves** | Donnerstag
En España hay una revista que sale los miércoles y se llama El Jueves. | In Spanien gibt es eine Zeitschrift, die mittwochs erscheint und "Der Donnerstag" heißt.

el **viernes** | Freitag
¡Hasta el viernes que viene! | Bis nächsten Freitag!
el **sábado** | Samstag
el **domingo** | Sonntag
la **fecha** | Datum
¿Qué fecha es hoy? – Hoy es 31 de enero de 1992. | Welches Datum haben wir heute? – Heute ist der 31. Januar 1992.
¿a cuántos? | der Wievielte?
¿A cuántos estamos? – Estamos a miércoles, doce de diciembre. | Der Wievielte ist heute? – Heute ist Mittwoch, der 12. Dezember.

el **fin de semana**
El próximo fin de semana será la fiesta de Roberto.

Wochenende
Am nächsten Wochenende wird Robertos Party sein.

a partir de
A partir del martes no hay clases.

(von ...) ab
Ab Dienstag findet kein Unterricht statt.

el **día laborable**

Werktag

el **día festivo**

Feiertag

Monate

el **mes**
Honorio estuvo dos meses en Honduras.

Monat
Honorio war zwei Monate in Honduras.

mensual

monatlich

enero
Bernardo tiene cumpleaños el once de enero.

Januar
Bernardo hat am elften Januar Geburtstag.

febrero
En febrero aún hace frío.

Februar
Im Februar ist es noch kalt.

marzo
A primeros de marzo nos vamos a Grecia.

März
Anfang März fahren wir nach Griechenland.

abril
A mediados de abril tendrás que devolver los libros.

April
Mitte April wirst du die Bücher zurückgeben müssen.

mayo
A finales de mayo hay que pagar esta factura.

Mai
Ende Mai muß diese Rechnung bezahlt werden.

junio

Juni

julio

Juli

agosto
Agosto es el mes más caluroso.

August
Der August ist der heißeste Monat.

septiembre

September

octubre

Oktober

noviembre

November

diciembre — Dezember

a primeros de — Anfang

a principios de — Anfang
A principios de mes vivo como un rey. — Anfang des Monats lebe ich wie ein König.

a mediados de — Mitte

a finales de — Ende
A finales de marzo ya no es fácil reservar apartamentos para el verano. — Ende März ist es nicht mehr leicht, Apartments für den Sommer zu reservieren.

Jahr

el **año** — Jahr
El año tiene cuatro estaciones, doce meses y 365 días. — Das Jahr hat vier Jahreszeiten, zwölf Monate und 365 Tage.

la **estación (del año)** — Jahreszeit

la **primavera** — Frühling
En primavera muchas plantas están en flor. — Im Frühling blühen viele Pflanzen.

el **verano** — Sommer
El verano pasado estuvimos en Málaga. — Letzten Sommer waren wir in Málaga.

el **otoño** — Herbst
El otoño es muy bello en Madrid. — Der Herbst ist sehr schön in Madrid.

el **invierno** — Winter
En Sierra Nevada ya ha llegado el invierno porque nevó ayer. — In der Sierra Nevada hat der Winter schon begonnen, weil es gestern geschneit hat.

anual — jährlich
El seguro del coche se puede pagar anual o por semestres, o trimestres o mensualmente. — Die Fahrzeugversicherung kann jährlich, halbjährlich, vierteljährlich oder monatlich bezahlt werden.

el **semestre** — Halbjahr; Semester

el **trimestre**	Vierteljahr, Quartal
el **calendario**	Kalender
el **siglo**	Jahrhundert
Mi abuela nació a principios de este siglo.	Meine Großmutter wurde Anfang dieses Jahrhunderts geboren.
antes de (Jesu)cristo	vor Christi Geburt
Los Romanos llegaron a España el año 300 a.C.	Die Römer kamen 300 v. Chr. nach Spanien.
después de (Jesu)cristo	nach Christi Geburt
El filósofo Seneca murió en Roma en el año 65 d.C.	Der Philosoph Seneca starb in Rom im Jahre 65 n. Chr.

Zeiträume

el **tiempo**
El tiempo pasa volando cuando se tiene muchas cosas que hacer.

Zeit
Die Zeit vergeht wie im Fluge, wenn man viel zu tun hat.

¿cuánto tiempo?

wie lange?

en
En el siglo XIX empezó la revolución industrial.

in
Im 19. Jahrhundert begann die industrielle Revolution.

hace
Hace un año nos vemos.

vor
Vor einem Jahr haben wir uns getroffen.

pasado, a
La semana pasada hubo un atentado en Sabadell.

vergangen
Vergangene Woche gab es einen Anschlag in Sabadell.

pasar
¿Cómo ha pasado el fin de semana?

verbringen
Wie haben Sie das Wochenende verbracht?

mientras

während; inzwischen, währenddessen

Mientras pones la mesa la comida está hecha.
¿Qué ha ocurido mientras tanto?

Während du den Tisch deckst, wird das Essen fertig werden.
Was ist in der Zwischenzeit geschehen?

He limpiado la casa mientras que tú te has divertido con los amigos.

Ich habe das Haus geputzt, während du dich mit deinen Freunden amüsiert hast.

durante
¡No fumad durante la clase!

während
Raucht nicht während des Unterrichts!

39 Raum und Zeit — Zeiträume

tardar
Estamos preocupados porque el niño tarda en volver a casa.
(Zeit) brauchen
Wir sind beunruhigt, weil der Junge so lange braucht, um nach Hause zu kommen.

durar
¿Cuánto dura la película?
(an)dauern
Wie lange dauert der Film?

estar haciendo
Este junio está haciendo frío.
Estaba leyendo cuando sonó el teléfono.
gerade tun
Dieser Juni ist kalt.
Ich las, als das Telefon klingelte.

ir a hacer
¡Vamos a ver!
Voy a terminar de limpiar la casa.
gleich tun
Mal sehen!
Ich werde gleich den Hausputz beenden.

el **futuro**
No conocemos nuestro futuro.
Zukunft
Wir kennen unsere Zukunft nicht.

presente
En la situación presente será mejor esperar.
gegenwärtig
In der gegenwärtigen Situation ist es wohl besser abzuwarten.

la **actualidad**
En la actualidad hay muchos problemas por solucionar.
Gegenwart
Im Moment sind viele Probleme zu lösen.

actual
¿Cómo se llama el actual presidente de Panamá?
gegenwärtig
Wie heißt der gegenwärtige Präsident Panamas?

la **duración**
Esta cinta tiene una duración de tres horas.
Dauer
Dieses Band hat eine Spieldauer von drei Stunden.

coincidir
zusammentreffen; gleichzeitig geschehen

eterno, a
Esta serie de televisión parece eterna.
ewig
Diese Fernsehserie scheint ewig zu sein.

anterior
Me gustaba más tu casa anterior.
früher
Deine frühere Wohnung gefiel mir besser.

breve
Nuestra visita fue muy breve porque teníamos mucha prisa.
kurz
Unser Besuch war sehr kurz, weil wir es sehr eilig hatten.

entretanto
Estuve cinco años en Chile y entretanto he perdido el contacto con mis amigos españoles.
in der Zwischenzeit, inzwischen
Ich war fünf Jahre in Chile, und in der Zwischenzeit habe ich den Kontakt zu meinen spanischen Freunden verloren.

el **rato** Dentro de un rato va a llamarme Isidro.	Weile; Augenblick Gleich ruft mich Isidro an.
de antemano Ya sabíamos de antemano que llegarías tarde.	im voraus, von vornherein Wir wußten schon von vornherein, daß du zu spät kommen würdest.
recién	soeben

Zeitpunkte

¿cuándo? — wann?

cuando
Cuando vengas, te daré el regalo.
als, wenn
Wenn du kommst, werde ich dir das Geschenk geben.

Cuando llegué a casa, no había nadie.
Als ich nach Hause kam, war niemand da.

antes
En este país antes todo era diferente.
früher; vorher
In diesem Land war früher alles anders.

desde hace
Desde hace dos años estoy buscando este libro.
seit
Seit zwei Jahren suche ich dieses Buch.

hace poco
Hace poco vi a Clara.
kürzlich, vor kurzem
Kürzlich habe ich Clara gesehen.

desde que
Desde que estamos aquí hace muy buen tiempo.
seitdem
Seitdem wir hier sind, ist das Wetter sehr schön.

acabar
¿Cuándo acabas la carrera?
(be)enden
Wann beendest du dein Studium?

acabar de
Acabamos de llegar a casa.
gerade, (so)eben
Wir sind gerade nach Hause gekommen.

terminar
¿Cuándo terminan sus vacaciones?
(be)enden
Wann sind Ihre Ferien zu Ende?

dejar de
Roberto ha dejado de fumar.
aufhören
Roberto hat aufgehört zu rauchen.

el **momento**
En este momento no me acuerdo qué tenía que hacer.
De momento no podemos ayudarles.
Augenblick
Im Augenblick erinnere ich mich nicht daran, was ich zu tun hatte.
Zur Zeit können wir Ihnen nicht helfen.

ahora
Ahora nos vamos a la playa.

jetzt
Wir gehen jetzt an den Strand.

de repente
De repente se abrió la puerta y entró un hombre.

plötzlich
Plötzlich ging die Tür auf, und ein Mann kam herein.

ocurrir
El accidente ocurrió el lunes.

sich ereignen
Der Unfall ereignete sich am Montag.

ahora mismo
Quieren hablar ahora mismo con el jefe.
Iba a llamarte ahora mismo.

soeben; sofort
Sie wollen sofort mit dem Chef sprechen.
Soeben wollte ich dich anrufen.

empezar
¿A qué hora empiezas a trabajar?

beginnen, anfangen
Um wieviel Uhr beginnst du mit der Arbeit?

comenzar
La misa comienza a las ocho de la mañana.

beginnen, anfangen
Die Messe beginnt um 8 Uhr morgens.

pronto
¡Adiós Luisa! ¡Hasta pronto!

bald
Auf Wiedersehen Luisa! Bis bald!

enseguida, en seguida
En seguida le traigo la cuenta.

sofort, gleich
Ich bringe Ihnen gleich die Rechnung.

luego
¿Qué vais a hacer luego?

nachher; später; dann
Was werdet ihr nachher machen?

después
Después de comer tomamos el café.

(da)nach
Nach dem Essen trinken wir Kaffee.

---

al principio
Al principio creía que eras su hermana.

anfangs
Anfangs dachte ich, du wärst seine Schwester.

después (de) que
Después de que hayas terminado de comer, ¡lava los platos!

nachdem
Nachdem du zu Ende gegessen hast, wasch die Teller ab!

antes (de) que
Tenemos que buscar un hotel antes de que sea de noche.

bevor
Wir müssen ein Hotel suchen, bevor es Nacht wird.

tan pronto como
¡Escríbeme tan pronto como puedas!
Tan pronto como hayas leído el libro, ¡devuélvemelo!

sobald
Schreib mir sobald du kannst!
Sobald du das Buch gelesen hast, gib es mir zurück!

Zeitpunkte

producirse
Se ha producido un accidente en la autopista.

sich ereignen
Auf der Autobahn hat sich ein Unfall ereignet.

a la vez
Por favor, no hablen todos a la vez.

gleichzeitig
Bitte, reden Sie nicht alle gleichzeitig.

inmediato, a
Gracias a la intervención inmediata de la policía se evitó una catástrofe.

unverzüglich
Dank des sofortigen Einsatzes der Polizei wurde eine Katastrophe verhindert.

de pronto
Íbamos por la calle, cuando de pronto nos llamó alguien.

plötzlich
Wir gingen die Straße entlang, als uns plötzlich jemand rief.

el **fin**
Aún no sabemos dónde estaremos el fin de mes.

Ende
Wir wissen noch nicht, wo wir Ende des Monats sein werden.

entonces
El jefe me explicó entonces por qué el negocio va mal.

dann, darauf
Der Chef erklärte mir daraufhin, warum das Geschäft schlecht läuft.

parar
Está lloviendo quince días sin parar.

aufhören
Es regnet seit 14 Tagen ununterbrochen.

el **instante**
La policía llegó al instante de sonar la alarma.

Augenblick
Die Polizei kam sofort, nachdem die Alarmanlage ertönt war.

ponerse
A las tres me he puesto a trabajar.

anfangen, beginnen
Um drei habe ich angefangen zu arbeiten.

en cuanto
En cuanto haga más calor, vamos a la playa.

sobald
Sobald es wärmer wird, gehen wir an den Strand.

acontecer
En la política actual acontecen pocos hechos positivos.

sich ereignen
In der heutigen Politik ereignen sich wenig positive Dinge.

el **acontecimiento**

Ereignis

el **suceso**
Recientemente la prensa trae muchos sucesos desagradables.

Ereignis
In der letzten Zeit veröffentlicht die Presse viele unangenehme Ereignisse.

recientemente

kürzlich

Häufigkeiten

siempre
immer

siempre que
Siempre que te veo, has adelgazado más.
immer wenn
Immer wenn ich dich sehe, bist du schlanker geworden.

seguir
Esta noche tenemos que seguir trabajando un rato.
fortfahren, weitermachen
Heute abend müssen wir eine Weile weiterarbeiten.

continuar
¡No continuaré la novela hasta julio!
fortfahren
Ich werde den Roman bis Juli nicht fortsetzen.

continuo, a
En este cine hay sesión continua.
durchgehend, ständig
In diesem Kino gibt es durchgehende Vorstellungen.

nunca
No hemos ido nunca a Sevilla.
nie, niemals
Wir sind noch nie nach Sevilla gefahren.

jamás
¡Jamás te prestaré dinero!
niemals
Niemals werde ich dir Geld leihen!

frecuente
No es frecuente que los alumnos no vengan a clase.
häufig
Es passiert nicht häufig, daß die Schüler nicht zum Unterricht kommen.

la **vez**
Llamamos varias veces pero no contestó nadie.
¿Es la primera vez que está en España? – No, ya he estado muchas veces aquí.
Mal
Wir haben mehrmals angerufen, aber es hat sich niemand gemeldet.
Sind Sie zum ersten Mal in Spanien? – Nein, ich bin schon oft hier gewesen.

pocas veces
Pocas veces te he visto tan enfadado.
selten
Selten habe ich dich so böse erlebt.

de vez en cuando
De vez en cuando me gusta quedarme en casa pero a veces no tengo otra posibilidad.
ab und zu
Hin und wieder bleibe ich gern zu Hause, aber manchmal habe ich keine andere Möglichkeit.

cada vez
Cada vez que te veo estás más gordo.
jedesmal
Jedesmal wenn ich dich wiedersehe, bist du dicker geworden.

la **frecuencia**	Häufigkeit
a menudo	oft, häufig
¿Vas a menudo al cine? – No, apenas.	Gehst du oft ins Kino? – Nein, selten.
raro, a	selten
Esto es un libro muy raro.	Dies ist ein sehr seltenes Buch.
de nuevo	wieder
Este trabajo hay que hacerlo de nuevo.	Diese Arbeit muß noch einmal gemacht werden.
suceder	folgen
¿Quién sucederá al Presidente González?	Wer wird der Nachfolger von Präsident González?
la **continuación**	Fortsetzung
poco a poco	nach und nach
El enfermo va mejorando poco a poco.	Dem Kranken geht es nach und nach besser.
la **mayoría de las veces**	meistens
La mayoría de las veces tienes razón.	Meistens hast du recht.

Subjektive zeitliche Wertungen

ya
Emilia ya tiene dos hijos.

schon
Emilia hat schon zwei Kinder.

a tiempo
¿Llegaste a tiempo o ya la tienda estaba cerrada?

rechtzeitig
Bist du rechtzeitig gekommen, oder war der Laden schon geschlossen?

ya no
Ya no tenemos ganas de jugar.

nicht mehr
Wir haben keine Lust mehr zu spielen.

aún
Aún no me han pagado.

noch
Man hat mich noch nicht bezahlt.

todavía
Todavía hace buen tiempo en septiembre.

noch
Im September ist noch schönes Wetter.

apenas
Apenas tenemos tiempo para dormir.

kaum, selten
Wir haben kaum Zeit zum Schlafen.

Raum und Zeit — Subjektive zeitliche Wertungen

estar listo, a
El equipaje está listo para el viaje.

bereit sein, fertig sein
Das Gepäck ist für die Reise fertig.

tarde
¡Vámonos que ya es tarde!

spät
Laßt uns gehen! Es ist schon spät.

temprano
Juanjo se levanta todos los días temprano para hacer deporte.

früh
Juanjo steht jeden Tag früh auf, um Sport zu treiben.

despacio
Por favor, hable un poco más despacio para que le entienda mejor.

langsam
Sprechen Sie bitte etwas langsamer, damit ich Sie besser verstehe.

deprisa
¡Deprisa, Marisa, que llegas tarde!

schnell
Schnell Marisa! Du kommst zu spät!

rápido, a
Emilia es muy rápida para algunas cosas.

schnell
Emilia ist sehr schnell in einigen Dingen.

lento, a
Este tren es demasiado lento.

langsam
Dieser Zug ist zu langsam.

---

por fin
¡Por fin lo hemos conseguido!

endlich
Endlich haben wir es geschafft!

por último

schließlich, endlich

acabarse
¡Se acabó!

zu Ende gehen
Schluß damit!

Art und Weise 40

Modalausdrücke

así
¡Así es la vida!
¡No te pongas así!

so
So ist das Leben!
Stell dich nicht so an!

¿cómo?
¿Cómo está usted?

wie?
Wie geht es Ihnen?

hasta
He perdido todo, hasta mis llaves.

sogar
Ich habe alles verloren, sogar meine Schlüssel.

la **manera**
¡No hay manera de localizarte!

Weise
Es gibt keine Möglichkeit, dich zu erreichen!

de manera que
De manera que no has terminado el trabajo porque estuviste jugando al tenis.
Organiza tu trabajo de manera que no pierdas el tiempo.

also; so daß
Also du hast die Arbeit nicht beendet, weil du Tennis gespielt hast.
Organisiere deine Arbeit so, daß du keine Zeit verlierst.

de otra forma
No sé cocinar de otra forma.

anders
Anders kann ich nicht kochen.

de (tal) forma que
Pinta el armario de forma que no se note.

so daß
Streiche den Schrank, so daß man es nicht bemerkt.

el **modo**
Trabaja de modo que no te canses.

Art, Weise
Arbeite so, daß du nicht müde wirst.

deber
Deben ser las cuatro.

sollen, müssen
Es muß wohl vier Uhr sein.

hay que
Hay que ser más puntual.

man muß
Man muß pünktlicher sein.

tener que
Tenéis que daros prisa para no llegar tarde.

müssen
Ihr müßt euch beeilen, damit ihr nicht zu spät kommt.

general
En general estamos satisfechos con su servicio.

allgemein
Im allgemeinen sind wir mit Ihrem Service zufrieden.

generalmente

im allgemeinen

en especial
A Marta le gusta leer, en especial novelas policíacas.

besonders
Marta liest gern Romane, besonders Kriminalromane.

40 Art und Weise — Modalausdrücke

normal
normal

poder
können
Esta tarde no nos podemos ver.
Heute nachmittag können wir uns nicht sehen.

¡qué ...!
wie ...!
¡Qué bonito es aquel barco!
Wie schön jenes Schiff ist!

sobre todo
vor allem, besonders
Han subido mucho los precios, sobre todo el pescado está muy caro.
Die Preise sind stark gestiegen, vor allem Fisch ist sehr teuer geworden.

sólo
nur
Prefiero trabajar sólo por las mañanas para estar con mis hijos.
Ich arbeite lieber nur vormittags, um mit meinen Kindern zusammenzusein.

---

aproximado, a
ungefähr
En esta estadística sólo hay resultados aproximados.
In dieser Statistik sind nur ungefähre Ergebnisse enthalten.

particular
besondere(r, s)

efectivo, a
wirksam, wirkungsvoll
Este medicamento es muy efectivo contra el resfriado.
Dieses Medikament ist gegen Erkältungen sehr wirksam.

en el fondo
im Grunde genommen
En el fondo, Luis es una buena persona.
Im Grunde genommen ist Luis ein prächtiger Mensch.

en principio
grundsätzlich, im Prinzip
En principio no estamos de acuerdo con ustedes.
Prinzipiell sind wir mit Ihnen nicht einverstanden.

exclusivo, a
exklusiv; außergewöhnlich
En este comercio se venden productos muy exclusivos.
In diesem Geschäft werden exklusive Waren verkauft.

total
ganz, völlig
En esta oficina hay un desorden total.
In diesem Büro herrscht ein völliges Durcheinander.

por lo visto
offensichtlich
Por lo visto no has aprendido nada.
Offensichtlich hast du nichts gelernt.

único, a
einzig; einzigartig
Este libro es único.
Dieses Buch ist einzigartig.

haber de
müssen
He de buscar una solución.
Ich muß eine Lösung finden.

de esta forma	so, auf diese Weise
No sé cómo puedes vivir de esta forma.	Ich weiß nicht, wie du so leben kannst.
incluso	sogar
Ayer nevó incluso en Sevilla.	Gestern schneite es sogar in Sevilla.
no ... más que	nur
No tenemos más que llamar a Vicente para que nos recoja.	Wir müssen nur Vicente anrufen, damit er uns abholt.

Grad und Vergleich

casi
Tu abuela tiene casi cien años.

fast, beinahe
Deine Großmutter ist fast 100 Jahre alt.

de ninguna manera
No iremos de ninguna manera a la exposición.

auf keinen Fall, keineswegs
Wir werden auf keinen Fall zu der Ausstellung gehen.

en absoluto
¿Le molestamos? – No, en absoluto.

keineswegs
Stören wir Sie? – Nein, keineswegs.

mucho
Me gusta mucho la blusa que llevas.

sehr
Die Bluse, die du trägst, gefällt mir sehr.

muy
Puerto Rico es muy hermoso.
¿Te encuentras mal? Estás muy pálido.

sehr
Puerto Rico ist sehr schön.
Ist dir schlecht? Du bist sehr blaß.

tan
Pensábamos que la cola no sería tan larga.

so
Wir dachten, daß die Schlange nicht so lang sein würde.

tan ... como
Eduardo es tan listo como su tío.

(eben)so ... wie
Eduardo ist so schlau wie sein Onkel.

tanto
El médico me ha dicho que no trabaje tanto.

so viel
Der Arzt hat mir gesagt, ich soll nicht so viel arbeiten.

tanto, a
Hace tanto calor que no puedo dormir.

soviel, so viel
Es ist so heiß, daß ich nicht schlafen kann.

tanto, a ... como
Jamás he visto tanta gente como en este concierto.

soviel ... wie
Ich habe niemals so viele Menschen gesehen wie bei diesem Konzert.

Art und Weise — Grad und Vergleich

como
La familia de mi amigo es como la mía.

wie
Die Familie meines Freundes ist wie meine.

la diferencia
Entre las provincias españolas hay diferencias en las costumbres.

Unterschied
Zwischen den spanischen Provinzen gibt es Unterschiede in den Sitten und Bräuchen.

diferente
Los hombres no son tan diferentes como a veces parece.

verschieden, unterschiedlich
Die Menschen sind nicht so verschieden, wie es manchmal scheint.

distinto, a
Tu abrigo es distinto del suyo aunque sea de la misma marca.

verschieden, anders
Dein Mantel ist anders al seiner, obwohl er von der gleichen Firma ist.

igual
¿Quieres un café o un té? – Me es igual.

gleich
Möchtest du einen Kaffee oder einen Tee? – Das ist mir gleich.

parecido, a
Esos zapatos son parecidos a los que lleva Dolores.

ähnlich
Diese Schuhe ähneln denen, die Dolores trägt.

que
Mi casa es más pequeña que la tuya.

als
Mein Haus ist kleiner als deines.

también
El señor Vázquez habla inglés, francés y también portugués.

auch
Herr Vázquez spricht Englisch, Französisch und auch Portugiesisch.

tampoco
Marta no viene a la fiesta y tampoco su hermana.

auch nicht
Marta kommt nicht zur Party und ihre Schwester auch nicht.

---

apenas
Miguel apenas conoce a su primo Rafael.

kaum
Miguel kennt seinen Cousin Rafael kaum.

intenso, a
A Saladino le encantan los colores intensos.

stark, intensiv
Saladino mag kräftige Farben sehr gern.

extremo, a
Carlos no soporta las temperaturas extremas.

extrem
Carlos verträgt extreme Temperaturen nicht.

comparable
Estas motos no son comparables.

vergleichbar
Diese Motorräder sind nicht vergleichbar.

distinguir
No distingo los hermanos gemelos de la señora Blandes.

unterscheiden
Ich kann die Zwillingsbrüder von Frau Blandes nicht unterscheiden.

más bien
Esto no es cuero, más bien será plástico.

eher, vielmehr
Das ist kein Leder, es wird wohl eher Plastik sein.

máximo, a
¿Cuál fue su máxima victoria en estos campeonatos?

größte(r, s)
Welches war Ihr größter Sieg in diesen Meisterschaften?

mínimo, a
¡No habéis hecho el más mínimo esfuerzo para no suspender estos exámenes!

geringste(r, s)
Ihr habt nicht die geringste Anstrengung unternommen, um nicht durch diese Prüfung zu fallen!

menor
El médico me ha prohibido el menor movimiento.
El menor defecto en estas instalaciones puede causar una catástrofe.

kleinste(r, s), kleiner; geringste(r, s)
Der Arzt hat mir die geringste Bewegung verboten.
Der kleinste Fehler in dieser Anlage kann eine Katastrophe verursachen.

mayor
Nuestros mayores gastos este año han sido los salarios.

größte(r, s)
Die Gehälter sind dieses Jahr unsere größten Ausgaben gewesen.

realmente

wirklich

por poco
Por poco me caigo.

beinahe
Um ein Haar wäre ich gefallen.

principal

Haupt-; hauptsächlich

Ursache, Wirkung, Ziel, Zweck

¿a qué?
¿A qué habéis venido?

wozu?, wofür?
Wozu seid ihr hergekommen?

la **causa**

Grund, Ursache

causar
El terremoto causó la muerte de muchas personas.

verursachen
Das Erdbeben verursachte den Tod vieler Menschen.

como
Como llegamos tarde al cine no había entradas.

da, wie
Da wir zu spät zum Kino kamen, gab es keine Karten mehr.

conducir
Este programa económico condujo a la crisis.

führen
Dieses Wirtschaftsprogramm führte in eine Krise.

40 Art und Weise — Ursache, Wirkung, Ziel, Zweck

el **medio**
Los medios de comunicación han mejorado con el fax.

Mittel
Die Nachrichtenübermittlung hat sich durch das Fax verbessert.

el **motivo**
¿Cuál fue el motivo para cerrar la tienda?

Grund, Anlaß
Aus welchem Grund wurde der Laden geschlossen?

la **razón**
¿Qué razón te dio el jefe para despedirte?

Grund, Ursache
Welchen Grund nannte dir dein Chef für deine Entlassung?

para
Este regalo es para tus padres.

für; um zu
Dieses Geschenk ist für deine Eltern.

Carmen se va a Vigo para estar con su familia.

Carmen fährt nach Vigo, um mit ihrer Familie zusammenzusein.

¿para qué?
¿Para qué vas a lavar el coche si va a llover? – Para que esté limpio.

wozu?, wofür?
Wozu willst du das Auto waschen, wenn es doch gleich regnen wird? – Damit es sauber ist.

para que

damit

por
Jaime no se casa por amor, sino por el dinero de Clara.
Toma esta flor, por simpatía.

für; wegen; aus
Jaime heiratet nicht aus Liebe, sondern wegen Claras Geld.
Nimm diese Blume, weil du nett bist.

Por mi puedes irte.

Meinetwegen kannst du gehen.

¿por qué?
¿Por qué no fuisteis a la conferencia? – Porque no tuvimos tiempo.

warum?
Warum seid ihr nicht zum Vortrag gekommen? – Weil wir keine Zeit hatten.

porque

weil

resultar
La venta de la casa ha resultado un buen negocio.
Angel no encontró a sus amigos porque resulta que se habían ido al teatro.

sein; sich herausstellen
Der Verkauf des Hauses hat sich als gutes Geschäft erwiesen.
Angel fand seine Freunde nicht, weil sie nämlich ins Theater gegangen waren.

Ursache, Wirkung, Ziel, Zweck — Art und Weise 40

a causa de
Muchos caballos murieron a causa de una enfermedad desconocida.

infolge, wegen
Viele Pferde starben infolge einer unbekannten Krankheit.

la **consecuencia**
Las consecuencias de la contaminación del aire son muy graves para los habitantes de esta ciudad.

Folge
Die Folgen der Luftverschmutzung sind sehr schwerwiegend für die Einwohner dieser Stadt.

debido a
Debido a la ayuda de muchos países, la población sobrevivió el invierno.

infolge, aufgrund
Infolge der Hilfe vieler Länder, überlebte die Bevölkerung den Winter.

depender
Depende del tiempo que haga mañana que vayamos a esquiar o no.

abhängen
Es ist vom Wetter abhängig, ob wir morgen Ski fahren gehen oder nicht.

el **efecto**
Estas pastillas no hacen el efecto deseado.

Wirkung
Diese Pillen haben nicht die gewünschte Wirkung.

gracias a
Gracias a los ordenadores podemos trabajar mucho más rápido.

dank, aufgrund von
Dank der Computer können wir wesentlich schneller arbeiten.

determinado, a

bestimmt

el **objeto**
El objeto de nuestros estudios es crear nuevos productos, por eso trabajamos tanto.

Ziel; Zweck
Der Zweck unserer Studien ist es neue Produkte zu schaffen, darum arbeiten wir so viel.

el **fin**

Ziel

por eso, por esto

deshalb, darum, daher

por lo tanto
Marta tiene que terminar este trabajo para mañana, por lo tanto no irá a la boda.

deshalb, infolgedessen
Marta muß diese Arbeit bis morgen fertigstellen, deshalb wird sie nicht zur Hochzeit gehen.

puesto que
Te voy a pedir un favor, puesto que eres mi amigo.

da, weil
Ich werde dich um einen Gefallen bitten, da du mein Freund bist.

en vano

vergeblich

la **casualidad**
¿Por casualidad eres hermano de Vicente?

Zufall
Bist du zufällig Vicentes Bruder?

Zustand und Veränderung

aumentar
Este año hemos aumentado el volumen de negocios.

erhöhen, steigern, zunehmen
Dieses Jahr haben wir den Umsatz gesteigert.

subir
Los precios siguen subiendo mucho.

(an)steigen
Die Preise steigen weiterhin stark an.

bajar
Ayer bajó el precio de la gasolina dos pesetas.

sinken, fallen, niedriger werden
Gestern ist der Benzinpreis um zwei Peseten gesunken.

caer
La nieve cae lentamente.

fallen
Der Schnee fällt langsam.

cambiar
Con los años han cambiado sus costumbres.

(ver)ändern
Mit den Jahren haben sich ihre Gewohnheiten geändert.

cambiarse
El paisaje mediterráneo se ha cambiado mucho.

sich (ver)ändern
Die Landschaft am Mittelmeer hat sich sehr verändert.

nuevo, a

neu

viejo, a

alt

volverse
Tu hermana se ha vuelto muy lista.

werden
Deine Schwester ist aber schlau geworden.

ponerse
Creo que voy a ponerme enfermo.

werden
Ich glaube, ich werde krank.

desarrollarse
La industria en España se desarrolló mucho en los últimos años.

sich entwickeln
Die Industrie Spaniens hat sich in den letzten Jahren stark entwickelt.

el **desarrollo**
Los niños necesitan buenos alimentos para su desarrollo.

Entwicklung
Kinder brauchen eine gute Ernährung für ihre Entwicklung.

estar
Juan está en la oficina.
Carmelo estuvo muy enfermo.

sein; sich befinden
Juan ist im Büro.
Carmelo war sehr krank.

ser
Mariano es actor.

sein
Mariano ist Schauspieler.

hay
¿Qué hay de nuevo?
En los Correos hay unas cartas para tí.

es gibt; es ist, es sind
Was gibt es Neues?
Auf der Post sind einige Briefe für dich.

Zustand und Veränderung — Art und Weise 40

mejorar(se)
La situación política no ha mejorado en Nicaragua.
Paco no se ha mejorado de su gripe.

sich bessern; besser werden
Die politische Lage in Nicaragua ist nicht besser geworden.
Pacos Grippe ist noch nicht besser.

agravarse
Se está agravando nuestra situación económica.

sich verschlechtern
Unsere wirtschaftliche Lage verschlechtert sich.

el **resultado**

Ergebnis

la **situación**

Lage, Situation

resuelto, a

gelöst

acostumbrado, a

gewöhnt

roto, a
El televisor estuvo quince días roto.

kaputt
Der Fernseher war zwei Wochen kaputt.

la **reparación**

Reparatur

romperse
Se me han roto los zapatos.

zerbrechen
Mir sind die Schuhe kaputtgegangen.

quedar
Media casa ha quedado por pintar.

bleiben
Das halbe Haus muß noch gestrichen werden.

salir
Este dibujo te ha salido muy bien.

werden; gelingen
Diese Zeichnung ist dir sehr gut gelungen.

volver (a)
Esta mujer me vuelve loco.
Gerardo ha vuelto a romper la ventana.

machen; wieder tun
Diese Frau macht mich verrückt.
Gerardo hat das Fenster wieder eingeschlagen.

el **aumento**
El aumento del paro es un problema muy difícil.

Anstieg, Zunahme, Erhöhung
Der Anstieg der Arbeitslosigkeit ist ein schwieriges Problem.

la **circunstancia**
Las circunstancias de su muerte se están investigando.

Umstand
Die Umstände seines Todes werden gerade untersucht.

el **lío**
¡Vaya lío!

Durcheinander
So ein Durcheinander!

el **proceso**

Vorgang

convertirse
Este joven se ha convertido en un especialista importante.

werden zu, sich verwandeln
Dieser junge Mann ist ein wichtiger Spezialist geworden.

Art und Weise — Zustand und Veränderung

hacerse
Paquita se ha hecho católica.

werden
Paquita ist katholisch geworden.

modificar

ändern, verändern

disminuir
El número de alumnos de este curso ha disminuido mucho.

abnehmen, zurückgehen
Die Anzahl der Schüler in diesem Kurs ist stark zurückgegangen.

el **estado**
La enferma estuvo en un estado crítico.
Mi mujer está en estado.

Zustand
Die Kranke war in einem kritischen Zustand.
Meine Frau ist schwanger.

existir
En esta sociedad existen graves problemas.

bestehen, existieren
In dieser Gesellschaft gibt es schwerwiegende Probleme.

la **existencia**
La existencia de esta empresa está en juego.

Existenz
Die Existenz dieser Firma steht auf dem Spiel.

el **progreso**
Mis alumnos han hecho un gran progreso en español.

Fortschritt
Meine Schüler haben im Spanischen große Fortschritte gemacht.

la **realidad**
La realidad puede ser muy triste.

Wirklichkeit
Die Wirklichkeit kann sehr traurig sein.

la **alternativa**

Alternative

transformar

umformen; verwandeln

variar
En Andalucía el clima puede variar bastante.

ändern, wechseln
In Andalusien kann das Wetter ziemlich veränderlich sein.

surgir

auftauchen; erscheinen

inmóvil

unbeweglich

estropearse

kaputtgehen

reducir
Los impuestos han sido reducidos en un cinco por ciento.

verringern; zurückführen auf
Die Steuer ist um fünf Prozent gesenkt worden.

sustituir
Hay que sustituir el motor de la lavadora por otro nuevo.

ersetzen
Man muß den Motor der Waschmaschine durch einen neuen ersetzen.

abrirse

sich öffnen

Strukturwörter 41

Artikel

el, la
El señor Martín cuida mucho la gata.

der, die, das
Herr Martín kümmert sich sehr um die Katze.

los, las
Los niños están jugando con las pelotas.

die
Die Kinder spielen mit den Bällen.

lo

No me gusta hacer siempre lo mismo.

das *(Neutral; nur vor substantivierten Adjektiven, Pronomen und Zahlwörtern)*
Ich mag nicht immer das gleiche tun.

al *a + el*
Este autobús va al centro.
No estés tanto tiempo al sol.

dem, den; der
Dieser Bus fährt in die Innenstadt.
Bleib nicht so lange in der Sonne.

del *de + el*
La farmacia del señor Sotelo está abierta.

des; der
Die Apotheke des Herrn Sotelo ist geöffnet.

un, una
Déme un periódico y una revista.

ein(en); eine
Geben Sie mir bitte eine Zeitung und eine Zeitschrift.

unos, unas
Quisiéramos unos lápices y unas libretas.

einige
Wir hätten gern einige Bleistifte und einige Hefte.

Personalpronomen

yo
Yo soy Rafael, ¿y tú?

ich
Ich bin Rafael und du?

me
¡No me digas!
¿No me conoces?
¿Dígame? – ¿Está Carola? – No, no la he visto. – Dígale, por favor, que estoy buscándola desde ayer y que tengo que darle una noticia importante. – Bien se lo diré. – No se olvide! – Me lo apuntaré.

mir; mich
Was du nicht sagst!
Kennst du mich nicht?
Hallo! – Ist Carola zu Hause? – Nein, Ich habe sie nicht gesehen. – Sagen Sie ihr bitte, daß ich sie seit gestern suche, und daß ich eine wichtige Nachricht für sie habe. – Gut, ich werde es ihr sagen. – Vergessen Sie es nicht! – Ich werde es mir aufschreiben.

mí
Este regalo es para mí.
mir; mich
Dieses Geschenk ist für mich.

conmigo
¿Quién viene conmigo a la playa?
mit mir
Wer kommt mit mir zum Strand?

tú
du

te
¿Te devolvió Miguel el libro?

Te recojo de la fábrica.
¿Te vas al cine ahora?
dir; dich
Hat dir Miguel das Buch zurückgegeben?
Ich hole dich von der Fabrik ab.
Gehst du jetzt ins Kino?

ti
A ti no te conozco.
dir; dich
Dich kenne ich nicht.

contigo
María irá contigo a Sevilla.
mit dir
María wird mit dir nach Sevilla fahren.

él
Isabel y Tomás son muy simpáticos, pero él tiene más gracia que ella.
Con él puedes contar.
er; ihm, ihn
Isabel und Tomás sind sehr nett, aber er ist lustiger als sie.

Mit ihm kannst du rechnen.

le
Dile que vuelvo mañana.
ihm
Sag ihm, daß ich morgen zurückkomme.

le, lo
A Juan no lo he visto.
No le hemos visto hace días.

¿Qué le parece este reloj? – No sé, lo encuentro muy caro.
ihn
Juan, den habe ich nicht gesehen.
Wir haben ihn seit Tagen nicht mehr gesehen.
Was halten Sie von dieser Uhr? – Ich weiß nicht. Ich finde sie sehr teuer.

ella
El reloj se lo he regalado a ella.
sie; ihr
Die Uhr habe ich ihr geschenkt.

le
Le he dicho que se tome vacaciones.
ihr
Ich habe ihr gesagt, sie soll Urlaub nehmen.

la
A Lucía no la veo.
La película la encuentro muy divertida.
sie
Lucía, sie sehe ich nicht.
Ich finde den Film sehr unterhaltsam.

usted, Ud.
Dígale usted a la señora Marco que se puede marchar a casa.
La palabra usted se puede acortar "Ud." o "Vd.".
A Vd. no la conozco.
¿Puedo ir con Ud.?
Sie; Ihnen
Sagen Sie Frau Marco, sie kann nach Hause gehen.
Das Wort "usted" kann man mit "Ud." oder "Vd." abkürzen.
Ich kenne Sie nicht.
Darf ich mit Ihnen mitfahren?

Personalpronomen — Strukturwörter

le
¿Qué le duele?

Ihnen
Wo tut es Ihnen weh?

le, lo
A usted no le (lo) recuerdo.

Sie
An Sie erinnere ich mich nicht.

la, le
¿Cuándo puedo llamarla?

Sie
Wann kann ich Sie anrufen?

ello
No hace falta hablar de ello.

es
Es ist nicht nötig, darüber zu sprechen.

le
Le doy mucha importancia a la puntualidad.

ihm, dem
Ich lege viel Wert auf Pünktlichkeit.

lo
¿Dónde están mis gafas? – No lo sé.

es
Wo ist meine Brille? – Ich weiß es nicht.

nosotros, as
Nosotras nos vamos a la fiesta de Luis, ¿y vosotros?

wir; uns
Wir (Frauen) gehen zur Feier von Luis, und ihr (Männer)?

nos
En verano nos gusta estar junto al mar.
Nos veremos el próximo año.

Nos levantamos a las dos

uns
Im Sommer sind wir gerne am Meer.
Wir werden uns nächstes Jahr sehen.
Wir stehen um zwei Uhr auf.

vosotros, as
os
Os llamamos pero no estabais.

Os damos lo que queréis.
¡Os laváis poco!

ihr; euch
euch
Wir haben euch angerufen, aber ihr wart nicht da.
Wir geben euch, was ihr wolltet.
Ihr wascht euch wenig!

ellos
Ellos son los primos de José.
Este libro es para ellos.

sie; ihnen
Sie sind die Vettern von José.
Dieses Buch ist für sie.

les
¡Dales a los niños un helado!

ihnen
Gib den Kindern ein Eis!

los, les
¿Has llamado a los empleados? – Sí, les he dicho todo lo necesario.

sie
Hast du die Angestellten angerufen? – Ja, ich habe ihnen alles Notwendige gesagt.

ellas
Ellas van a la playa, nosotros no.

sie; ihnen
Sie gehen zum Strand; wir nicht.

les
Las enfermeras han protestado porque no les pagan suficiente.

ihnen
Die Krankenschwestern haben protestiert, weil man ihnen nicht genügend zahlt.

las
No las llamamos porque era tarde.

sie
Wir haben sie nicht angerufen, weil es spät war.

ustedes, Uds.
¿Ustedes hablan todos español?
Con ustedes no se puede discutir.

Sie; Ihnen
Sprechen Sie alle Spanisch?
Mit Ihnen kann man nicht diskutieren.

les
Señoras y señores, les damos la bienvenida.

Ihnen
Meine Damen und Herren, wir heißen Sie willkommen.

les, los
Estimados pasajeros, les saludamos a bordo de nuestro avión.

Sie
Sehr geehrte Fluggäste, wir begrüßen Sie an Bord unseres Flugzeuges.

las
¡Qui sorpresa, señoras! No las había visto nunca por aquí!

Sie
Was für eine Überraschung meine Damen! Ich hatte Sie hier noch nie gesehen.

se
Marisa se ducha todos los días.
Los niños se han bebido un refresco.

sich
Marisa duscht sich jeden Tag.
Die Kinder haben ein Erfrischungsgetränk getrunken.

se

ihm, ihr, ihnen; Ihnen *(Singular und Plural vor Personalpronomen im Akkusativ)*

¿Se lo has dado?

Hast du es ihm gegeben?

sí
Andrés sólo piensa en sí mismo.

sich
Andrés denkt nur an sich selbst.

consigo

mit sich

Demonstrativpronomen

este, esta, estos, estas; éste, ésta, éstos, éstas
Esta fruta está muy buena. – ¿Cuál? ¿Ésta?

diese(r, s); der, die, das (hier)

Diese Früchte schmecken sehr gut.
– Welche? Diese hier?

ese, esa, esos, esas; ése, ésa, ésos, ésas
Ese coche de ahí es como el mío.
El chico, ése de ahí, es mi primo.
Quisiera ver esas faldas. – ¿Éstas? – Sí, ésas.

diese(r, s); der, die, das (da)

Das Auto da ist wie meins.
Der Junge, der da, ist mein Cousin.
Ich würde gern diese Röcke sehen.
– Diese? – Ja, diese da.

aquel, aquella, aquellos, aquellas; aquél, aquélla, aquéllos, aquéllas
Aquel día hizo un frío terrible.

Allí está mi pueblo, aquél al pie de la montaña.

esto
Esto no me gusta.

eso
¿Qué es eso?

aquello
Aquello sí que fue bonito.

jene(r, s); der, die, das (dort)

An jenem Tag war es fürchterlich kalt.
Dort ist mein Dorf, jenes am Fuße des Berges.

dies (hier); das, es
Ich mag das hier nicht.

dies (da), das (da)
Was ist das da?

jenes, das
Das war wirklich schön.

Fragepronomen

¿cuántos, as?
¿Cuántos apellidos tienen los españoles?

¿cuánto?
¿Cuánto cuesta este libro?

¿cuál?, ¿cuáles?
¿Cuál es la capital de Extremadura?

¿Cuál de vosotros me ayuda?

¿quién?, ¿quiénes?
¿De quién es esta maleta?
¿Quiénes son tus amigos?

¿qué?
¿Qué desea usted?

wieviel?, wie viele?
Wie viele Nachnamen haben Spanier?

wieviel?
Wieviel kostet dieses Buch?

welche(r, s)?
Welches ist die Hauptstadt von Estremadura?
Wer von euch hilft mir?

wer?
Wem gehört dieser Koffer?
Wer sind deine Freunde?

was?
Was wünschen Sie?

Relativpronomen

que
La mujer que me ha saludado es la madre de Virginia.

que
Juan todavía no me ha devuelto el disco que le presté.

der, die, das
Die Frau, die mich begrüßt hat, ist Virginias Mutter.

den, die, das
Juan hat mir die Schallplatte noch nicht zurückgegeben, die ich ihm geliehen habe.

el/la/los/las que	welche(r, s); der-, die-, dasjenige; der, die, das
Todos los que quieran pueden venir al entierro.	All diejenigen, die möchten, können zur Beerdigung kommen.
el/la cual; los/las cuales	welche(r, s); der, die, das
Este es el libro del cual te he hablado.	Dies ist das Buch, von dem ich dir erzählt habe.
quien, quienes	wer; der, die, das
Jaimito fue quien rompió la tele.	Jaimito war der, der den Fernseher kaputtgemacht hat.
cuyo, cuya, cuyos, cuyas	dessen, deren
Esta es la familia cuyos hijos viven en Lima.	Dies ist die Familie, deren Kinder in Lima wohnen.
lo que	(das,) was
Ya no me acuerdo de lo que te dije ayer.	Ich erinnere mich nicht mehr daran, was ich dir gestern gesagt habe.
lo cual	(das,) was
Teresa nos invitó a un helado, lo cual no era necesario.	Teresa lud uns zu einem Eis ein, was nicht notwendig war.
semejante	derartig

Unbestimmte Pronomen

alguien	jemand
¿Ha venido alguien a recoger el paquete?	Ist jemand gekommen, um das Paket abzuholen?
algún, alguno, alguna, algunos, algunas	(irgend)eine(e, er, es); einige, manche
¿Alguno de vosotros va a comprar el periódico?	Geht irgendeiner von euch die Zeitung kaufen?
Algún día me iré para no volver.	Eines Tages werde ich weggehen und nicht mehr zurückkommen.
Algunas veces preferimos estar en casa que salir con los amigos.	Manchmal ziehen wir es vor, zu Hause zu bleiben, als mit Freunden auszugehen.
cada	jede(r, s)
Cada día nuestra situación es más crítica.	Jeden Tag wird unsere Lage kritischer.
cada uno, cada una	jede(r, s), (einzelne, r, s)
Cada uno de los niños recibirá un regalito.	Jedes (einzelne) Kind wird ein kleines Geschenk bekommen.

cualquier, cualquiera
Este trabajo lo puede hacer cualquier aprendiz.
Pablo se ha comprado una revista cualquiera.

lo demás; los/las demás

De esta novela sólo me ha gustado el principio, lo demás no vale la pena leerlo.
¿Cuándo vienen los demás?

mismo, a
Nosotros mismos te recogemos del puerto.

el **mismo**, la **misma**

Este es el mismo modelo que el tuyo.

lo mismo
Esta mujer siempre dice lo mismo cuando os ve.

nadie
Nadie sabía dónde estaban las llaves del coche.

ningún, ninguno, ninguna
Aquí no hay ningún hotel.
Ninguno de vosotros quiso acompañarle.

tal

¡Jamás he visto tal cosa!

todo el mundo
Todo el mundo sabe que España es muy grande.

varios, as
Te hemos escrito varias cartas pero no has contestado.

cierto, a
Ciertas noticias deberían salir más en la prensa.
Las noticias ciertas deberían salir más en la prensa.

otra cosa
Hablando de otras cosas, ¿cómo están tus hijos?

irgendein(e); irgendeine(r, s)
Diese Arbeit kann irgendein Lehrling machen.
Pablo hat sich irgendeine Zeitschrift gekauft.

das übrige; die anderen, die übrigen
Von diesem Roman hat mir nur der Anfang gefallen, das übrige lohnt sich nicht zu lesen.
Wann kommen die anderen?

selbst
Wir selbst holen dich vom Hafen ab.

der-, die-, dasselbe; der/die/das gleiche
Das ist dasselbe Modell wie deines.

das gleiche, dasselbe
Diese Frau sagt immer das gleiche, wenn sie euch sieht.

niemand
Niemand wußte, wo die Autoschlüssel waren.

kein(e, er, es)
Hier gibt es kein Hotel.
Keiner von euch wollte sie begleiten.

(ein) solcher, (eine) solche, (ein) solches
Ich habe niemals so etwas gesehen!

jeder(mann), alle
Jedermann weiß, daß Spanien sehr groß ist.

mehrere, verschiedene
Wir haben dir mehrere Briefe geschrieben, aber du hast nicht geantwortet.

gewisse(r, s); wahr
Gewisse Nachrichten sollten häufiger in der Presse erscheinen.
Wahre Nachrichten sollten häufiger in der Presse erscheinen.

etwas anderes
Um von etwas anderem zu sprechen, wie geht es deinen Kindern?

Präpositionen

a — mit; nach; um
Llama a Miguel para que venga. — Ruf Miguel, damit er herkommt.
A ellos no les gusta hablar. — Sie reden nicht gerne.
No nos vamos a Málaga. — Wir fahren nicht nach Málaga.
Iremos a las cuatro. — Wir kommen um vier.

con — mit, bei, zu
Carlos va con Marta al teatro. — Carlos geht mit Marta ins Theater.
Tienes que pintar la mesa con un pincel. — Du mußt den Tisch mit einem Pinsel streichen.
Isabel vive con Tomás en un piso pequeño. — Isabel wohnt mit Tomás in einer kleinen Wohnung.
El señor Lobos ha sido muy amable conmigo. — Herr Lobos war sehr freundlich zu mir.

para — für; nach; bis
Estos dulces son para los niños. — Diese Süßigkeiten sind für die Kinder.
Haz el trabajo para mañana. — Mach die Arbeit bis morgen.
Salgo para Cádiz. — Ich fahre nach Cádiz.

por — für; durch; wegen; pro; von
Hemos comprado esta casa por medio millón. — Wir haben dieses Haus für eine halbe Million gekauft.
¿Cuánto es por persona? — Wieviel kostet es pro Person?
Te pasa por tonta. — Das passiert dir aus Dummheit.
Trabajo por la noche. — Ich arbeite nachts.
Pasará por León. — Er wird durch León fahren.
Le enviamos los documentos por avión. — Wir schicken Ihnen die Dokumente per Luftpost.

sin — ohne
No salgas a la calle sin abrigo porque hace frío. — Geh nicht ohne Mantel auf die Straße, weil es kalt ist.

a pesar de — trotz
A pesar del mal tiempo hemos hecho una excursión. — Trotz des schlechten Wetters haben wir einen Ausflug gemacht.

además de — außer, zusätzlich
Esta tienda es, además de cara, mala. — Dieses Geschäft ist nicht nur teuer, sondern auch noch schlecht.

ante — vor
No supimos qué hacer ante una situación tan extraña. — Wir wußten nicht, was wir tun sollten angesichts einer so merkwürdigen Situation.

Konjunktionen — Strukturwörter

en vez de
Déme un bolígrafo negro en vez de este azul.

statt, an Stelle von
Geben Sie mir bitte einen schwarzen Kugelschreiber, statt diesen blauen.

en cuanto a
En cuanto a nuestra amistad no ha cambiado nada.

hinsichtlich, was ... betrifft
Hinsichtlich unserer Freundschaft hat sich nichts verändert.

respecto a
Respecto a tu propuesta debo decirte que no puedo visitarte.

bezüglich
Bezüglich deines Vorschlages muß ich dir sagen, daß ich dich nicht besuchen kann.

según
Según el contrato no tenemos que pagar la reforma.

laut, gemäß, nach
Laut Vertrag müssen wir die Renovierung nicht bezahlen.

Konjunktionen

aunque

Aunque no tengo ganas, iré a tu casa.
Aunque sea tarde no podremos irnos a casa.

obwohl, obgleich; selbst wenn, auch wenn
Obwohl ich keine Lust habe, werde ich zu dir kommen.
Auch wenn es spät ist, werden wir nicht nach Hause gehen können.

como si
Ponte cómodo, como si estuvieras en tu casa.

als ob
Mach es dir bequem, als ob du zu Hause wärst.

y
Me han regalado un sombrero y un abrigo.

und
Sie haben mir einen Hut und einen Mantel geschenkt.

e
Javier e Isabel se casaron hace cuatro años.

und *(vor i- und hi-)*
Javier und Isabel haben vor vier Jahren geheiratet.

o
¿Quieres vino tinto o blanco?

oder
Möchtest du Rot- oder Weißwein?

u
Un día u otro llegará la carta.

oder *(vor o- und ho-)*
Früher oder später wird der Brief ankommen.

pero
Quisiera acompañaros a la estación pero no tengo tiempo.

aber
Ich würde euch gern zum Bahnhof begleiten, aber ich habe keine Zeit.

que
Deseamos que se mejoren pronto.

daß
Wir wünschen Ihnen, daß Sie bald gesund werden.

si — wenn, falls, ob
Si estás enfermo quédate en la cama.
Wenn du krank bist, bleib im Bett.

Carmen quiere saber si vienes a comer.
Carmen möchte wissen, ob du zum Essen kommst.

si no — sonst
Manda la carta urgente si no, no llegará a tiempo.
Schick den Brief per Eilpost, sonst kommt er nicht rechtzeitig an.

sino — sondern
Ese no es Mariano sino su hermano mayor.
Das ist nicht Mariano, sondern sein älterer Bruder.

(en) caso (de) que — falls
En caso que no estemos en casa, llamad al vecino.
Falls wir nicht zu Hause sind, klingelt beim Nachbarn.

ni ... ni ... — weder ... noch
O sea que no te gusta ni la carne ni el pescado.
Also, du magst weder Fisch noch Fleisch.

sin embargo — jedoch, aber
No hablé con el director, sin embargo pude hablar con la actriz.
Ich sprach nicht mit dem Regisseur, jedoch konnte ich mit der Schauspielerin sprechen.

sin que — ohne daß
Juana se fue sin que la oyéramos.
Juana ging weg, ohne daß wir sie hörten.

mientras — während; wohingegen
Mi mujer madruga mientras que yo me levanto tarde.
Meine Frau steht früh auf, während ich spät aufstehe.

Amerikanismen

Amerikanismen

Lateinamerikanisches Spanisch weist einige Besonderheiten in den Bereichen der Aussprache, Lexik und Grammatik auf. Dieses Kapitel soll einige der gebräuchlichsten Amerikanismen des spanischsprachigen Amerikas vermitteln. In der folgenden Liste, die sich thematisch und inhaltlich an den ersten 41 Kapiteln orientiert, werden in der ersten Spalte die Amerikanismen, in der zweiten Spalte die spanischen Varianten der iberischen Halbinsel und in der dritten Spalte die deutschen Entsprechungen aufgeführt.

Angaben zur Person

la **cédula**	el documento de identidad	Personalausweis

Der menschliche Körper

la **pera**	la barbilla	Kinn
pararse	ponerse de pie	aufstehen
estar parado, a	estar de pie	stehen
voltear	volver	zurückkommen, zurückkehren
apurarse	darse prisa	sich beeilen
estar/andar apurado, a	tener prisa	in Eile sein, es eilig haben
agarrar	coger	greifen, fassen, nehmen
botar	tirar, echar	(weg)werfen
jalar, halar	tirar	ziehen
prender	encender	anstellen, anmachen
la **peluquería**	la peluquería de señoras	Damenfriseur
la **barbería**	la peluquería de caballeros	Herrenfriseur

Gesundheit und Medizin

el **resfrío**	el resfriado	Schnupfen
los **lentes**	las gafas	Brille
la **tapadura**	el empaste	Plombe, Füllung

Ernährung

la **manteca**	la mantequilla	Butter
la **crema**	la nata	Sahne
el **salame**	el salchichón	(Dauer-, Hart)wurst
la **papa**	la patata	Kartoffel
el **durazno**	el melocotón	Pfirsich
la **banana**	el plátano	Banane
el **damasco**	la albaricoque	Aprikose
la **frutilla**	la fresa	Erdbeere
el **ananás**	la piña	Ananas
la **arbeja**, la **arveja**	el guisante	Erbse
los **frijoles**	las judías	Bohnen
tomar	beber	trinken
alegrón	bebido, a	angetrunken
el **cigarro**	el puro	Zigarre
el **fósforo**	la cerilla	Streichholz
la **cigarrería**	el estanco	Tabakwarengeschäft
el **changuito**	el carrito	Einkaufswagen
el **sartén**	la sartén	Bratpfanne
el **sándwich**	el bocadillo	belegtes Brötchen

Kleidung

el, la **marchante**	el, la cliente	Kunde, Kundin
la **vitrina**, la **vidriera**	el escaparate	Schaufenster
lindo, a	bonito, a	hübsch
el **terno**, el **flus**, el **vestido**	el traje	Anzug
el **pulóver**	el suéter, el jersey	Pullover
el **saco**	la chaqueta	Jacke

Amerikanismen

el **piyama**	el pijama	Pyjama
el **corpiño**	el sujetador	Büstenhalter
angosto, a	estrecho, a	eng
el **cierre zipper**, el **cierre relámpago**	la cremallera	Reißverschluß
el **taco**	el tacón	Absatz

Wohnen

el **departamento**	el piso	Wohnung
la **pieza**	la habitación, el cuarto	Zimmer
la **baranda**	la barandilla	Geländer
el **botón**	el interruptor	Schalter
la **ampolleta**, el **foco**	la bombilla	Glühlampe
el **balde**	el cubo	Eimer
el **bidón de basura**	el cubo de basura	Mülleimer
tapado, a	atascado, a	verstopft
el **plomero**, la **plomera**	el fontanero, la fontanera	Klempner(in)
la **heladera**	el nevera, el frigorífico	Kühlschrank
la **cobija**, la **frazada**	la manta	Wolldecke
cambiarse	mudarse de casa	umziehen

Eigenschaften

flojo, a	vago, a	faul

Gefühle, Instinkte, Triebe

enojarse	enfadarse	sich ärgern
enojado, a	enfadado, a	böse, verärgert

Redetätigkeiten des Menschen

fuerte	alto, a	laut
cómo no	por supuesto	natürlich, selbstverständlich

Bewertungen

chévere	formidable	toll, super

Soziale Beziehungen

¡Nos vemos!	¡Hasta luego!	Bis später!, Tschüs!, Auf Wiedersehen!

Ausbildung und Erziehung

el **liceo**	el instituto	Gymnasium
la **prueba**	el examen	Prüfung
aplazar	suspender	durchfallen
quedar aplazado, a	quedar suspendido, a	durchgefallen sein

Berufsleben

el **chofer**	el chófer	Fahrer

Volkswirtschaft

el **patrón**	el jefe	Chef
la **mercadería**	la mercancía	Ware
el **contador**, la **contadora**	el, la contable	Buchhalter(in)

Amerikanismen

Finanzwesen

la **plata**	el dinero	Geld
el **sencillo**	el suelto	Kleingeld
en concreto	al contado	bar

Arbeitsgeräte und Büroartikel

la **piola**	la cuerda	Schnur; Leine

Freizeitgestaltung

el **boleto**	la entrada	Eintrittskarte

Sport

la **cancha**	el campo de deportes	Sportplatz

Reisen

el **pasaje**	el viaje	Reise
la **estadía**	la estancia	Aufenthalt
la **valija**	la maleta	Koffer
la **visa**	el visado	Visum
la **carpa**	la tienda de campaña	Zelt

Kommunikationsmittel

el **directorio de teléfonos**	la guía telefónica	Telefonbuch

las **cartas detenidas**	la lista de correos	postlagernd
la **carta registrada**	la carta certificada	Einschreiben
la **estampilla**	el sello	Briefmarke

Medien

el **radio**	la radio	Radio
el **altoparlante**	la altavoz	Lautsprecher
el **aviso**	el anuncio	Inserat, Anzeige
el **noticioso informativo**	las noticias	Nachrichten

Die staatliche Ordnung

la **corte**	el tribunal	Gericht

Pflanzenwelt

la **grama**	el césped	Rasen

Transport und Verkehr

el **tránsito**	el tráfico	Verkehr
el **carro**	el coche, el auto	Auto
el **baúl**	el maletero	Kofferraum
la **chapa**	la placa	Nummernschild
manejar	conducir	(Auto) fahren
enceguecer	cegar	blenden
doblar	torcer, girar	(ab)biegen
parquear	aparcar, estacionar	parken
la **playa**	el estacionamiento	Parkplatz
la **bomba**	la gasolinera	Tankstelle
andar en bicicleta	montar en bicicleta	radfahren
el **bus**	el autobús	Bus
el **coche-dormitorio**	el coche-cama	Schlafwagen
el **vagón-restaurante**	el coche-restaurante	Speisewagen

el **compartimiento**	el compartimento	Abteil
la **combinación**	el enlace	Verbindung
la **boletería**	la ventanilla	Schalter
el **boleto**	el billete	Fahrkarte
el **ferry-boat**	el transbordador	Fähre
la **vereda**	la acera	Bürgersteig, Gehweg
dañado, a	estropeado, a	defekt, beschädigt

Stoffe und Materialien

el **concreto**	el cemento	Zement

Mengenangaben

liviano, a	ligero, a	leicht

Raum und Zeit

acá	aquí	hier
allá	allí	dort
el **día feriado**	el día festivo	Feiertag
demorar(se)	tardar	(sich) verspäten
ahorita	ahora	jetzt
recién	recientemente	kürzlich
a la mañana	por la mañana	morgens
a la tarde	por la tarde	nachmittags
a la noche	por la noche	nachts

Art und Weise

malograrse	estropearse	kaputtgehen

Amerikanismen

Register aller spanischer Stichwörter

Alle im Grundwortschatz enthaltenen Wörter erscheinen als **halbfette Stichwörter**, alle Aufbauwortschatz-Einträge in normaler Schrift, alle spanisch-amerikanischen Varianten in *kursiver Schrift*.

A

a 318, 321, 352
abajo 78
abandonado, a 92
abandonar 105
abandono 106
abeja 270
abierto, a 56
abogado, abogada 240
abonar 171
abono 169
a bordo 287
aborto 33
abrazar 140
abrebotellas 85
abrelatas 85
abrigo 66
abril 325
abrir 25
abrirse 344
absurdo, a 130
abuelo, abuela 132
aburrido, a 91
aburrirse 96
abusar 105
abusar 107
abuso 106
acá 316
acá 362
acabar 329
acabar de 329
acabarse 334
academia 146
académico, académica 148
acampar 198
acariciar 22
a causa de 341
accesorios 71
accidente 280

acción 21
acción 173
accionista 173
aceite 47
aceituna 50
acelerar 283
acento 112
aceptar 116
acera 291
acercar a 320
acero 300
aclarar 115
acogedor(a) 83
acompañar 140
aconsejar 114
acontecer 331
acontecimiento 331
acordar 243
acordarse 99
acortar 72
acostarse 23
acostumbrado, a 343
acostumbrarse 101
actitud 101
actividad 21
activo, a 89
acto 185
actor, actriz 185
actual 328
actualidad 328
actuar 185
a cuadros 67
a cuántos 324
acueducto 278
acuerdo 249
acuerdo 244
acusado, acusada 240
acusar 240
adelantar 281
Adelante 138

adelante 318
adelgazar 28
además de 352
Adiós 138
administración 238
administrador, administradora 88
administrar 238
administrativo, a 239
adonde 318
adónde 318
aduana 196
aduanero, aduanera 196
adulto, adulta 35
aéreo, a 287
aeropuerto 287
afectuoso, a 94
afeitarse 30
afición 187
aficionado, aficionada 186
a finales de 326
afirmación 121
afirmar 121
África 233
africano, a 233
afueras 276
agacharse 24
agarrar 356
agencia 164
agencia de viajes 194
agenda 181
agente 156
agente (de policía) 241
agitar 25
agosto 325
agotado, a 207

agradable 127
agradecer 140
agravarse 343
agresión 253
agresivo, a 91
agresor 253
agrícola 168
**agricultor,
agricultora** 168
agricultura 168
agridulce 21
agrio, a 21
agua 263
agua mineral 52
aguarrás 76
águila 268
aguja 72
agujero 318
ahí 316
Ahí va 123
ahogarse 35
ahora 330
ahora mismo 330
ahorita 362
ahorrador(a) 172
ahorrar 171
aire 263
aislado, a 143
ajedrez 188
ajo 51
al 345
ala 265
alabar 127
a la derecha 315
a la izquierda 315
a la mañana 362
alambre 302
a la noche 362
al aparato 203
a la plancha 64
alarma 81
a la tarde 362
a la vez 331
albañil 75
albaricoque 50
albergue juvenil 198
albornoz 67
alcachofa 51
alcalde, alcaldesa 242

alcázar 278
alcohol 53
alcohólico,
  alcohólica 54
al contado 176
al contrario 118
alcornoque 274
aldea 276
alegrar 94
alegrarse 93
alegre 89
alegría 93
alegrón 357
alejarse 320
alemán, alemana 228
Alemania 227
alfiler 73
alfombra 83
algo 310
algodón 299
alguien 350
**algún, alguno,
  alguna** 350
al habla 203
alimentarse 58
alimento 58
al lado (de) 315
alma 221
almacén 68
almendro 273
al menos 310
almohada 84
almorzar 57
almuerzo 57
alojamiento 198
alojar 198
alojarse 198
a lo sumo 310
al principio 330
alquilar 87
alquiler 87
alrededor de 316
alrededores 275
al revés 117
altavoz 210
alternativa 344
alto, a 27, 111, 313
altoparlante 361
altura 313

aluminio 301
alumno, alumna 148
allá 316
allá 362
allí 316
amabilidad 90
amable 89
ama de casa 85
amanecer 324
amanezar 241
amante 135
amar 32
amargo, a 21
amarillo, a 294
ambicioso, a 92
ambiente 263
ambos, as 310
ambulancia 38
ambulante 158
a mediados de 326
amenaza 105
amenazado, a 241
amenazar 104
a menudo 333
América Central 230
América del Norte 230
América del Sur 231
americano, a 230
amigo, amiga 135
amistad 135
amor 93
ampolleta 358
amueblado, a 83
amueblar 83
analfabetismo 147
análisis de sangre 44
analizar 99
ananás 357
anciano, anciana 35
ancla 289
ancho 313
ancho, a 69
Anda 120
Andalucía 248
andaluz(a) 248
andar 22
andar apurado, a 356

andar en bicicleta 361
andén 285
andino, a 257
anestesia 45
ángel 221
angosto, a 358
angustia 97
anillo 70
animado, a 183
animal 265
aniversario 224
anoche 323
anorak 68
ante 299, 352
anteayer 324
antena 210
anterior 328
antes 329
antes de (Jesu)cristo 327
antes (de) que 330
antiguo, a 82
antipatía 130
antipático, a 129
anual 326
anular 197
anunciar 113
anuncio 205
año 326
Año Nuevo 224
apagar 25
aparador 84
aparato 178
aparcamiento 291
aparcar 283
apartado (postal) 201
apartamento 80
apartarse 320
aparte 317
aparte de 311
a partir de 325
apasionarse 94
apellido 13
apenas 333
apenas 338
apéndice 18
apendicitis 42
aperitivo 64

a pesar de 352
apetito 64
aplaudir 184
aplauso 185
aplazar 359
a plazos 176
aplicar 26
apostar 188
apóstol 222
apoyarse 24
apreciable 128
apreciado, a 93
apreciar 126
aprender 146
aprendiz, aprendiza 155
aprendizaje 155
apretar 25
a primeros de 326
a principios de 326
aprobación 118
aprobar 150
aprobar 118
a propósito 121
aprovechar 102
aprovecharse 105
aproximado, a 336
apuesta 188
apuntar 152
apurarse 356
a qué 339
aquel, aquella, aquéel, aquéella 349
aquello 349
aquí 316
árabe 233
Aragón 247
aragonés, aragonesa 247
araña 269
a rayas 67
arbeja 357
arbitrario, a 130
árbitro 190
árbol 272
arco 297
archivador 181
archivo 181
arder 298
área de servicio 196

arena 301
Argentina 231
argentino, a 231
argumento 212
aristocracia 219
arma 252
armado, a 246
armamento 252
armario 83
Arqueología 154
arqueológico, a 219
arquitecto, arquitecta 74
arquitectura 75
arrancar 282
arreglar 85
arriba 78
arriesgado, a 44
arrogante 92
arroz 46
arruga 29
arsenio 302
arte 213
artesanía 167
artesano, artesana 167
artículo 167, 205
artificial 300
artista 213
arveja 357
arzobispo 222
asado 62
asaltar 106
asalto 106
asar 60
asar a la parilla 62
ascensor 78
asegurar 121
aseo personal 30
asesinar 107
asesinato 107
asesino, asesina 107
así 335
Asia 233
asiático, a 234
asiento 286
Así es 121
asignatura 153
asilo 79
asistente 157

asistir 149
asno, asna 267
asociación 163
aspecto 37
aspirador 86
aspiradora 86
aspirina 44
astronauta 292
astronomía 292
asturiano, a 248
Asturias 248
astuto, a 110
asunto 111
asustarse 97
atacar 251
ataque 40
ataque 252
atar 26
atarse 68
atascado, a 86
atención 103
atención 90
atender 68
atentado 107
atentamente 139
atento, a 90
ateo, a 222
aterrizar 287
ático 80
a tiempo 333
atlántico, a 258
atleta 191
atletismo 192
atmósfera 293
atmosférico, a 293
atómico, a 301
atracador,
  atracadora 107,
  252
atracción 95
atractivo, a 28
atraer 95
atrás 316
atrasado, a 322
atrasarse 322
atravesar 290
a través de 320
atreverse 110
atrevido, a 207
atropellar 280

atún 47
aula 149
aullar 270
aumentar 342
aumento 343
aún 333
aunque 353
austral 177
Australia 234
Austria 230
austríaco, a 230
auténtico, a 298
auto(móvil) 282
autobús 283
auto-escuela 281
automático 291
automático, a 179
automovilista 281
autonomía 248
autónomo, a 248
autopista 290
autor, autora 211
autoridades 239
autorizar 239
autoservicio 56
autostop 196
auxiliar de vuelo 287
avanzar 253
avaro, a 92
ave 268
avellana 49
avena 273
avenida 290
aventura 197
a ver 122
avería 284
aviación 252, 288
avión 287
avisar 113
aviso 361
aviso 115
Ay 41
ayer 323
ayuda 140
ayudar 140
ayuntamiento 277
azafata 287
azafrán 48
azteca 232
azúcar 47

azufre 302
azul 294
azulejo 76

B

bachillerato 150
bailar 182
bailarín, bailarina
  215
baile 182
bajar 78, 342
bajo, a 27, 111, 313
balcón 78
balde 358
Baleares 248
balón 191
baloncesto 192
balonmano 192
balleta 86
banana 357
banano 274
banco 171
banda (de música)
  215
bandeja 64
bandera 248
bañador 65
bañarse 29
bañera 82
baño 81
bar 63
baranda 358
barandilla 80
barato, a 55
barba 29
barbería 356
barbilla 18
barca 289
barco 288
barman 64
barra 64
barrer 85
barriada de
  chabolas 276
barriga 18
barril 308

barrio 275
barro 299
barroco, a 214
base 252
Basta 118
bastante 308
bastar 310
bastón 71
basura 85
batería 217
batidora 86
batir 60
baúl 361
bautizo 223
bebé 34
beber 51
bebida 51
bebido, a 54
beca 149
beige 295
belga 229
Bélgica 229
Bellas Artes 154
belleza 28
bello, a 21
beneficio 172
besarse 32
beso 32
bestia 267
betún 73
Biblia 221
biblioteca 147, 277
bibliotecario,
bibliotecaria 157
bici 282
bicicleta 282
bicho 269
bidón de basura 358
bidón (de gasolina) 284
bien 126
bigote 29
billete 173, 285
Biología 153
biológico, a 299
bistec 46
blanco, a 28, 294
blando, a 19
bloc 180
blusa 65

boca 16
bocadillo 60
bochorno 259
boda 133
bodega 56
boina 67
bola 296
boletería 362
boletín 239
boleto 360, 362
boli 180
bolígrafo 180
bolívar 177
Bolivia 231
boliviano, a 231
bolsa 173
bolsillo 70
bolso 70
bomba 245
bomba 361
bombero 279
bombilla 74
bombón 49
bondad 90
bonito, a 69
borracho, a 54
borrar 180
bosque 255
bostezar 23
bota 66
botar 356
bote 57
botella 56
botón 72
botón 358
boxeador 192
boxear 191
boxeo 192
braga 67
brandy 54
Brasil 233
brasileño, a 233
bravo, a 267
brazo 16
breve 328
brillante 301
brillar 292
brillo 295
británico, a 229
brocha 30

brocha 76
broma 182
bronce 301
brújula 288
bruto, a 91
bucear 192
Buenas noches 138
Buenas tardes 138
bueno, a 89, 126
Buenos días 138
buey 267
bufanda 67
bujía 284
B.U.P. 150
burlar 104
burlarse 104
burocracia 239
burro, burra 267
bus 361
buscar 26
butaca 184
butano 302
buzón 201

C

Caballeros 195
caballo 266
caber 69
cabeza 16
cabina telefónica 202
cable 76
cabo 258
cabra 267
cacao 274
cactus 274
cada 350
cada uno, cada una 350
cadáver 35
cada vez 332
cadena 70
cadena 209
cadera 18
caer 342
caer desmayado, a 41

caerse 23
café 52
cafetería 64
caída 24
caja 55, 56
caja de ahorros 171
caja fuerte 172
cajero, cajera 171
cajón 84
cala 258
calamar 48
calcetín 66
calculadora 181
calcular 173
caldo 62
calefacción 82
calendario 327
calentar 59
calidad 65
caliente 20, 59
calma 103, 262
calmante 45
calmar 45
calor 20, 259
caluroso, a 259
calvo, a 28
calzado 69
calzar 69
calzoncillo 67
callado, a 90
callarse 112
calle 14, 290
callejón 279
cama 83
cámara (fotográfica) 187
camarero, camarera 63
cambiar 171, 342
cambiarse 342
cambiarse 358
cambiarse 66
cambio 176
caminar 23
camino 278
camión 282
camisa 65
camiseta 67
camisón 67
campana 220

campaña 243
campeonato 189
campeón, campeona 189
campesino, campesina 168
camping 197
campo 168, 255
campo 161
campo (deportivo) 190
canal 255
Canarias 248
canario, a 248
cancelar 173
cáncer 40
canción 215
cancha 360
candidato, candidata 243
cansado, a 27
cansancio 27
cansar 27
cansarse 27
Cantabria 248
cántabro, a 248
cantante 215
cantar 215
cantar 268
cantidad 171, 310
canto 217
caña 54
caña de azúcar 274
caña de bambú 299
cañón 253
capacidad 109
capaz de 108
capilla 223
capital 275
capitalismo 235
capitalista 236
capitán 287
capítulo 213
cara 16
carabela 219
caracol 270
carácter 89
característica 90
característico, a 90
carajillo 54

Caramba 123
caramelo 47
caravana 198
carbón 301
cárcel 240
carga 166
cargar 311
cargo 161
cariño 93
cariñoso, a 89
carmín 31
carnaval 226
carne 46
carne picada 48
carnet de conducir 281
carnicería 57
carnicero, carnicera 156
caro, a 55
carpa 360
carpeta 181
carpintería 76
carpintero 76
carrera 146
carrera 190
carrete 188
carretera 290
carrito 56
carro 361
carta 63, 187, 200
carta registrada 361
cartas detenidas 361
carta verde 196
cartel 214
cartera 71
cartero, cartera 201
cartilla de ahorro 172
cartón 300
casa 78
casa de socorro 39
casado, a 13
casarse 132
cáscara 271
casco 285
casete 208, 209, 209
casi 337
casino 183
caso 111

caso (de) que 354
castaño, a 28
castañuelas 217
castellano, a 228
castigar 240
castigo 242
Castilla 247
castillo 277
casualidad 341
catalán, catalana 248
Cataluña, Catalunya 247
catástrofe (natural) 263
cátedra 148
catedral 220
catedrático, catedrática 148
categoría 198
católico, católica 222
catorce 303
caucho 299
caudillo 237
causa 339
causar 339
cava 54
caza 187
cazador, cazadora 187
cazar 187
cazuela 86
cebada 273
cebolla 50
cédula 356
cegar 284
ceja 17
celebrar 224
célebre 212
cementerio 277
cemento 301
cena 58
cenar 58
cenicero 54
ceniza 54
censo electoral 243
centeno 273
centímetro 306
central 277

central 316
centralismo 237
céntrico, a 316
centro 275
Centroamérica 230
centro comercial 279
cepillarse 30
cepillo 30
cepillo de dientes 30
cera 300
cerámica 167
cerca (de) 319
cercanías 286
cercano, a 137, 320
cerdo, cerda 266
cereales 272
cerebro 17
cereza 50
cerilla 53
cero 303
cerrado, a 56
cerradura 81
cerrar 25
certificado 152
certificado, a 200
cerveza 53
césped 274
cesta 56
cicatriz 41
ciclismo 192
ciclista 282
ciclista 192
ciclón 262
ciego, a 40
ciego, ciega 40
cielo 260
Cielos 123
cien 304
ciencia 147
ciencias 153
científico, a 152
ciento 304
ciento uno, un, una 304
cierre 80
cierre relámpago 358
cierre zipper 358
cierto, a 121, 351

ciervo, cierva 270
cifra 306
cigala 48
cigarrería 357
cigarrillo 53
cigarro 53
cigarro 357
cigüeña 269
cilindro 297
cinco 303
cincuenta 304
cine 185
cinta 180, 210
cinta adhesiva 180
cinta continua 179
cinturón 70
cinturón de seguridad 283
circo 183
circulación 281
circular 281
círculo 295
circunstancia 343
ciruela 50
cirugía 38
cirujano 39
cisne 269
cita 135
cita 213
citarse 137
ciudad 275
ciudadano, ciudadana 275
ciudad de origen 15
civil 238
civilización 218
clandestino, a 106
claro 117
claro 262
claro, a 294
clase 146
clásico, a 216
clavar 76
clavel 273
clavo 74
claxon 284
cliente 68
clima 259
clínica 38
cloro 302

club 137
cobarde 92
cobija 358
cobrar 171
cobre 302
cocaína 55
cocer 60
cocido 63
cocina 81
cocinar 59
cocinero, cocinera 156
coco 273
cocodrilo 268
coche 282
coche-cama 286
coche-dormitorio 361
coche-litera 286
coche-restaurante 286
código postal 202
codo 18
coger 24
cohete 253
coincidir 328
cojo, a 43
col 51
cola 184, 265
cola 179
colaboración 165
colchón 84
colección 187
coleccionar 187
coleccionista 188
colectivo, a 135
colega 135
colegio 146
cólera 42
colgar 26, 204
colgar la ropa 72
coliflor 51
colina 257
colocar 26
Colombia 231
colombiano, a 231
colón 177
colonia 219
colonización 219
colonizar 218

color 294
colorado, a 29
color naranja 295
columna 297
collar 70
comadrona 35
combatir 246
combinación 362
combustible 298
comedia 184
comedor 81
comentar 114
comentario 114
comenzar 330
comer 57
comer 266
comercial 163
comerciante 165
comerciar 165
comercio 163
comerse 58
comestible 272
cometer 106
comic 207
cómico, a 186
comida 57
comisaría 239
comisario, comisaria 241
comisión 238
comité 250
cómo 335
como 338, 339
cómoda 84
cómodo, a 82
cómo no 359
como si 353
compañero, compañera 135
compañía 162
compañía 137
compañía (de teatro) 185
comparable 338
comparación 100
comparar 100
compartimento 286
compartimiento 362
compás 181
competencia 108

competencia 165
competente 110
competición 189
competir 165
completar 311
completo, a 197
complicado, a 42
componer 216
comportamiento 101
comportarse 101
composición 216
compositor, compositora 216
compra 164
compra 56
comprar 55
comprender 98
comprensivo, a 109
compresa higiénica 31
comprimido 45
comprobar 120
computadora 179
común 135
comunicación 203
comunicar 114
comunidad 247
comunidad 137
Comunidad Europea 249
comunión 222
comunismo 235
comunista 236
con 352
concejal, concejala 243
concepto 125
conciencia 221
concierto 216
conclusión 125
concreto 362
concurso 188
concha 270
conde, condesa 219
condenar 240
condición 164
condón 33
conducir 280, 339
conducta 101

371

conductor,
  conductora 280
conejo, coneja 267
conferencia 203
confesar 109, 240
confesarse 221
confesión 223
confiado, a 92
confianza 94
confiar 94
confirmación 121
confirmar 120
conflicto 143
conforme 118
confort 198
confundir 105
confundirse 100
confuso, a 131
congelador 84
congelar 84
Congreso 237
conjunto 216
conmigo 346
con mucho gusto 140
conocer 138
conocido, a 147
conocido, conocida 135
conocimiento 154
conquista 218
conquistador 220
conquistar 218
consciente 37
consecuencia 341
conseguir 102
consejo 114
conserva 57
conservador(a) 237
conservar 263
considerado, a 109
considerar 124
consigna 286
consigo 348
consistir 114
consolar 115
consolarse 115
constante 261
constitución 236
constitucional 236

construcción 75
construir 74
consuelo 116
consulado 250
cónsul, consulesa 250
consulta 38
consultar 115
consultorio 38
consumidor, consumidora 166
consumir 164
consumo 166
contabilidad 162
contable 162
contacto 137
contador, contadora 359
. contagiarse 41
contagio 41
contaminación 263
contaminado, a 264
contaminar 264
contar 149
contar con 140
contemplar 197
contemporáneo, a 215
contener 311
contenido 311
contento, a 93
contestador automático 203
contestar 115
contigo 346
continente 227
continuación 333
continuar 332
continuo, a 332
contra 319
contrabando 106
contradecir 118
contra rembolso 202
contrato 164
control 195
controlar 196
convencer 109
convencido, a 109
conveniente 127

convento 223
conversación 111
. conversar 112
convertirse 343
conviene 120
cooperación 250
cooperar 250
cooperativa 162
copa 53
copa 59
copia 180
copia 188
copiar 179
corazón 17
corbata 67
corcho 299
cordero 267
cordial 94
cordialmente 139
cordillera 255
córdoba 177
coro 217
Corona 237
corpiño 358
corporal 17
correcto, a 89
corredor, corredora 88
corregir 150
correo 200
correo aéreo 201
Correos 200
correr 22, 191
correspondencia 286
corresponder 128
correspondiente 125
corresponsal 209
corrida de toros 224
corrida de toros 183
corriente 124, 257
corrupción 244
cortado 52
cortar 59, 290
cortarse 39
corte 361
corte de pelo 31
Cortes 237
cortés 141

corteza 271
cortina 83
corto, a 69
cortocircuito 76
cosa 298
cosecha 169
cosechar 169
coser 72
cósmico, a 293
cosmografía 293
costa 258
costar 69
Costa Rica 232
costarricense
 (costarriqueño, a)
 232
coste 166
costumbre 101, 224
cotidiano, a 324
creación 223
creador, creadora
 110
crear 102
crecer 35
crédito 172
creer 98, 124, 220
crema 30
crema 357
cremallera 73
crepúsculo 293
creyente 223
cría 266
criado, criada 87
criar 168
crimen 106
crisis 165
cristal 78, 301
cristianismo 222
cristiano, a 220
cristiano, cristiana
 220
Cristo 222
criterio 125
crítica 212
criticar 128
crítico, a 128
crítico, crítica 214
crónica 207
cruce 290
crucifijo 223

crucigrama 188
crudo, a 62
cruel 106
cruz 296
cruz 223
cruzar 290
cruzar la vista 43
cuaderno 150
cuadrado, a 295
cuadro 213
cuál , cuáles 349
cualquier,
 cualquiera 351
cuando 329
cuándo 329
cuánto 349
Cuánto es 55
Cuántos años tienes
 13
cuántos, as 349
cuánto tiempo 327
cuarenta 304
cuarto 307, 321
cuarto, a 305
cuarto de hora 322
cuatro 303
cuatrocientos, as
 304
Cuba 233
cubano, a 233
cubierta 289
cubierto 58
cubierto, a 260
cubo 86, 297
cubo de basura 86
cubrir 26
cuchara 58
cucharilla 58
cuchilla de afeitar 30
cuchillo 58
cuello 17, 69
cuenta 64, 171
cuenta corriente
 172
cuento 211
cuerda 179
cuerno 265
cuero 299
cuerpo 17
cuesta 257

cuestión 115
cueva 256
Cuidado 119
cuidadoso, a 90
cuidar de 142
culpa 141
culpable 240
cultivar 168
cultivo 168
culto, a 99
cultura 211
cultural 211
cumpleaños 34, 224
cumplir 140
cuna 83
cuñado, cuñada 134
cupón 183
cúpula 297
cura 221
curar 43
curiosidad 91
curioso, a 91
curso 152
curva 290
cuyo, cuya 350

CH

chabola 79
chalé 79
chalet 79
champú 30
changuito 357
chantaje 107
chapa 361
chapa 302
chaqueta 65
charla 112
charlar 111
cheque 171
cheque de viaje 172
chévere 359
chico, chica 32
Chile 231
chileno, a 232
chillar 112
chimenea 79

China 233
chino, a 233
chiste 183
chocar 280
chocolate 52
chofer 359
chófer 157
chorizo 48
chubasco 261
chuleta 48
chulo 143
chupar 23
churro 63

D

dado 188
damasco 357
danés, danesa 229
danza 183
dañado, a 362
dañado, a 264
dañar 43
daño 263
dar 24
dar clase 146
dar de comer 266
dar la bienvenida 139
dar las gracias 140
darse cuenta 98
darse prisa 22
dato 114
de 318
de ... a 321
de antemano 329
debajo de 315
deber 119, 140, 335
deber 142
debido a 341
débil 37
decepcionar 106
decidido, a 108
decidir 98
decidirse 108
décimo, a 305
décimotercer(o), a 305

decir 111
decisión 109
declaración 114
declarar 114, 196
decoración 83
dedicarse 155
dedo 17
de dónde 318
De dónde es usted 14
de esta forma 337
defecto 91
defender 251
defenderse 251
defensa 251
Defensor del Pueblo 240
de forma que 335
dejar 25, 117
dejar de 329
dejarse 30
del 345
delante (de) 316
delegación 249
delegado, delegada 249
delegar 239
deletrear 198
delfín 269
delgado, a 27
delicado, a 299
delincuente 107
delito 107
demanda 165
de manera que 335
demasiado, a 69, 308
de memoria 149
democracia 235
demócrata 236
democrático, a 236
demorar(se) 362
demostrar 101
de ninguna manera 117, 337
dentista 38
dentro de 321
de nuevo 333
denuncia 241
denunciar 240
de otra forma 335
departamento 162

departamento 358
departamento 239
de parte de 139
dependencia 250
depender 341
dependiente,
  dependienta 156
deporte 189
deportista 189
deportivo, a 189
depositar 317
depósito 284
deprisa 334
de pronto 331
derecho 242
derecho 283, 319
Derecho 154
derecho, a 315
de repente 330
desagradable 131
desaparecer 264
desarme 252
desarrollarse 342
desarrollo 342
desayunar 57
desayuno 57
descafeinado, a 52
descalzo, a 68
descansar 24
descanso 186
descargar 166
descolgar 203
desconfiar 106
desconocido, a 147
desconocimiento 150
describir 113
descubierto, a 219
descubridor 219
descubrimiento 218
descubrir 218
descuento 176
desde 318, 321
desde hace 329
desde ... hasta 321
desde luego 121
desde que 329
desear 68, 119
desembarcar 288
desembocar 255

deseo 120
desesperado, a 96
desgracia 131
desgraciadamente 115
desierto 256
desigualdad 143
desilusionado, a 96
desilusionarse 96
desmayarse 41
desnudarse 65
desnudo, a 66
desorden 87
desordenado, a 92
despacio 334
despacho 81
despedida 139
despedir 159
despedirse 139
despegar 287
despejado, a 260
despejarse 262
despensa 81
despertador 83
despertarse 24
despido 160
despierto, a 27
despistado, a 92
despreciar 130
después 330
después de (Jesu)cristo 327
después (de) que 330
destinatario 201
destino 288
destornillador 178
destrucción 253
destruir 252
desventaja 131
desviación 281
de tal forma que 335
detalle 115
detective 157
detener 240
detergente 72
determinado, a 341
de todos modos 121
detrás (de) 316
deuda 172

deudor, deudora 173
de vez en cuando 332
devolver 141
día 323
diablo 221
día feriado 362
día festivo 325
día laborable 325
diálogo 212
diamante 300
diapositiva 188
diario 205
diario, a 323
diarrea 42
dibujante 214
dibujar 213
dibujo 149
diccionario 205
diciembre 326
dictado 149
dictador 235
dictadura 235
dictar 149
didáctico, a 153
diecinueve 303
dieciocho 303
dieciséis 303
diecisiete 303
diente 16
diez 303
diez y seis 303
diferencia 338
diferente 338
difícil 149
dificultad 131
Diga 203
Dígame 203
digerir 18
digestión 18
Dinamarca 229
dinámico, a 108
dinero 173
Dios 221
dios, diosa 223
diplomático, a 108, 249
diputación 238
diputado, diputada 238

dirección 14, 200, 318
directo, a 288
director 185
director, directora 148
director de orquesta, directora de orquesta 216
directorio de teléfonos 360
dirigir 162
dirigirse a 140
disciplina 192
discípulo 222
disco 209
disco 281
disco compacto (CD) 210
discoteca 182
discriminar 143
disculpa 116
disculpar 115
disculparse 115
discurso 112
discusión 112
discutir 112
diseñar 215
diseño 215
disfrutar 195
disgusto 96
disminuir 344
disparar 246
disponer 144
distancia 319
distinguido, a 139
distinguir 339
distinto, a 338
distracción 182
distraerse 183
distraído, a 110
diversión 182
diverso, a 211
divertido, a 109, 182
divertirse 182
dividir 305
divisas 176
divorciado, a 13
divorciarse 133
divorcio 133
doblar 361

doble 309
doce 303
docena 307
doctorado 148
doctorarse 148
doctor, doctora 148
documental 209
documento 196
**documento de
  identidad** 14
dólar 176
doler 37
dolor 39
dolor de cabeza 41
doloroso, a 41
doméstico, a 267
domicilio 15
domingo 324
dominicano, a 233
dominó 188
dónde 314
donde 314
Dónde has nacido 13
don, doña 13
dorado, a 295
dormir 23
dormirse 24
dormitorio 81
dos 303
doscientos, as 304
dos mil 305
droga 54
drogadicto,
  drogadicta 55
droguería 32
ducha 81
ducharse 29
duda 100
dudar 99
duelo 36
dueño, dueña 87
dulce 20
duodécimo, a 305
duración 328
durante 327
durar 328
durazno 357
duro 176
duro, a 19
duro, a 62

E

e 353
ecológico, a 263
ecologista 264
economía 163
económico, a 163
economista 165
Ecuador 231
ecuatoriano, a 231
echar 25, 59
echar de comer 266
echarse 24
edad 14
Edad Media 218
edición 207
edificio 78, 277
editor, editora 207
editorial 205
educación 147
educado, a 90
efectivo, a 336
efecto 341
efecto de
  invernadero 264
ejemplo 152
ejercicio 152
ejército 251
él 346
elástico, a 300
elecciones 242
electoral 243
elector, electora 243
electricidad 74
electricista 74
eléctrico, a 299
electrónico, a 179
elefante 268
elegir 242
elemento 292
el, la 345
el/la cual 350
el/la/los/las que 350
El Salvador 232
ella 346
ellas 347
ello 347
ellos 347
emancipación 143

emancipado, a 143
embajada 249
**embajador,
  embajadora** 249
embarazada 32
embarazo 33
embarcarse 287
emborracharse 54
embrague 284
embutido 46
emigración 143
emigrante 15
emigrar 159
emisión 209
emisora 208
emitir 208
emoción 94
emocionante 94
emocionarse 94
empaste 44
empatar 190
empeñarse 103
empeño 103
**emperador,
  emperatriz** 218
empezar 330
empleada 86
empleado, empleada
  156
empleador,
  empleadora 160
emplear 24
empleo 160
empresa 162
empresa
  exportadora 165
empresario 162
empujar 26
en 315, 327
en absoluto 337
enamorado, a 32
enamorarse 33
encantado, a 138
encantar 94
encargar 164
encargo 166
encarnado, a 295
en caso (de) que 354
enceguecer 361
en celo 268

376

encendedor 53
encender 25
encima de 315
en colores 294
en concreto 360
en contra de 117
encontrar 136, 197
encontrarse 37
en cuanto 331
en cuanto a 124
en cuanto a 353
encuentro 136
encuesta 244
enchufar 84
enchufe 74
enchufe 160
en directo 210
en efectivo 172
en el fondo 336
enemigo, a 251
enemigo, enemiga 245
energía 263
energía nuclear 264
energía solar 264
enérgico, a 91
enero 325
en especial 335
enfadado, a 95
enfadarse 95
enfermar 37, 41
enfermedad 39
enfermero, enfermera 38
enfermo, a 37
enfermo, enferma 39
en fin 122
enfrente (de) 315
engañar 141
engordar 28
enhorabuena 120
enlace 286
en ningunas partes 318
en ningún caso 118
enojado, a 358
enojarse 358
enorme 313
en parte 311
en principio 336

ensalada 60
ensaladilla 63
ensayo 152
ensayo 185
en seguida 330
enseguida 330
enseñanza 146
enseñar 146
entender 98
entenderse 140
enterarse 115
entero, a 309
enterrar 35
entierro 35
en todas partes 318
entonces 122
entonces 331
entrada 78, 184, 290
entrar 22
entre 320, 321
entregar 25
entrenador, entrenadora 190
entrenamiento 189
entrenarse 190
entretanto 328
entretenerse 182
entrevista 208
entrevistar 208
entusiasmar 94
entusiasmarse 94
en vano 341
envenenarse 35
en vez de 353
enviar 200
envidia 96
envidiar 106
envidioso, a 96
envío 201
envolver 26
época 218
época de recogida 168
equipaje 195
equipo 189
equitación 193
equivocación 100
equivocarse 99
error 130
escala 288

escalera 78
escalón 78
escapar 239
escaparate 68
escaso, a 311
escena 186
escenario 184
esclavo, esclava 219
escoba 85
escoger 64
escolar 147
esconder 26
esconderse 240
escribir 211
escrito, a 150
escritor, escritora 211
escritura notarial 88
escuchar 20, 208
escuela 146
escuela de formación 154
escultor, escultora 214
escultura 214
es decir 113
ese, esa, ése, ésa 348
esencial 125
esfera 296
esforzarse 103
esfuerzo 23
esmeralda 301
eso 349
Eso es 121
espacial 292
espacio 292
espada 220
espalda 17
espantoso, a 107
España 228
español(a) 228
esparadrapo 45
espárrago 51
especial 85
especialidad 64, 154
especialista 161
especializado, a 155
especializarse 155
espectáculo 184
espectador, espectadora 210

espejo 83
esperanza 94
esperar 101
espía 250
espina 266
espinaca 51
espiritú 221
espléndido, a 260
espléndido, a 110
esponja 151
espontáneo, a 102
esprimir 60
es que 122
esqueleto 17
esquí 192
esquiar 191
esquina 296
está bien 116
establo 170
estación 285
estacionamiento 283
estacionar 283
estación (del año) 326
estación espacial 293
estadía 360
estadio 190
estadística 153
Estado 235
estado 344
Estados Unidos (EE.UU.) 230
estafador, estafadora 107
estafar 107
estafeta de correos 201
estallar 245
estampilla 361
estancia 198
estanco 56
estanque 279
estante 84
estantería 84
estaño 302
estar 13, 315, 342
estar a disposición 69

estar/andar apurado, a 356
estar bien/mal 68
estar compuesto, a 298
estar comunicando 203
estar de acuerdo 116
estar dispuesto, a 142
estar haciendo 328
estar listo, a 334
estar parado, a 356
estar relacionado, a 141
estar seguro, a 124
estar sentado, a 23
estatal 236
estatua 214
este 319
este, esta, éste, ésta 348
estético, a 214
estilo 211
estimado, a 138
estimar 126
estímulo 95
esto 349
estómago 17
estrecho 258
estrecho, a 69, 313
estrella 292
estrella 186
estreno 185
estropeado, a 284
estropear 105
estropearse 344
estructura 212
estudiante 147
estudiar 147
estudio 81
estudios 148
estupendo, a 126
etcétera 112
eterno, a 328
eurocheque 171
Europa 227
europeo, a 227
Euskadi 247
eusquera 247

evaluación 150
evangelio 223
evidente 121
evitar 103
exacto, a 120
exagerar 125
examen 149
examinar 26
examinarse 150
excelente 126
excelentísimo, a 139
excepción 122
excepto 311
excesivo, a 311
exceso 311
excluir 310
exclusivo, a 336
excursión 195
excusa 116
excusar 141
exigir 120
exiliarse 251
exilio 251
existencia 344
existir 344
éxito 102
exótico, a 197
experiencia 154
explicación 113
explicar 113
explotación 170
explotar 170, 246
exponer 213
exportación 163
exportar 163
exposición 213
expresar 111
expresión 112
expreso 286
expulsar 219
extenderse 256, 314
extensión 314
exterior 317
extracto de cuenta 172
extranjero, extranjera 14
extraño, a 130
extraordinario, a 126

Extremadura 248
extremeño, a 248
extremo 320
extremo, a 338

F

fábrica 166
fabricar 167
fácil 149
factura 164
facultad 109, 154
fachada 80
falda 66
falso, a 130
falta 152
faltar 310
Fallas 226
fama 186
familia 132
familiar 133
famoso, a 127
fantástico, a 126
farmacéutico,
  farmacéutica 157
farmacia 38
faro 284
farol 279
fascismo 237
fascista 237
fastidiar 96
fatal 130
fauna 265
favor 140
favorito, a 64
favorito, favorita
  244
fax 202
fe 223
febrero 325
fecha 324
federal 236
felicidad 94
felicidades 119
felicitación 120
felicitar 119
feliz 93

femenino, a 29
feminista 143
fenómeno 143
feo, a 28
feria 182
ferretería 178
ferrocarril 285
ferry-boat 362
fértil 169
festival 186
fianza 88
fiarse 101
fibra 298
ficha 202
ficha 196
fidelidad 104
fiebre 40
fiesta 136, 224
fijar 26
fijarse 103
fijo, a 159
filete 46
Filipinas 234
filipino, a 234
Filosofía 153
filósofo, filósofa 99
filtro 54
fin 331, 341
final 211
finca 79, 276
fin de semana 325
fino, a 314
firma 164
firmar 164
fiscal 240
fiscal 238
Física 153
físico, a 17
flamenco 216
flan 49
flash 188
flauta 217
flojo, a 358
flor 272
flora 271
flus 357
foco 358
folleto 195
fonda 198
fondo 173, 317

fontanero, fontanera
  74
forastero, a 197
forma 296
formación 154
formal 108
formar 296
formidable 127
fórmula 153
formulario 198
fortuna 144
fósforo 357
fósforo 302
foto 187
fotocopia 179
fotocopiadora 179
fotografía 186
fotógrafo, fotógrafa
  157
fracasar 104
fracaso 105
fractura 42
frágil 298
francés, francesa
  228
Francia 228
franco 176
franco, a 108
franela 300
franqueo 201
franquista 237
frazada 358
frecuencia 333
frecuente 332
fregadero 86
fregar 85
freír 59
frenar 282
freno 283
frente 16
frente a 315
fresa 50
fresco, a 46, 259
fresco, a 92
frigorífico 83
frijoles 357
frío 20, 259
frío, a 259
frito, a 62
frontera 195

frotar 45
fruta 49
frutal 272
frutilla 357
fruto 271
fuego 59
fuente 255
fuente 279
Fuera 119
fuera (de) 317
fuerte 28
fuerte 359
fuerza 242
fumador, fumadora 53
fumar 53
función 161, 186
funcionar 178
funcionario, funcionaria 156
fundamental 244
fundar 162
fundición 167
fundir 167
fundirse 74
furioso, a 91
fusible 76
fusil 246
fútbol 191
fútbolista 192
futuro 328

G

gabardina 68
gafas 44
gafas de sol 70
galería 213
Galicia 247
gallego, a 247
galleta 49
gallina 268
gallo 268
gamba 47
ganado 169, 266
ganar 159, 187, 189
garaje 79

garantía 166
garantizar 122
garbanzo 51
garganta 18
gas 301
gasóleo 282
gasolina 282
gasolinera 282
gastar 171
gasto 171
gato, gata 267
gazpacho 60
gemelos 134
generación 133
general 335
general 252
generalmente 335
género 213
generoso, a 109
genio 99
gente 136
Geografía 153
geranio 273
gerente 162
germánico, a 219
gestión 162
gesto 23
gigante 314
Gimnasia 154
gimnasia 193
gimnasio 190
ginecólogo, ginecóloga 157
girar 281
girasol 273
giro postal 202
gitano, gitana 229
glacial 257
globo 152, 188
gobernador 238
gobernar 238
gobierno 238
gol 192
golf 192
golpe 141
golpe de Estado 246
golpe militar 246
goma 300
goma de borrar 180
gordo, a 27

gorra 67
gota 259
gotas 44
gozar 21
grabación 209
grabar 209
gracia 89
gracias a 341
gracioso, a 89
grado 261
gráfica 214
grama 361
gramática 152
gramo 307
Gran Bretaña 229
grande 313
granizo 260
granja 170
grano 271
grasa 299
gratuito, a 146
grava 302
grave 41
Grecia 230
griego, a 230
grifo 74
gripe 40
gris 294
gritar 111
grito 111
grúa 75, 284
grueso, a 67
grupo 136
guante 66
guapo, a 28
guaraní 177
guardar 26
guardia 253
Guardia Civil 241
Guatemala 231
guatemalteco, a 231
guerra 251
guerra civil 246
guerrilla 245
guerrillero, guerrillera 245
guía 194
guía (telefónica) 204
Guinea Ecuatorial 234

guineano, a 234
guisante 51
guitarra 216
gusano 270
gustar 20, 58, 68, 93
gusto 21

H

haba 51
haber de 336
hábil 108
habilidad 109
habitación 80, 197
habitado, a 278
habitante 275
habitual 101
hablar 111
hace 327
hace poco 329
hacer 21, 259
hacer el amor 33
hacer falta 125
hacer faltas 104
hacer labores 188
hacer punto 188
hacer reproches 118
hacerse 344
hacerse daño 39
hacer señas 139
hacer transbordo 285
hacer vestidos/ropa 73
hacia 318
hacia 322
hacienda 79, 276
Hacienda 238
hachis 55
halar 356
hallar 26
hallarse 316
hallazgo 219
hamaca 85
hambre 57
hambriento, a 59
harina 46

harto, a 131
hasta 318, 321, 335
Hasta luego 138
Hasta pronto 138
hasta que 322
hay 342
hay que 335
hebreo, a 222
hectárea 307
hecho 124
helada 262
heladera 358
helado 47
helado, a 260
helar 260
helicóptero 289
hembra 33, 266
heredar 145
heredero, heredera 145
herido, a 39
herido, herida 39
hermano, hermana 133
hermoso, a 127
héroe, heroína 254
heroico, a 254
heroína 55
herramienta 178
hervir 62
hidrógeno 302
hielo 260
hierba 272
hierro 300
hígado 18
higiénico, a 31
higo 273
higuera 273
hijo, hija 132
hilo 72
hinchado, a 42
hinduismo 223
hispánico, a 219
Hispanoamérica 232
hispanoamericano, a 232
hispanohablante 232
Historia 154

historia 217
historiador, historiadora 219
histórico, a 217
hockey 192
hogar 79
hoja 271
hoja (de papel) 180
Hola 138
holandés, holandesa 229
hombre 13, 32
hombro 18
homosexual 33
hondo, a 314
Honduras 232
hondureño, a 232
honesto, a 90
hongo 41
honor 137
honrado, a 90
hora 321
horario 150, 285
horchata 52
horizontal 316
horizonte 320
hormiga 269
hormigón 301
horno 62
horrible 129
horror 107
hospital 38
hospitalitario, a 199
hostal 197
hotel 197
hoy 323
hueco, a 272
huelga 160
huella 266
huérfano, huérfana 133
hueso 16
hueso 271
huésped 199
huevo 46
huir 252
humanidad 136
humano, a 236
humedad 261

húmedo, a 259
humo 298
humor 89

I

ibérico, a 217
ida 285
idea 100
ideal 128
identidad 14
identificar 241
ideología 246
idioma 227
idiota 131
iglesia 220
Iglesia 220
ignorancia 110
ignorante 110
igual 122, 338
igualdad 236
ilegal 107
ilusión 94
imagen 210
imaginación 100
imaginarse 98
imbécil 130
imitar 102
impaciencia 110
imparcial 109
impedir 108
imperio 217
impermeable 68
importación 163
importancia 127
importante 127
importar 163
importe 172
imprenta 207
impresión 95
impresionante 195
impresionar 95
impreso 201
imprimir 207
impuesto 177
impuntualidad 92
inaugurar 277

inca 232
incendio 279
incluido, a 64
incluir 310
incluso 337
incluso, a 309
incoloro, a 295
incómodo, a 82
incomprensible 130
incorrecto, a 129
increíble 129
incurable 45
indeciso, a 108
independencia 220
independiente 250
India 234
indicar 113
índice 207
indiferente 101
indio, a 234
indio, india 232
indispensable 125
individual 90
individuo 137
industria 166
industrial 166
industrializado, a 167
industrializar 167
infancia 35
infantería 252
infantil 35
infarto de corazón 42
infección 42
infectarse 42
inferior 317
infierno 221
inflación 165
inflamable 298
inflamación 42
inflamarse 42
influencia 142
influir 205
información 113
informal 92
informar 113
informarse 113
informe 114
infraestructura 278

infusión 52
ingeniero, ingeniera 157
Inglaterra 227
inglés, inglesa 227
ingresar 172
ingresos 172
injusto, a 240
inmediato, a 331
inmigrante 15
inmoral 130
inmóvil 344
inocencia 242
inocente 240
inofensivo, a 267
inquilino, inquilina 88
inscribirse 243
insecticida 169
insecto 269
insistir 102
insoportable 92
inspector, inspectora 157
inspiración 214
instalación 179
instalar 76
instalarse 316
instante 331
institución 239
instituto 147
instrucción 27, 147
instrumento 216
insuficiente 310
insultar 105
integración 143
integrar 143
intelectual 99
inteligencia 99
inteligente 98
intención 102
intenso, a 338
intentar 102
intercambiar 250
intercambio 250
interés 102
interés 173
interesado, a 103
interesante 127
interesar 103

interesarse 102
interior 317
internacional 249
interno, a 162
interpretación 212
interpretar 185
intérprete 158
interrogatorio 241
interrumpir 208
interruptor 76
intervención 244
inti 177
intimidad 137
íntimo, a 32
intolerante 142
intranquilo, a 97
introducción 212
inundar 261
inútil 130
invadir 253
invasión 219
inventar 98
invento 100
inventor, inventora 156
invernadero 170
invertir 177
investigación 152
investigar 153
invierno 326
invitación 136
invitado, invitada 136
invitar 136
inyección 43
inyectar 44
ir 22
ir adelantado, a 322
ir a hacer 328
ir atrasado, a 322
ir bien/mal 68
ir de compras 55
Irlanda 229
irlandés, irlandesa 229
irresponsable 105
irse 22
isla 258
islámico, a 222
Israel 234

israelí 234
istmo 258
Italia 228
italiano, a 228
izquierda 242
izquierdo, a 315

J

jabón 29
jalar 356
jamás 332
jamón 46
Japón 234
japonés, japonesa 234
jardín 79
jardín de la infancia 146
jardinero, jardinera 156
jardín zoológico 278
jarra 64
jarrón 84
jaula 269
jefe, jefa 162
jerez 53
jersey 65
jornada 160
jornal 159
jota 217
joven 34
joya 71
joyería 71
joyero, joyera 158
jubilado, a 159
judías 50
judío, judía 222
juego 187
jueves 324
juez, jueza 240
jugador, jugadora 189
jugar 187
jugo 52
juguete 187

juicio 125, 241
julio 325
junio 325
junta militar 237
junto a 315
juntos, as 309
jurar 241
justicia 240
justificar 112
justo, a 240
justo, a 90
juvenil 28
juventud 35
juzgar 124
juzgar 241

K

kilo(gramo) 307
kilómetro 306

L

la 345, 346
la, le 347
labio 17
laborable 161
laboral 161
laboratorio 153
labrador, labradora 158
laca 31, 302
la cual 350
lado 315
ladrar 268
ladrillo 75
ladrón, ladrona 106
lago 255
lágrima 95
lamentar 115
lámpara 83
lana 299
langosta 48
langostino 48

lápiz 180
la que 350
largo 313
largo, a 68
La Rioja 248
las 348
lástima 116
lata 57
latifundio 168
Latín 154
Latinoamérica 232
laurel 274
lavable 72
lavabo 81
lavadora 71
lavandería 71
lavar 71
lavarse 29
lavarse la cabeza 30
lavavajillas 84
le 346, 347, 347
le, lo 346, 347
Le acompaño en el sentimiento 34
lección 149
lector, lectora 148
leche 52
lechuga 50
leer 205
legal 242
legalizar 118, 241
legumbres 50
lejano, a 137, 320
lejos (de) 320
lempira 177
lengua 16
Lengua 154
lenguado 48
lenguaje 112
lentes 357
lento, a 334
leña 299
león, leona 268
les 347, 348
les, los 348
letra 149
Letras 153
levantar 26
levantarse 23
leve 41

ley 240
leyenda 213
liberación 247
liberal 235
liberalismo 236
liberar 246
libertad 235
libre 197, 243
librería 205
libreta 150
libreta de ahorro 172
libro 205
licenciado, licenciada 148
liceo 359
licor 54
líder 244
liebre 270
ligar 141
ligero, a 308
lijar 179
lila 294
lima 31
limitación de velocidad 281
limitar 227
limón 49
limonada 52
limonero 273
limosna 221
limpiabotas 156
limpiacristales 87
limpiar 85
limpiarse los dientes 30
limpieza 86
limpio, a 29
lindo, a 357
línea 295
línea 203
linterna 179
lío 343
líquido 298
líquido, a 298
liso, a 67
lista 63
lista de correos 201
literario, a 212
literatura 211

litoral 258
litro 307
liviano, a 362
lo 345, 347
lobo, loba 269
local 275
localizar 203
loco, a 40, 94
lo cual 350
locura 42
locutor, locutora 158, 209
lo demás 351
lógica 99
lógico, a 99
lograr 104
lo mismo 351
lomo 266
longitud 314
lo que 350
loro 269
los, las 345
los, les 347
lotería 183
lucha 245
luchador(a) 110
luchar 245
luego 330
lugar 314
lugar de nacimiento 14
lujo 145
luna 292
lunes 324
luto 36
luz 74

LL

llama 298
llamada 202
llamada urbana 203
llamar 111
llamar 81, 199
llamar (por teléfono) 202
llamarse 13

llano, a 297
llanura 256
llave 80
llave 178
llegada 195
llegar 22
llenar 26
lleno, a 309
llevar 25, 65
llevarse 25
llorar 95
llover 259
llovizna 262
lluvia 259

M

machete 179
machismo 143
machista 143
macho 266
madera 299
madre 132
Madrid 247
madrileño, a 247
madrina 134
madrugada 324
madrugar 24
maduro, a 50
maestro, maestra 146
maestro, maestra 155
magnetófono 210
magnífico, a 127
magro, a 62
maíz 51
majo, a 128
mal 129
malaria 42
maldecir 112
malestar 37
maleta 195
maletero 284
malgastar 264
malicia 91
malo, a 91, 129

malograrse 362
mamá 132
mancha 71
Mancha 248
mancharse 29
manchego, a 248
mandar 200
manejar 361
manera 335
manga 69
mango 274
manifestación 244
manifestante 244
mano 16
manso, a 266
manta 84
manteca 357
mantel 58
mantener 102
mantequilla 46
manual 160
manzana 49
manzana 79, 277
manzano 273
mañana 323
mapa 196
maquillarse 31
máquina 178
máquina de afeitar 30
máquina de coser 72
máquina de escribir 179
mar 257
maravilla 128
maravilloso, a 126
marca 166
marcar 202
marcar 190, 261
marco 80
marco alemán 177
marcha 284
marchante 357
marcharse 320
marea 258
mareado, a 40
marearse 41
mareo 41
marfil 300
marginados (sociales) 143

marica 33
marido 132
marihuana 55
marina 252
marinero 289
marino, a 289
mariposa 268
marisco 47
marítimo, a 288
mármol 302
marqués, marquesa 219
marrón 294
marroquí 233
Marruecos 233
martes 324
martillo 74
marzo 325
más 308
masa 311
masaje 45
masajista 45
más bien 339
masculino, a 28
más o menos 309
más que, de 308
masticar 58
mata 272
matar 106
mate 295
Matemáticas 153
matemático, a 154
materia 298
material 298
materia prima 298
matrícula 148, 284
matricularse 148
matrimonio 132
matriz 33
maullar 268
máximo, a 261, 339
maya 232
mayo 325
mayonesa 60
mayor 133
mayor 339
mayoría 242
mayoría de las veces 333
me 345

mecánico, mecánica 156
media 66
medianoche 323
medicamento 43
medicina 44
médico, médica 38
medida 244, 307
medio 340
medio, a 307, 321
medio ambiente 263
mediodía 323
medio hecho, a 62
medios de comunicación 205
medir 307
mediterráneo, a 258
mejilla 17
mejillón 48
mejor 126
mejorar(se) 343
mejorar 45
melocotón 49
melodía 217
melón 49
mendigar 143
mendigo, mendiga 143
menor 133
menor 339
menos 308, 321
menos que, de 308
mensaje 114
mensual 325
mentalidad 90
mentir 142
mentira 143
menú 63
mercadería 359
mercado 56
mercancía 163
mercurio 302
merecer 127
merienda 59
mérito 128
merluza 48
mermelada 47
mes 325
mesa 83

meseta 256
mesilla de noche 84
mestizo, mestiza 232
meta 190
metal 300
meter 25
meterse 142
método 153
metro 285, 306
metro cúbico 307
mexicano, a (mejicano, a) 230
México (Méjico) 230
mezclar 59
mezquita 221
mí 346
micrófono 216
microhondas 84
miedo 96
miel 48
miembro 137
mientras 327
mientras 354
miércoles 324
mil 304
milagro 223
mili 251
milímetro 306
militar 251
mil millones 305
milla 307
mimar 142
mi, mis 145
mina 169
mineral 301
minería 170
minero, a 170
mínimo, a 261, 339
ministerial 239
ministerio 238
ministro, ministra 238
minoría 242
minusválido, minusválida 43
minuto 322
mío, mía 144
miope 43

mirada 21
mirar 19
misa 221
miseria 145
misma 351
mismo 351
mismo, a 351
misterioso, a 141
mitad 307
mitad 317
mochila 196
moda 65
modelo 214
moderado, a 242, 260
moderno, a 82
modificar 344
modista 73
modo 335
mojado, a 30
mojar 26
mojarse 260
molestar 143
molestarse 141
molestia 141
molino de viento 278
momento 329
monarquía 236
monasterio 220
moneda 173
monedero 71
monja 222
mono, mona 268
monótono, a 131
montaña 255
montañoso, a 257
montar 167, 191
monte 256
montón 311
monumento 214
moqueta 83
mora 272
moral 104
morder 265
moreno, a 28
morir 34
morirse 35
moro, mora 218
mortal 35
mosca 269

mosquitero 84
mosquito 269
mostaza 48
mostrar 194
motivo 340
moto 282
motor 282
mover 26
moverse 22
movimiento 182
mozárabe 219
mozo 198
**muchacho,
muchacha** 13
mucho 308, 337
mucho, a 308
mudanza 88
mudarse 87
múdejar 215
mudo, a 40
mueble 82
muela 16
muerte 34
muerto, muerta 34
muestra 165
mujer 13, 32, 132
mula 267
mulato, mulata 232
multa 284
multiplicar 305
mundial 250
mundo 292
municipal 276
muñeca 187
muñeca 18
muralla 278
Murcia 248
murciano, a 248
muro 80
músculo 19
museo 277
música 216
musical 217
músico, música 215
**musulmán,
musulmana** 221
muy 337
muy hecho, a 62
muy señor mío,
muy ... 139

N

nacer 34
nación 235
nacional 243
nacionalidad 14
nacionalismo 245
Naciones Unidas 249
nada 117
nadador, nadadora 192
nadar 191
nadie 351
naranja 49
naranjada 52
narcotraficante 55
nariz 16
nata 49
natación 191
nata montada 49
nativo, a 276
natural 263
naturaleza 263
naufragio 289
náufrago, náufraga 289
navaja 179
Navarra 248
navarro, a 248
nave 289
nave espacial 293
navegación 288
navegar 289
navegar a vela 192
Navidad 224
necesario, a 124
necesidad 125
necesitar 119
negar 118
negarse 118
negativo, a 131
negociación 249
negociar 249
negocio 164
negro, a 28, 294
nervio 19
nervioso, a 96
neumático 284

nevada 262
nevado, a 262
nevar 260
nevera 83
Nicaragua 232
nicaragüense 232
nido 266
niebla 260
nieto, nieta 134
nieve 260
**ningún, ninguno,
ninguna** 351
ni ... ni ... 354
niño, niña 34
ni siquiera 118
nitrógeno 302
nivel 314
no 117
noble 218
nocturno, a 324
noche 323
Nochebuena 226
Nochevieja 226
no deber 119
no ... más que 337
nombrar 238
nombrar 161
nombre 13
normal 336
norte 319
norteamericano, a 230
Noruega 229
noruego, a 229
nos 347
nosotros, as 347
Nos vemos 359
nota 150, 216
notar 20
notario, notaria 156
noticia 113
noticias 208
noticioso 361
novecientos, as 304
novedad 114
novela 211
novelista 212
noveno, a 305
noventa 304
noviembre 325

387

novio, novia 132
nube 260
nublado, a 260
nubosidad 262
nuclear 252
nudo 289
nuera 134
nuestro, a 145
nuestro, nuestra 144
nueve 303
nuevo, a 342
numeración 306
numerar 306
número 303
número de teléfono 14, 202
numeroso, a 310
nunca 332
nylón 302

O

o 353
obedecer 104
obispo 222
objetivo, a 109
objeto 341
objetor de conciencia 251
obligación 142
obligar 142
obligatorio, a 147
obra 184
obras 290
obrero, obrera 156
observar 241
obtener 243
occidental 319
occidente 319
océano 257
ocio 188
octavo, a 305
octubre 325
ocupación 253
ocupado, a 196
ocupar 253
ocuparse de 142

ocurrir 330
ochenta 304
ocho 303
ochocientos, as 304
odiar 96
odio 97
odioso, a 130
oeste 319
ofender 104
ofensa 105
oferta 165
oficial 253
oficial, oficiala 155
oficina 159
Oficina de Empleo 160
oficina de turismo 194
oficio 158
oído 20
Oiga 203
Oiga 139
Óigame 203
oír 19
ojalá 119
ojo 16
Ojo 119
ola 257
oleaje 258
oler 20
olfato 266
Olimpiada 190
olímpico, a 190
oliva 50
olivo 273
olor 20
olvidar 99
olvidarse 99
olla exprés 87
once 303
ópera 216
operación 43
operar 45
opereta 217
opinar 124
opinar 99
opinión 124
oponerse 105
oportunidad 102
oposición 243

oposiciones 148
óptico, óptica 158
optimista 91
opuesto, a 125
oración 222
oral 150
orden 253
ordenado, a 108
ordenador 180
ordenar 87, 253
ordeñar 170
oreja 16
orfebrería 167
orgánico, a 298
organización 249
organizador, organizadora 110
organizar 160
órgano 217
orgulloso, a 91
oriental 319
orientarse 288
oriente 319
origen 292
original 214
orilla 255
oro 300
orquesta 216
os 347
oscuridad 293
oscuro, a 294
o sea 122
oso, osa 269
ostra 270
OTAN 250
otoño 326
otra cosa 351
otro, a 64
ovalado, a 295
oveja 267
oxidado, a 301
oxidarse 301
oxígeno 302
Oye 139
oyente 209
ozono 264

P

paciencia 110
pacífico, a 245
pacto 250
padre 132
padrino 134
paella 60
pagar 55
página 205
pago 160
país 227
paisaje 255
Países Bajos 229
países desarrollados 249
países en vías de desarrollo 249
País Vasco 247
paja 274
pájaro 267
pala 75
palabra 111
palacio 277
palco 184
pálido, a 29
palillo de dientes 58
palmera 273
palo 187
paloma 268
pampa 256
pan 46
panadería 56
panadero, panadera 156
Panamá 232
panameño, a 233
panecillo 47
pan integral 46
panorama 197
pantalón 66
pantalla 186
pantalla 210
pantano 256
pantanoso, a 256
pañuelo 65
papá 132
papa 357
Papa 222

papel 180, 299
papel 185
papel de lija 179
papelera 86
papelería 180
papeleta de voto 244
papel pintado 76
paquete 56, 200
par 307
para 318, 340, 352
para 322
parada 283
parado, parada 159
Parador Nacional 198
paraguas 70
Paraguay 231
paraguayo, a 231
paraíso 221
paralelo, a 316
para que 340
para qué 340
parar 283
parar 331
pararrayos 79
pararse 356
pararse 23
pardo, a 295
parecer 124
parecer 125
parecerse 28
parecido, a 338
pared 82
pareja 137
pariente 134
parlamentario, a 236
parlamento 238
paro 159
parque 278
parquear 361
parque de atracciones 183
párrafo 212
parroquia 220
parte 309
parte meteorológico 261
participación 244

participar 189
particular 145, 336
partida 188
partidista 244
partido 189, 242
partir 196
parto 35
pasado, a 327
pasado mañana 324
pasaje 288
pasaje 360
pasajero, pasajera 287
pasaporte 14
pasar 22, 283, 327
Pascua 226
pasear 182
pasearse 182
paseo 183
pasillo 80
pasión 95
paso 23
paso de peatones 291
paso subterráneo 279
pasota 143
pasotismo 143
pasta 47
pasta dentífrica 30
pastel 47
pastelero, pastelera 157
pastilla 44
pastor, pastora 157
pata 265
patata 50
patata frita 62
patinar 192
patio 79
pato 268
patria 252
patrimonio 212
patriota 245
patriótico, a 245
patrón 359
patrón, patrono, patrona 160
Patrono, Patrona 226

389

pausa 183
pavo 268
payaso, payasa 183
paz 251
peaje 291
peatón 280
pecado 223
pecar 221
pecho 17
Pedagogía 154
pedazo 307
pedido 164
pedir 63, 119
pegar 141
pegar 179
pegarse 62
peinado 31
peinarse 30
peine 30
pelar 60
pelearse 141
película 185
peligro 246
peligroso, a 129
pelirrojo, a 29
pelo 16
pelota 190
peluquería 356
peluquería 31
**peluquero,
 peluquera** 157
pena 241
pendiente 70
pendiente 160, 257
península 258
peninsular 258
pensamiento 99
pensar 98, 124
pensión 159, 197
Pentecostés 226
penúltimo, a 306
peña 257
peñón 257
peón 158
peor 129
pepino 50
pepita 271
pequeño, a 313
pera 49
pera 356

percibir 20
percha 72
perder 189
perderse 195
perdón 116
perdonar 115
perejil 51
perezoso, a 91
perfecto, a 127
perfumarse 31
perfume 31
periódico 205
periodista 207
periodístico, a 207
periodo 33
perjudicar 264
perla 70
permiso 117
permiso de
 residencia 15
permitido, a 117
permitir 117
pero 353
perro, perra 267
persecución 241
perseguir 240
persiana 83
persona 13
personaje 211
personal 159
personalidad 90
pertenecer 145
Perú 231
peruano, a 231
pesadilla 27
pesado, a 129
pesado, a 308
pésame 36
pesar 307
pesca 169
pescadería 57
pescado 46
pescador, pescadora
 169
pescar 169
peseta 176
pesimista 92
pésimo, a 129
peso 307
peso 177

petición 120
petróleo 301
pez 269
piano 216
picadura 41
picante 62
picar 265
picar 75
pico 178, 256, 265
pie 17
piedra 300
piel 16, 299
pierna 17
pieza 184
pieza 358
pijama 65
pila 178
pilar 75
píldora 33
piloto 157
pimentón 48
pimienta 48
pimiento 50
pinar 274
pincel 76
pinchar 26
pincharse 73
pino 273
pintada 215
pintado, a 76
pintar 75
pintarse 31
pintor, pintora 74,
 213
pintura 74
pinza de la ropa 72
pinzas 31
piña 51
piola 360
pipa 54
pirámide 296
piraña 270
pirenaico, a 256
pisar 23
piscina 191, 278
piso 80
pista 190
pistola 246
pito 190
piyama 358

pizarra 151
placa 284
placer 94
plancha 72
planchar 71
planear 108
planeta 292
planificación territorial 279
planificar 110
plano 74
plano, a 296
planta 78, 272
plantar 271
plástico 301
plata 300
plata 360
platanero 273
plátano 50
plateado, a 295, 301
plato 58, 63
playa 258
playa 361
plaza 278
plazo 173
plomero, plomera 358
plomo 301
pluma 180, 265
población 276
poblar 276
pobre 144
pobreza 145
pocas veces 332
poco 309
poco, a 309
poco a poco 333
poco hecho, a 62
poder 117, 249, 336
podrido, a 57
poema 211
poesía 212
poeta, poetisa 212
polaco, a 229
policía 239
policíaco, a 212
política 242
político, a 242
político, política 242
póliza del seguro 283

polo 257
Polonia 229
polvo 85
pólvora 302
pollo 46, 267
pomada 45
poner 25
poner 203
ponerse 65, 342
ponerse 331
popa 289
popular 224
por 176, 316, 340, 352
por 322
por avión 200
porcelana 302
porcentaje 311
por ciento 310
por cierto 121
por decirlo así 122
Por Dios 129
por eso 341
por esto 341
por fin 334
por lo menos 310
por lo tanto 341
por lo visto 336
por poco 339
por qué 340
porque 340
por si acaso 123
por supuesto 116
portal 79
portarse 101
portería 88, 192
portero, portera 87
portero, portera 192
por todas partes 317
Portugal 228
portugués, portuguesa 228
por último 334
porvenir 160
poseer 144
posesión 145
posibilidad 127
posible 127
posición 317
positivo, a 128

postal 200
posterior 306
postre 64
potencia 250
pozo 278
práctica 154
practicar 191
prácticas 155
práctico, a 127
prado 274
precedente 306
precio 55
precioso, a 70
preciso, a 120
preferible 128
preferido, a 128
preferir 127
prefijo 203
pregunta 114
preguntar 114
prehistórico, a 219
prejuicio 130
premio 128
prender 356
prensa 205
preocupación 96
preocupado, a 96
preocuparse 103
preparar 59
prepararse 243
preparativo 196
presencia 136
presentar 138
presentarse 141
presente 328
presidente 237
presión 284
preso, presa 246
préstamo 173
prestar 172
presumir 100
pretender 120
pretexto 105
prevenir 43
previsión 100
primavera 326
primer(o), a 305
primeros auxilios 38
primitivo, a 219
primo, prima 134

391

principal 339
prisión 240
**prisionero,
prisionera** 240
privado, a 87
proa 289
probabilidad 125
probable 124
probador 69
probar 59
probarse 68
problema 152
procedente 286
procedimiento 241
procesión 224
proceso 343
procurar 103, 110
producción 168
producir 167
producirse 331
productivo, a 169
producto 167
productor,
productora 185
profesión 14
profesional 154
profesor, profesora 147
profundidad 314
profundo, a 313
programa 184, 208
programa 180
progresista 237
progresivo, a 237
progreso 344
prohibición 118
prohibido, a 117
prohibir 117
prolongación 88
prolongar 88
promedio 311
promesa 140
prometer 142
prometerse 133
pronto 330
pronunciar 112
propaganda 205
propiedad 88
propietario,
propietaria 88

propina 64
propio, a 144
proponer 113
proponer 244
propósito 103
propuesta 244
prospecto 194
prosperidad 145
prostitución 143
protección 264
proteger 263
protestante 222
protestar 243
provecho 106
provincia 247
provocar 105, 253
proximidad 320
próximo, a 320
proyecto 101
prudente 90
prueba 359
Psicología 154
psicólogo, psicóloga 158
pub 183
pubertad 33
publicación 207
publicar 205
publicidad 208
público 184
público, a 243
puchero 86
pueblo 235, 275
puente 278
puerta 80
puerto 288
puerto 257
pues 122
puesta de luna 293
puesta de sol 293
puesto de trabajo 159
puesto que 341
pulga 269
pulmón 18
pulmonía 42
pulóver 357
pulpo 270
pulsera 70
punta 296

puntiagudo, a 296
punto 322
punto de vista 99
puntual 89
puño 18
puro 54
puro, a 263
pus 42

Q

que 338, 349, 353
qué 349
qué ... 336
Qué aproveche 64
quechua 232
quedar 135, 310, 343
quedar aplazado, a 359
quedarse 22
queja 131
quejarse 118
Qué lástima 116
Qué lío 122
quemar 62
quemarse 41
Qué pena 116
querer 32, 93, 119
querido, a 139
Que se mejore 37
queso 46
Qué tal 37
Qué tal el pescado 64
Qué te pongo 63
quetzal 177
Qué va 118
quiebra 163
quien, quienes 350
quién, quiénes 349
quieto, a 24
Química 153
químico, a 301
quince 303
quinientos, as 304
quinto, a 305

quiosco 207
quitar 25
quitarse 66
quizá(s) 121

R

rabia 96
rabo 265
ración 64
racismo 245
radiador 82
radical 242
radio 208
radio 361
radiografía 43
raíz 271
rama 271
ramificación 272
ramo 271
rana 270
rápido 286
rápido, a 334
raqueta 191
raro, a 129
raro, a 333
rascacielos 278
rascarse 23
rata 269
ratero, ratera 107
rato 329
ratón 269
raya 295
rayo 262
raza 265
razón 98, 340
razonable 99
reacción 101
reaccionar 101
reactor (nuclear) 279
realidad 344
realista 91
realizar 102
realmente 339
rebaja 176
rebanada 59

rebaño 265
recepción 136, 197
recepcionista 198
receta 44, 59
recetar 45
recibidor 81
recibir 200
recibo 177
reciclaje 264
reciclar 264
recién 362
recién 76, 329
reciente 114
recientemente 331
reclamación 130
reclamar 130
recoger 168
recoger 26
recomendable 195
recomendación 115
recomendar 113
reconocer 98
reconocer 21, 44, 118
reconocimiento 44
Reconquista 218
récord 189
recordar 98
recorrer 196
recreo 151
rectángulo 296
recto, a 296
recuerdo 195
recuerdos 139
rechazar 117
rechazar 254
red 178
redacción 207
redondo, a 296
reducido, a 310
reducir 344
referirse 112
reflexionar 99
reforma 243
reformar 75
refrescante 52
refresco 52
refugio 254
regalar 141
regalo 141

regar 169
régimen 235
régimen 45
región 247
región 15
regional 248
regionalismo 237
registrar 280
registro 239
regla 121
regresar 22
regreso 197
regular 37
regular 165
reinar 219
reino 219
reírse 22
relación 136
relajarse 24
relámpago 262
relativo, a 125
relato 212
religión 220
religioso, a 220
reloj 70
relojería 71
relojero, relojera 158
rellenar 198
relleno, a 312
remar 191
remedio 45
remendar 72
remite 201
remitente 202
remo 192
remolacha 273
remover 60
Renacimiento 215
rencor 97
rendición 254
rendimiento 170
Renfe 286
renta 177
renunciar 117
reparación 343
reparar 280
repartir 145
repetir 111
reportaje 209

393

reportero, reportera 209
representación 185
representante 165
representar 185
representativo, a 244
represión 246
reproducción 215
reproductor de discos compactos 210
república 235
República Dominicana 233
republicano, a 236
reputación 137
res 265
resbalar 262
rescatar 289
reserva 197, 286
reservado, a 122, 198
reservar 194
resfriado 40
resfriado, a 40
resfriarse 40
resfrío 357
residencia 15
residente 276
residir 276
resistencia 246
resistir 110
resolver 98
respecto a 353
respetar 103
respeto 141
respiración 18
respirar 18
responder 114
responsabilidad 104
responsable 103
respuesta 114
restar 305
restaurante 63
restaurar 214
resto 176
resuelto, a 343
resultado 343
resultar 340
resumen 125

resumir 125
retener 27
retirar 171
retrasarse 288
retraso 196
retrato 214
reúma 42
reunión 137
reunión en la cumbre 250
reunirse 136
revelar 109
revelar 188
revisor, revisora 286
revista 205
revolución 245
revolucionario, a 245
Reyes Magos 224
rey, reina 218
rezar 221
rico, a 144
rico, a 60
ridículo, a 131
riego 170
riesgo 280
rima 212
rímel 31
rincón 317
riña de gallos 187
riñón 18
río 255
riqueza 145
risa 22
ritmo 216
rizado, a 29
robar 106
robo 106
roca 256
rodaja 47
rodar 208
rodilla 19
rogar 120
rojo, a 294
rollo 131
romancero 213
románico, a 214
romano, a 217
romanticismo 213
romántico, a 91

romero 274
romper 25
romperse 343
ron 54
ropa 65
rosa 272
rosa 295
rosal 273
roto, a 343
rotulador 181
rubio, a 28
rueda 283
ruido 20
ruina 278
ruiseñor 269
rural 276
ruso, a 227
rústico, a 276
ruta 196

S

sábado 324
sábana 84
saber 98
sabio, a 99
sabor 21
sabroso, a 62
sacacorchos 85
sacar 25
sacarina 49
sacerdote, sacerdotisa 221
saco 178
saco 357
saco de dormir 198
sacrificio 223
sagrado, a 221
sal 47
sala 80
sala de operaciones 44
salado, a 20
salame 357
salario 159
salchicha 47
salchichón 47

salida 78, 290
salida del sol 293
salir 22, 182, 343
salirse 75
salmón 48
salón 81
salsa 62, 217
saltar 191
salto 192
salud 37
saludar 138
saludo 138
salvadoreño, a 232
salvaje 269
salvar 104
sandalia 68
sandía 51
sándwich 357
San Fermín 226
sangrar 41
sangre 17
sangría 54
sangriento, a 253
sanitario, a 39
sano, a 37
santo 224
santo, a 221
santo, santa 222
sarampión 42
sardina 47
sartén 357
sartén 86
sastrería 73
sastre, sastresa 72
satélite 292
satélite 210
satisfacción 95
satisfecho, a 196
saxofón 217
se 348
secador 30
secar 271
secarse 29
sección 69
seco, a 53, 259
secretaría 162
secretario, secretaria 157
secreto 250
secreto, a 249

sector 239
sed 51
seda 299
sede 250
sediento, a 52
seducir 109
seguido, a 306
seguir 283, 332
según 353
segundo 322
segundo, a 305
seguridad 246
seguridad social 161
seguro 164
seguro, a 127
seguro de desempleo 161
seguro de enfermedad 39
seis 303
seiscientos, as 304
selva 256
sello 200
sello 181
semáforo 281
semana 324
semanal 207
Semana Santa 224
sembrar 169
semejante 350
semestre 326
semilla 271
semiseco, a 53
Senado 238
senador, senadora 238
sencillo 360
sencillo, a 153
sensación 93
sensible 89
sentar bien/mal 70
sentarse 23
sentencia 241
sentido 20
sentimiento 93
sentir 19, 93, 115
sentirse 37
señalar 26
señal de tráfico 281
señas 201

señorita 13
señor, señora 13
separado, a 14
separar 317
separarse 133
septiembre 325
séptimo, a 305
sepultura 36
sequía 261
ser 13, 305, 342
ser de 144
sereno, a 261
serie 209
serio, a 89
ser listo, a 89
serpiente 268
serrano, a 257
servicio 142, 195
servilleta 58
servir 63
servir 142
sesenta 304
sesión 186
seta 273
setecientos, as 304
setenta 304
severo, a 91
sexo 32
sexo 14
sexto, a 305
sexual 33
sí 116, 348
si 354
Sida 42
siempre 332
siempre que 332
sierra 255
sierra 76
siesta 24
siete 303
siglo 327
Siglo de Oro 218
significar 149
signo 150
siguiente 138, 306
silbar 184
silencio 20
silencioso, a 185
silvestre 273
silla 83

395

sillón 82
símbolo 223
simpatía 93
simpático, a 89
simple 153
sin 352
sinagoga 223
sincero, a 90
sindicato 160
sin embargo 354
singular 128
si no 354
sino 354
sin que 354
sintético, a 301
sinvergüenza 92
sirena 38
sistema 235
sitio 278
situación 343
situado, a 275
sobrar 311
sobre 180, 315
sobre todo 336
sobrevivir 252
sobrino, sobrina 134
social 136
socialismo 235
socialista 236
sociedad 137
sociedad anónima 163
socio, socia 137
Socorro 120
sofá 82
sol 259, 292
solar 292
solar 75
soldado 251
soleado, a 261
soledad 143
solicitar 120, 160
solidaridad 160
sólido, a 299
sólo 336
solo, a 309
soltar 26
soltero, a 13
solución 152

solucionar 100
sombra 261
sombra de ojos 31
sombrero 65
sombrilla 85
sonar 203
sonido 216
sonreír 21
sonrisa 21
soñar 27
sopa 60
soplar 262
soportar 96
sordo, a 40
sordomudo, sordomuda 43
sorprendente 128
sorprender 141
sorpresa 141
soso, a 62
sospecha 239
sospechar 241
sótano 80
soviético, a 227
suave 53
subir 78, 342
subrayar 150
subsidio de paro 159
suburbio 275
suceder 333
sucesión 220
sucesivo, a 306
suceso 331
suciedad 86
sucio, a 29
sucre 177
sucursal 162
sudamericano, a 232
sudar 40
sudor 19
Suecia 227
sueco, a 227
suegro, suegra 133
sueldo 159
suelo 82
suelto, a 177
sueño 27
suéter 67
suficiente 310

sufrir 39
suicidarse 35
suicidio 35
Suiza 228
suizo, a 228
sujetador 67
suma 177
sumar 305
suministrar 164
suministro 166
superficial 317
superficie 314
superior 317
supermercado 56
suplemento 286
suponer 124
supremo, a 241
suprimir 237
sur 319
surf 192
surgir 344
surtido 165
suscribirse 207
suspender 150
suspiro 96
sustancia 298
sustituir 344
susto 97
su, sus 145
suyo, suya 144

T

tabaco 53
tabaco rubio 53
tableta de chocolate 57
taburete 64
taco 358
tacón 69
tacto 21
tal 351
Talgo 286
talón 173
talonario de cheques 173
talla 69

taller 280
tamaño 296
también 338
tampoco 338
tampón 32, 181
tan 337
tan ... como 337
tango 215
tan pronto como 330
tanque 253
tanto 337
tanto, a 308, 337
tanto, a ... como 337
tanto ... como 308
tapa 64
tapado, a 358
tapadura 357
taquilla 186
tardar 328
tarde 323, 334
tarea 151
tarjeta de crédito 171
tarjeta postal 200
taxi 283
taxista 283
taza 58
te 346
té 52
teatro 184
técnico, a 178
tecnología 179
techo 82
teja 75
tejado 79
tejano 66
tejido 66
tela 66
tele 208
telefax 202
Telefónica 202
teléfono 202
telegrafiar 201
Telégrafos 202
telegrama 200
telenovela 209
telesquí 190
televisión 208
televisión por cable 210

televisor 208
télex 202
tema 152
temblar 23
temer 96
temperatura 261
tempestad 262
templado, a 261
templo 223
temporada 197
temporal 262
temporero, temporera 160
temprano 334
tenazas 178
tendencia 244
tender 72
tenedor 58
tener 144
tener celos 97
tener ganas 93
tener mala suerte 129
tener mal genio 97
tener prisa 22
tener que 335
tener suerte 126
tenis 191
tensión 76
teñir 72
teñirse el pelo 31
Teología 154
teoría 155
teórico, a 155
tercer(o), a 305
tercera edad 14
Tercer Mundo 250
terciopelo 300
terco, a 92
terminar 329
término 112
termómetro 261
ternera 267
terno 357
terrateniente 169
terraza 79
terremoto 264
terrestre 292
terrible 129
territorio 248

terror 245
terrorismo 245
terrorista 245
testamento 145
testigo 241
textiles 66
texto 211
ti 346
tiburón 269
tiempo 259, 327
tiempo libre 183
tienda 56
tienda de campaña 198
tierno, a 62
tierra 168, 255, 263, 292
tifus 42
tijeras 85
timbre 81
tímido, a 89
tinta 180
tintorería 71
tío 135
tío, tía 133
típico, a 60
tipo 28
tirante 67
tirar 26
tirita 45
tiro 246
titular 172
título 211
título 148
tiza 151
toalla 29
tobillo 19
tocadiscos 209
tocar 19, 216
todavía 333
todo 309
todo 311
todo, a 309
todo el mundo 351
tolerante 142
tolerar 118
tomar 24, 63
tomar 357
tomarse 52
tomate 50

tonelada 307
tono 216
tontería 104
tonto, a 91
torcer 283
torcerse 42
torero 226
tormenta 260
tornillo 76
toro 267
torre 277
tortilla 60
tortura 246
torturar 246
tos 40
toser 40
tostada 63
total 309
total 123, 336
**trabajador,
 trabajadora** 157
trabajar 159
trabajo 158
trabajo doméstico 86
trabajo temporero 160
tractor 168
tradición 226
tradicional 224
traducción 149
traducir 149
traductor,
 traductora 158
traer 25, 63
tráfico 280
tragar 23
tragedia 184
trágico, a 184
trago 54
traidor, traidora 251
traje 66
trampa 188
tranquilizarse 94
tranquilo, a 93
transbordador 288
transferencia 172
transformar 344
transición 237

tránsito 361
tránsito 291
transmitir 210
transparente 299
transportar 281
transporte 281
tranvía 286
trapo 86
trasero 19
trasladarse 88
tratado 249
tratamiento 44
tratar 43
tratarse de usted 139
trébol 274
trece 303
treinta 304
treinta y dos 304
**treinta y uno, treinta y
 ...** 304
tremendo, a 131
tren 285
tres 303
trescientos, as 304
triangular 296
triángulo 296
tribu 232
tribunal 240
trigo 272
trimestre 327
triste 95
tristeza 95
tronco 272
tropa 253
trozo 307
trueno 262
tú 346
tubería 75
tubo 75
tumba 36
túnel 279
turbio, a 298
turco, a 230
turismo 195
turista 195
turístico, a 195
turno 56, 161
Turquía 230
tutearse 139

tu, tus 145
tuyo, tuya 144

U

u 353
Ud. 346
Uds. 348
último, a 306
un abrazo 139
undécimo, a 305
único, a 336
unicolor 67
unidad 249
uniforme 68
unión 244
unir 317
universidad 146
universitario, a 148
universo 292
un, una 345
un millón 305
unos, unas 345
uno, un, una 303
uña 18, 266
urbanización 277
urbano, a 276
urgencia 38
Urgencias 38
urgente 200
**U.R.S.S. (Unión de
 ...** 227
Uruguay 233
uruguayo, a 233
usado, a 282
usar 24
uso 26
usted 346
ustedes 348
útil 127
utilizar 253
uva 49

V

vaca 267
vacaciones 194
vaciar 312
vacío, a 310
vacunación 44
vago, a 92
vagón 286
vagón restaurante 361
Vale 116
valenciano, a 248
valer 176
valer la pena 127
válido, a 15
valiente 90
valija 360
valioso, a 71
valor 128, 173
valla 80
valle 256
Vámonos 119
Vamos 119
vapor 300
vaquero 170
variado, a 271
variar 344
variedad 56
varios, as 351
varón 33
vasco, a 247
Vascongadas 247
vaso 58
Vaya 122
vecino, vecina 87, 275
vegetación 271
vegetal 271
veinte 303
veinticinco 304
veinticuarto 304
veintidós 303
veintinueve 304
veintiocho 304
veintiséis 304
veintisiete 304
veintitrés 304
veintiuno, veintiún, veintiuna 303

vejez 35
vela 87
velero 192
velo (motor) 284
velocidad 281
vena 19
vencer 190
venda 44
vendar 44
vendedor ambulante, vendedora ambulante 158
vender 55
vendimia 169
veneno 35
venenoso, a 269
venezolano, a 231
Venezuela 231
venganza 106
vengarse 105
vengativo, a 92
venir 22
venta 87, 164
ventaja 128
ventana 78
ventanilla 286
ventilador 85
ver 19
verano 326
verdad 121
verdadero, a 125
verde 294
verde 50
verdulería 57
verdura 49
vereda 362
vergüenza 95
verso 212
vertical 316
vestido 66
vestido 357
vestirse 65
veterinario, veterinaria 158
vez 332
vía 285
viajante 165
viajar 194
viaje 194
viajero, viajera 194

víctima 252
victoria 252
vida 34
vídeo 209
videoteca 210
vidriera 357
vidrio 302
viejo, a 34, 342
viento 260
vientre 18
viernes 324
viga 75
vigilancia 242
vigor 241
villa 276
vinagre 48
vino 53
viña 169
violar 107
violencia 107
violento, a 108
violeta 294
violín 217
virgen 33
Virgen 222
visa 360
visado 196
visible 299
visigodo, a 219
visita 135
visita 195
visitante 195
visitar 135, 194
víspera 324
vista 255
vista 20
vista cansada 43
vitrina 357
viudo, viuda 13
vivienda 88
vivir 14, 34
vivo, a 34
volante 284
volar 287
volcán 256
voltear 356
volumen 210, 308
voluntad 103
volver 22
volver (a) 343

volverse 342
volverse 23
vomitar 40
vosotros, as 347
votación 244
votar 243
voto 243
voz 111
vuelo 287
vuelta 176, 285
vuelta 183
vuestro, a 145
vuestro, vuestra 144
vulgar 92

W

wáter 81

Y

y 322, 353
ya 333
Ya lo creo 122
ya no 333
yate 289
yerno 134
yesar 75
yeso 302
yo 345

Y qué 123

Z

zanahoria 50
zapatería 68
zapatero, zapatera 157
zapatilla 66
zapato 66
zarzuela 217
zona 275
zona azul 291
zoológico 278
zorro, zorra 269
zumo 52